I0244397

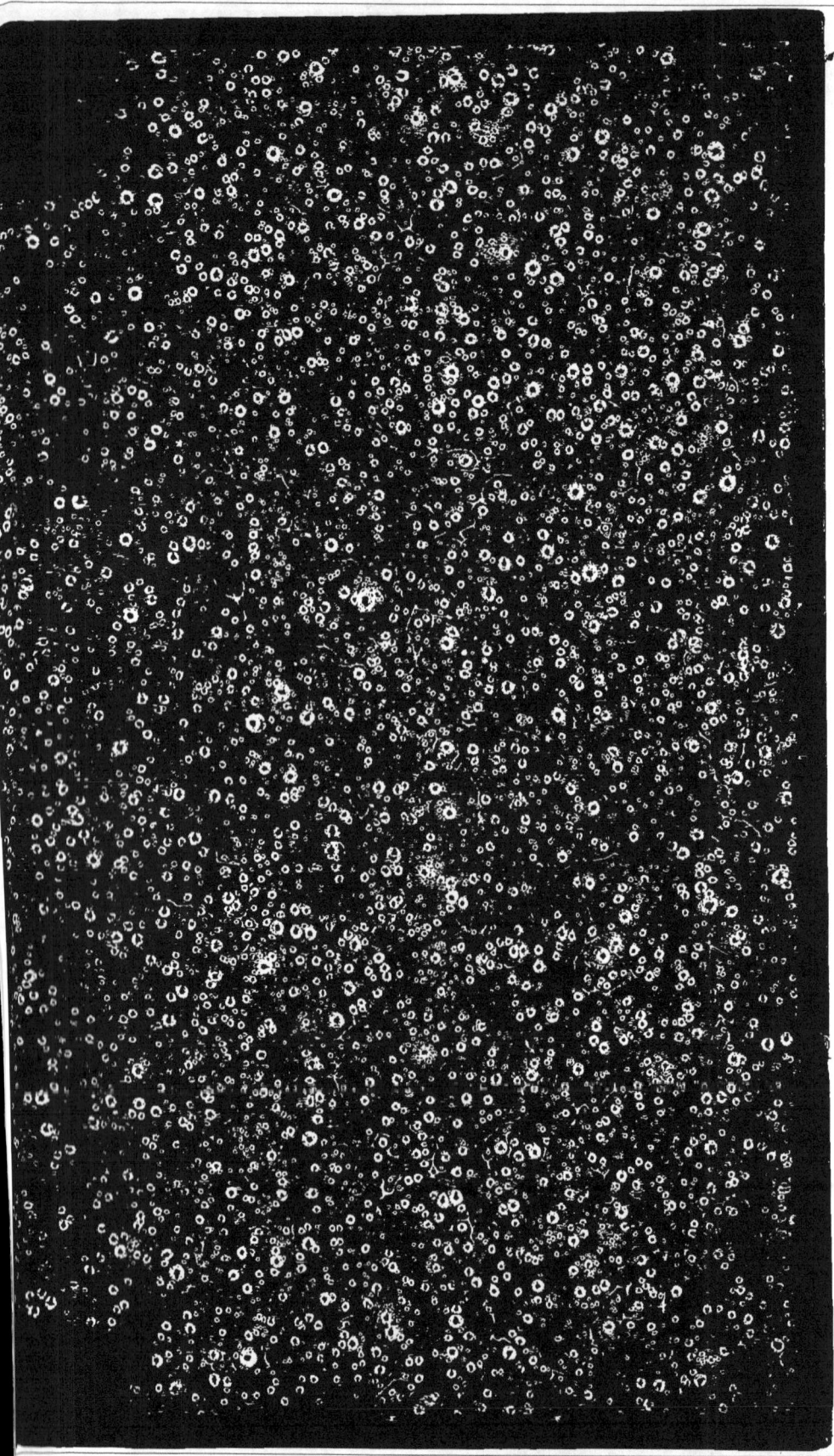

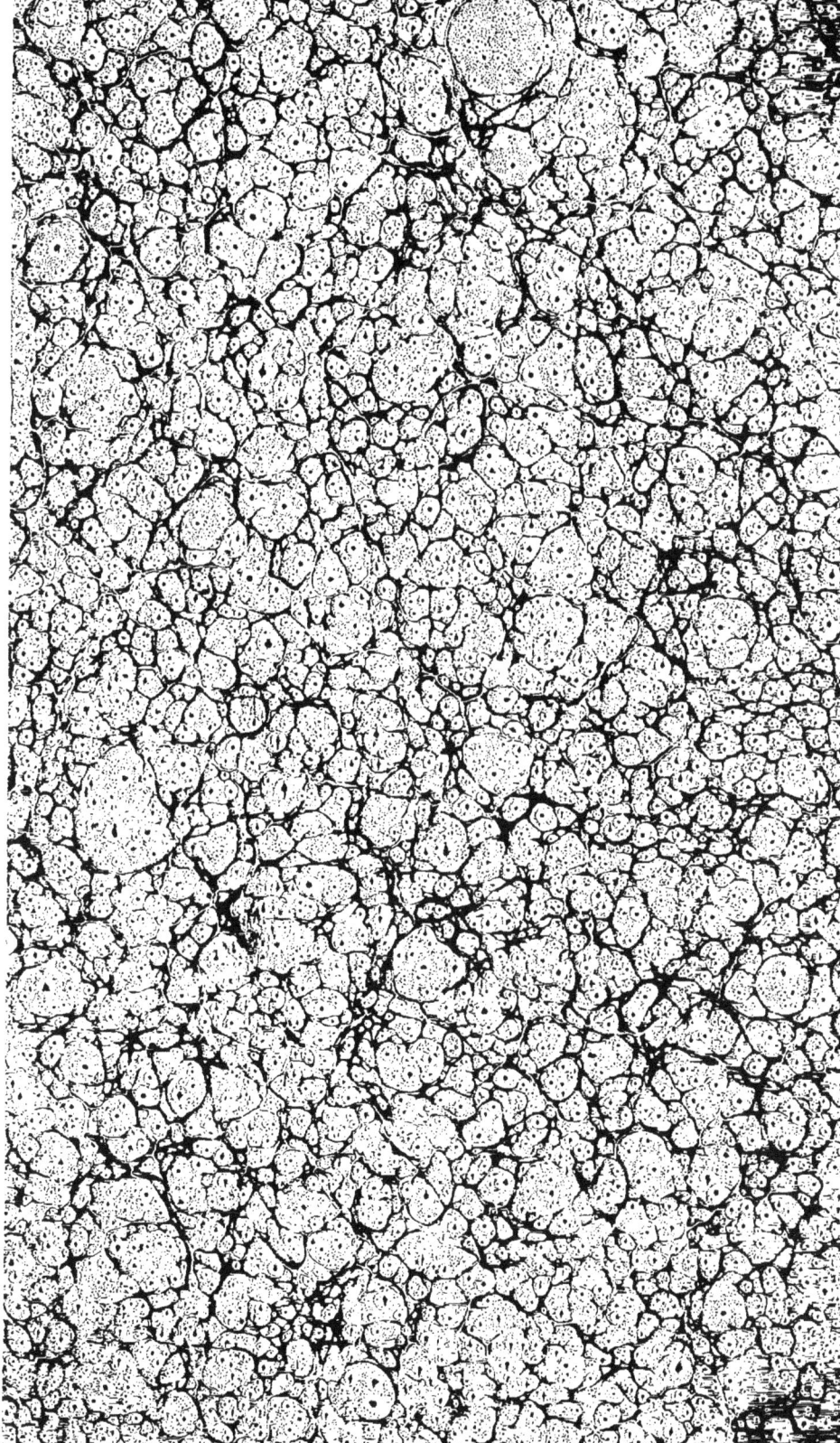

LK7 2428

ORIGINES DIJONNAISES.

Dijon,

IMPRIMERIE LOIREAU-FEUCHOT,

40, rue Chabot-Charny, 40.

ORIGINES DIJONNAISES

DÉGAGÉES DES FABLES ET DES ERREURS QUI LES ONT
ENVELOPPÉES JUSQU'A CE JOUR,

suivies d'une

DISSERTATION PARTICULIÈRE

SUR

LES ACTES ET LA MISSION DE S. BÉNIGNE,

L'APOTRE DE DIJON,

avec une triple Carte et un Tableau généalogique;

PAR

ROGET DE BELLOGUET

membre de plusieurs Académies ou Sociétés savantes.

———

Perque domos Ditis vacuas et inania regna.
VIRGILE.

———◦———

Dijon,

LAMARCHE ET DROUELLE,

libraires-éditeurs, place Saint-Étienne.

1851.

OUVRAGES DU MÊME AUTEUR.

QUESTIONS BOURGUIGNONNES, *ou Mémoire critique sur l'origine et les migrations des anciens Bourguignons, et sur les divers peuples, royaumes ou contrées qui ont porté leur nom ;* avec deux cartes. — Ouvrage honoré d'une médaille d'or par l'Institut, au concours de 1847.

Ces *Questions*, dont le rapport fait à l'Institut a dit : *qu'elles devaient laisser une trace durable dans l'étude de notre histoire,* font partie, comme introduction, de la nouvelle édition de *Courtépée* publiée à Dijon en 1847.

CARTE DU PREMIER ROYAUME DE BOURGOGNE, *avec un Commentaire sur l'étendue et les frontières de cet Etat, d'après les vingt-cinq signatures épiscopales du Concile d'Epaone, en* 517. — Ouvrage honoré d'un rappel de médaille par l'Institut, au concours de 1849.

Cette Carte avec son Commentaire, *véritable service rendu à la géographie des temps mérovingiens,* dit le rapport fait à l'Institut, est le complément quelquefois rectificatif des *Questions Bourguignonnes,* notamment pour la manière dont la Suisse et la Franche-Comté se trouvèrent partagées entre les Bourguignons et les Alamans, à la suite de leur double invasion. Cet ouvrage fait partie des *Mémoires de l'Académie des Sciences, Arts et Belles-Lettres de Dijon,* dans le volume des années 1847 et 48.

CORRECTIONS ET ADDITIONS.

Page 5, note 1, ligne 3, — effacez le premier *dans*.

— 7, note 3, ligne 2, — 1676, — lisez : 1696.

— 11, ligne 17, — devait ; — et ligne 19, — la, — lisez : *devrait* et *sa*.

— 17, note 2, ligne avant-dernière, — ne laissez qu'un point après *chronique*.

— 21, ligne 5, — dans, — lisez : *entre*.

— 26, note 1, — comme de raison, — effacez, et lisez : *en partie.*

— 37, ligne 12, — trouva, — lisez : *trouve*.

— 37, note 1, ligne 3, — VII, — lisez : *VI*.

— 42, note 1, — Λιγγονες, — lisez : Λιγγονας.

— 46, ligne 1, — qui, — lisez : *que*.

— 52, ligne 9, — sa, — lisez : *la*.

— 55, ligne 2, — Autun, — lisez : *Antonin*.

— 58, ligne 16, — après emploie, — ajoutez : *ordinairement*.

— 60, note 1, — vivi, — lisez : *vivs*.

— 63, ligne 18, — pointures, — lisez : *pointues*.

— 71, note 2, — après Burgund., — ajoutez : *p.* 15.

— 72, note 3, ligne 3, — 6, — lisez : *b*.

— 84, ligne 27, — satius, — lisez : *statuis*.

— 94, ligne ant. pén., — Fremiot, — lisez : *Fremiet*.

— 96, en marge, — au lieu de la répétition : Au musée, etc., — mettez : *p*. 8 et 78.

— 143, note, — DATH Hagatsin, — lisez : *BATH Haqatsin*.

— 145, en marge, dernière ligne, — Id., — lisez : *Greg. Tur. Hist.*

— 173, note 1, ligne dernière, — 2ᵉ, — lisez : 20ᵉ.

AVANT-PROPOS.

Les origines dijonnaises ne sont pas moins chargées de fables et d'erreurs que l'étaient celles des Bourguignons. Je me suis trouvé aux prises sur un plus petit théâtre avec la même fausseté d'érudition, le même esprit de mensonges ou de vaniteuses chimères. Je les ai combattus de nouveau en remontant toujours aux sources primitives, en opposant de patientes recherches aux négligences de mes devanciers, et la scrupuleuse vérification des textes aux citations fausses ou infidèles. C'est, du reste, en portant sur les questions les plus obscures les vives clartés de l'histoire générale, que j'ai, la plupart du temps, cherché la solution des difficultés qu'elles offraient. Les auteurs de monographies historiques ont trop souvent méconnu ce principe fondamental, qu'à moins de preuves irrécusables, un fait qui se rattache aux événements contemporains doit être rejeté de toute histoire particulière dès qu'il se trouve en contradiction avec les faits généraux. Ainsi, la discussion des origines dijonnaises roule successivement sur l'état du christianisme dans les Gaules au 2e et au 3e siècles de notre ère, sur la situation politique de ce pays après le départ de César jusqu'à sa conquête définitive par Auguste, sur l'époque où les Juifs commencèrent à s'y fixer, sur les guerres et les voyages de Marc-Aurèle, sur la carte de Peutinger, le Code Théodosien, les principes de fortification permanente posés par Végèce, etc. Le lecteur, sous les yeux duquel s'ouvriront quelquefois de larges horizons, se reposera peut-être, en les considérant, des sévères et minutieuses démonstrations qu'exigeaient tant d'erreurs. Travail pénible que je m'étais imposé, mais soutenu d'un côté par cette belle maxime du P. Lelong : que la vérité est si aimable qu'on ne doit rien négliger pour la découvrir, même dans les plus petites choses ; — j'ai, en outre, été secondé par l'obligeance de plusieurs de mes collègues, que je prie de recevoir ici mes publics remerciements : M. le docteur Vallot, notre doyen ; M. Henri Baudot, président de la Commission d'Antiquités ; MM. Rossignol et de Saint-Mesmin, conservateurs, l'un des Archives départementales, l'autre du Musée.

J'ai divisé ce travail en trois parties, suivant la nature des sources auxquelles je puisais. Dans la première, j'interroge sur

— VIII —

l'origine de Dijon les auteurs anciens; dans la deuxième, les étymologistes modernes; dans la troisième, les antiquités mêmes de cette ville. Je pense avoir enfermé dans ce cadre tout ce qui concerne le sujet que je vais traiter.

SOMMAIRE DES ORIGINES DIJONNAISES.

—

PREMIÈRE PARTIE. — Origine de Dijon d'après les auteurs anciens.

Premières notions positives dues à Grégoire de Tours. — 1. Description particulière de Dijon par Grégoire de Tours. — 2. Il était d'origine dijonnaise, et peut-être né dans cette ville. (Tableau généalogique de la famille de Grégoire de Tours, d'après ses propres écrits.) — 3. *Castrum Divionense.* Familles sénatoriales qui l'habitaient. — 4. Ce Castrum résidence des évêques de Langres dès le 5e siècle. — 5. Formation, néanmoins tardive, du *Pagus Divionensis.* — 6. Prétendu comté de Dijon au 5e siècle. — 7. Martyre de saint Bénigne dans cette ville. — 8. Fondation de Dijon attribuée à Aurélien. — 9. Protestation des Grandes Chroniques de France. — 10. Interpolation du nom de Dijon dans les Actes de saint Symphorien.

1re QUESTION. — A quel empereur du nom d'Aurèle ou d'Aurélien Grégoire de Tours et les Actes de saint Bénigne ont-ils attribué la construction des murs de Dijon?

1. Il existe quatre versions des Actes de saint Bénigne. — 2. Versions de Natalibus et de Surius. — 3. Troisième version annoncée par les Bollandistes, et retrouvée à Dijon. — 4. Quatrième version dans les Actes en vers et la Chronique de Saint-Bénigne. — 5. Trois époques différentes assignées au martyre de saint Bénigne. — 6. Saint Bénigne n'a été martyrisé ni sous Elagabale ni sous Caracalla. — 7. Tous les manuscrits le rattachent au règne d'Aurélien. — 8. Confirmation de ce fait par l'histoire générale du Christianisme des Gaules. — 9. Terme moyen qui attribue les murs de Dijon à Marc-Aurèle d'abord, puis à Aurélien. — 10. Fausse démonstration de M. Girault concernant Marc-Aurèle. — 11. Marc-Aurèle n'est jamais venu dans les Gaules. — 12. Troubles de la Séquanie; prétendues invasions des Barbares dans la Lyonnaise. — 13. C'est à Aurélien seul que les hagiographes, comme Grégoire de Tours, attribuent les murs de Dijon.

2e QUESTION. — L'origine de Dijon peut-elle remonter à un camp des légions de César?

1. Dijon est plus ancien qu'Aurélien et que saint Bénigne. — 2. Fr. Baudot et Legouz-de-Gerland rapportent son origine à un camp de César. — 3. Abus qu'ils ont fait de deux passages de ses Commen-

taires. — 4. Troisième passage des Commentaires dénaturé par Courtépée. — 5. Du prétendu *Camp de César* sur le Mont-Afrique. Contradictions de M. Girault. — 6. La voie romaine d'Agrippa est antérieure au Castrum de Dijon. — 7. Dijon n'a point une origine militaire.

3e QUESTION. — Peut-on supposer que Dijon (*Dibio*) soit le *Vidubia* ou le *Filena* de la Carte Théodosienne?

1. Voies romaines qui aboutissaient à Dijon. — 2. Route suivie par Constantin, de Trèves à Autun. — 3. Colonne milliaire de Sacquenay, chiffrée en milles romains. — 4. Stations indiquées, de Châlon à Langres; longueur des lieues gauloises et des milles romains. — 5. Avec les lieues gauloises, *Filena* tombe à Dijon, et *Vidubia* correspond à Villy. — 6. Opinions diverses sur la position et le véritable nom de Vidubia. — 7. Avec les milles romains, *Filena* tombe à Til-Châtel et *Vidubia* encore à Villy. — 8. Dans ce cas, *Divio* doit être rétabli sur la carte entre *Filena* et *Vidubia*.

DEUXIÈME PARTIE. — Origine de Dijon d'après les étymologistes modernes.

Inscriptions qui constatent le véritable nom du Dijon romain. — 1. Variantes diverses du nom de Dijon dans les documents écrits. — 2. Inscriptions des *Ferrarii Dibionenses*. Première confusion faite par J. Richard. — 3. Deuxième confusion faite par Valois et par D'Anville. Inscription des *Lapidarii*. — 4. *Ferrarii Dibienses*, variante de Fyot. — 5. Urne funéraire de *Forum-Divio*; étrangeté de ce monument et de cette inscription. — 6. Médaille de l'Hercule *Devsoniensis*.

4e QUESTION. — L'étymologie du nom de Dijon peut-elle être grecque ou égyptienne?

1. Ridicule des étymologies grecques dans l'intérieur des Gaules. — 2. Etymologies tirées de τιφος, marais; — 3. de *Di-Geon*, le dieu du Nil; — 4. de *Diva Io,* identifiée à Isis. — 5. Facilité des étymologies orientales; exemples pris autour de Dijon.

5e QUESTION. — L'étymologie du nom de Dijon est-elle latine ou celtique?

1. Autres fables parmi les étymologies latines, le bourg des Dieux, etc. — 2. L'origine de Dijon rapportée aux Divitenses, à Dîs, etc. — 3. Etymologies celtiques; le *Divona* d'Ausone. — 4. Ce mot traduit à tort par *Fontaine Divine.* — 5. *Divio* interprété : Les *Deux Rivières.* — 6. *Divio* rendu par *Fontaine.* Origine gauloise de Dijon.

TROISIÈME PARTIE. — Origine de Dijon d'après ses anciens monuments.

Découvertes successives des Antiquités dijonnaises. — 1. Déplorable abandon des monuments dijonnais. — 2. Pertes diverses et dispersion encore existante de ces monuments. — 3. Destruction et exploitation des anciens murs de Dijon, par le duc Philippe-le-Bon. — 4. Etat des murs et des tours de Dijon en 1575. Enceinte du Castrum. — 5. Les fondations de cette enceinte remplies de monuments gallo-romains. Premières découvertes de J. Richard et de Guénebauld. — 6. Premier Musée lapidaire formé par Fr. Baudot. — 7. Autres monuments déjà dispersés à cette époque. — 8. Musée lapidaire et Recueil gravé de Legouz-de-Gerland. — 9. Troisième Musée formé par M. de Vesvrotte. — 10. Visite de Millin aux monuments de Dijon. — 11. Observations que lui adresse M. Baudot. Musée de ce dernier. — 12. Monuments réunis par l'Académie de Dijon. Commission d'Archéologie formée dans son sein. — 13. Commission d'Antiquités du département. Nouveau Musée fondé par elle. — 14. Appréciation générale des monuments dijonnais.

6ᵉ QUESTION. — La construction des murs où l'on a trouvé toutes ces antiquités peut-elle être encore attribuée à Aurélien?

1. Monuments du culte païen enfouis dans les fondations du Castrum dijonnais. — 2. Observations de Guénebauld et de Courtépée à ce sujet. — 3. Les fortifications de Dijon peuvent-elles être attribuées à Constantin? — 4. Observations de M. Baudot, qui les renvoie au règne d'Honorius. — 5. Lois des empereurs romains contre les idoles et les temples païens. — 6. Objection tirée de la construction des murs d'Athènes, par Grosley. — 7. Opinion générale de M. de Caumont — 8. Arrangement particulier des monuments païens dans les murs de Dijon. — 9. Prétendue *sécularisation* des monuments sacrés tombés au pouvoir de l'ennemi. — 10. Aurélien ne peut être le fondateur des murs de Dijon. — 11. Inscription grecque d'Aurélien et de Térence, déclarée fausse par Montfaucon. — 12. Réponse de Legouz-de-Gerland. Opinion des savants Bourguignons. — 13. Invraisemblance d'une inscription grecque d'Aurélien dans les Gaules. — 14. Erreur attribuée à Millin; est-elle réelle? — 15. Cette inscription a été forgée d'après les Actes de saint Bénigne. — 16. Appréciation du témoignage de Grégoire de Tours. Interruption ou destruction probable de l'enceinte d'Aurélien. — 17. Prétendue fondation de l'abbaye de Saint-Etienne en 343.

7ᵉ QUESTION. — Ces mêmes murs sont-ils ceux dont parle Grégoire de Tours?

1. Division de cette question en trois points. Première date où l'existence de ces murs soit constatée. — 2. Conclusions du rapport de M. Fremiet sur la maçonnerie de la tour de S.-Bénigne. — 3. Observations sur ce rapport. Construction des murailles militaires, d'après Végèce. — 4. Autre principe de Végèce sur le tracé des remparts. — 5. Les murs de Dijon n'ont point été bâtis d'après ces principes. — 6. De la Colonie Attuarienne établie à Dijon. — 7. Description des murs de cette ville, par Grégoire de Tours. — 8. Le côté

— XI —

occidental du Castrum existait entre Saint-Etienne et Saint-Jean, parallèlement au cours naturel du Suzon et sur la rive gauche. — 9. Plan d'une portion des anciens murs, fait par M. Sagot. — 10. Différence de ce plan avec la description de Grégoire de Tours. — 11. Autre description de M. Baudot ; alternatives qui résultent de ces différences. — 12. La tour de la rue de La Monnoye n'est point romaine. — 13. Tombes juives trouvées dans les murs du Castrum. — 14. Interprétation et antiquité des inscriptions qu'elles portaient. — 15. A quelle époque remontent les Juifs des Gaules? — 16. Leur première persécution ne date que du 7e siècle.—17. Les derniers murs du Castrum ne peuvent être antérieurs à cette époque. — 18. Une partie de leur enceinte nommée *Muraille-aux-Sarrazins.* — 19. Conclusion.

8e QUESTION. — Les anciens monuments de Dijon donnent-ils à cette ville une origine celtique?

1. Prétendu arc de triomphe de Bellovèse. — 2. Fameux tombeau de Chyndonax ; le culte de Mithra tout-à-fait étranger aux Druides. — 3. Bocage et lac sacré de Mithra, etc. — 4. Autres rêveries ; Dijon plus ancien que Marseille, etc. — 5. Fautes entassées dans l'*Histoire des Villes de France*, à l'article *Dijon.*

9e QUESTION. — A quelle époque les antiquités de Dijon constatent-elles définitivement l'existence de cette ville?

1. L'existence de Dijon remonte certainement aux deux premiers siècles de notre ère. — 2. Exagération qui rapporte ses plus beaux monuments au règne même d'Auguste. — 3. Supposition ridicule d'un municipe romain de Dijon avant l'ère chrétienne. — 4. La conquête des Gaules ne fut point terminée par César, mais par Auguste, 24 ans plus tard. — 5. Monument de *Restitutus*, vétéran de la 22e légion. — 6. Bas-relief du *triumvirat* imité d'une médaille d'Auguste. — 7. Il est faux que ce bas-relief soit de l'époque même du triumvirat. — 8. Explications diverses de ce bas-relief ; c'est un monument essentiellement gaulois et postérieur à Auguste. — 9. Le monument de *Biracattus* ne prouve pas davantage que Dijon existait du temps d'Auguste. — 10. Epitaphe d'*Hilarus Drusus C. CÆ.* — 11. Prétendu temple de la Fortune bâti du temps de Domitien. — 12. Des trois *Tibérius* et des *Flavius Vetus* de Dijon. Projet d'Antistius Vétus pour joindre la Saône à la Moselle. — 13. Probabilité de l'existence de Dijon dans le 1er siècle. Tombeaux attribués aux Druides. — 14. Médailles qui s'arrêtent à Nerva; colonne milliaire de Trajan. — 15. Cippe nouvellement découvert de *Saturninus*, daté de l'an 150 de notre ère. — 16. Fatale incertitude sur la localité à laquelle appartient ce précieux monument. — 17. Cippe de *Pudentianus* positivement dijonnais, et daté de 249 de J.-C. — 18. Dijon existait donc incontestablement en 249. Nouvelle bévue de M. J. Bard.

Résumé général.

— XII —

DISSERTATION PARTICULIÈRE SUR S. BÉNIGNE.

—

1re QUESTION. — Quelle valeur historique peut-on attacher aux Actes de saint Bénigne et de ses compagnons ?

1. Incertitude du véritable texte de ces Actes. — 2. Texte annoncé par les Bollandistes différent de celui de Surius. — 3. La mission de S. Bénigne centre d'un cycle hagiographique. — 4. Troisième version des Actes de S. Bénigne. — 5. Quatrième version dans la Vie de S. Bénigne en vers, et la Chronique de son abbaye à Dijon. — 6. Trois ou même quatre époques assignées au martyre de S. Bénigne. — 7. Découverte des Actes complets en prose à la bibliothèque de Dijon. — 8. La rédaction de ces Actes très-différente de celle de Surius. — 9. Sommaire de ces Actes. — 10. Ils ne sont point contemporains de S. Bénigne. — 11. Les Romains n'ont jamais eu de *Comtes cantonaux*. — 12. Ces Actes sont même postérieurs à Grégoire de Tours et à Bède. — 13. Généalogie partielle de ces Actes. — 14. Ils peuvent tout au plus dater de la fin du 8e siècle. — 15. Les Actes de Surius plus anciens que Bède, mais également postérieurs à Grégoire de Tours. — 16. C'est dans Mombritius qu'il faut chercher leur rédaction primitive. — 17. Les Actes dont parlait Grégoire de Tours sont perdus. — 18. Des autres actes de ce cycle ; manière dont ils se copiaient successivement.

2e QUESTION. — Quelle croyance historique mérite la mission de saint Bénigne ?

1. On ne peut mettre en doute l'existence de S. Bénigne. — 2. Double argument qu'on a opposé à la vérité de sa mission. (Note particulière sur la date de la découverte de son tombeau et de la fondation de l'église qui portait son nom.) — 3. S. Bénigne omis dans le plus ancien de nos Martyrologes et dans d'autres. — 4. Silence de ses premiers Actes et de tous les historiens sur sa mission. — 5. Les Gaules encore généralement païennes au 3e et même au 4e siècles. — 6. S. Bénigne ne fit partie ni de la 1re ni de la 2e missions envoyées d'orient dans ce pays. — 7. Son nom même était oublié à Dijon. Découverte de son tombeau. — 8. Invraisemblance et contradictions du récit de Grégoire de Tours et de la Chronique de S.-Bénigne. — 9. Les traditions locales de la crypte et de la tour de S.-Bénigne ne datent point de son martyre. — 10. Confusion des divers saints Bénignes; on compte jusqu'à douze ou treize saints de ce nom. — 11. Celui de Dijon fit très-probablement partie de la grande mission romaine envoyée dans les Gaules au milieu du 3e siècle. — 12. Du rôle attribué à Aurélien dans la *Passion* de S.-Bénigne. — 13. Conclusion. La mission donnée par S. Polycarpe est une fable dont l'invention appartient à Warnaharius, auteur des Actes des trois Jumeaux de Langres.

ORIGINES DIJONNAISES.

PREMIÈRE PARTIE.

Origine de Dijon d'après les auteurs anciens.

—

PREMIÈRES NOTIONS POSITIVES, DUES A GRÉGOIRE DE TOURS.

—

Aucun auteur classique ne parle de Dijon; le nom de cette ville n'est cité par aucun ancien géographe, n'est donné par aucune Notice des Gaules, n'est porté sur aucun itinéraire romain. Il faut descendre jusqu'au 6ᵉ siècle pour le rencontrer, et c'est le père même de notre histoire, Grégoire de Tours, qui le prononce pour la première fois (1). Mais ce nom revient souvent

1. Description particulière de Dijon, par Grégoire de Tours.

(1) C'est par une étrange méprise qu'on a, de nos jours, attribué à César les *Ferrarii Divionenses* d'une inscription locale, et il n'est plus question d'un prétendu passage de Vopiscus dont Moreau de Mautour signalait déjà la fausseté il y a 140 ans. (Mém. sur Dijon dans le grand Dict. géogr. de Th. Corneille, 1708, fol., t. 1ᵉʳ, p. 809.)
Dijon est, à la vérité, nommé dans une Charte du Recueil de Pérard (p. 5), à laquelle cet auteur attribue la date de 579, antérieure de quelques années à la composition de l'*Historia ecclesiastica Fran-*

— 2 —

sous sa plume ; on voit qu'il se plaît à parler de Dijon, de ses basiliques et de ses saints ; et la description particulière qu'il nous a laissée du *Locus Divionensis*, en interrompant tout-à-coup sa narration avec une aimable bonhomie (1), atteste le tendre souvenir qu'il avait emporté dans sa métropole de Tours du simple *Castrum* habité par ses ancêtres. Je m'étonne même qu'un pareil témoignage d'affection locale, unique, si je ne me trompe, dans les œuvres de l'illustre évêque, n'ait suggéré à aucun écrivain dijonnais la tentation de réclamer pour cette ville l'honneur d'avoir donné à la France son premier historien, ce qui eût toujours été plus raisonnable que d'y faire naître, plus de 600 ans avant notre ère, le conquérant Bellovèse (2), que T. Live dit positivement sorti du Berry. Mais j'aurai, dans ces recherches, si souvent l'occasion de m'appuyer sur le témoignage de notre Hérodote gallo-romain, que je crois devoir insister sur la confiance qui est due non-seulement à son caractère, mais encore à ses traditions de famille et à ses connaissances locales.

2. Il était d'origine dijonnaise et peut-être né dans cette ville.

Il est très-vrai que Fortunat le fait venir d'Auvergne pour prendre possession du siége épiscopal de Tours, * et que, dans une biographie écrite au X⁰ siècle, dit-on, par S. Odon de Cluny, on lui donne cette province pour patrie (3). Il est encore certain que son père et son

* Carm. 18, liv. VIII. Bibl. max.Patr., t. X.

corum ; mais cette Charte bourguignonne, datée de la 17ᵉ année de Chilpéric, au lieu de Gontran, me serait déjà suspecte, quand la Chronique de S.-Bénigne ne fixerait point au règne de Childéric II, vers 672, la cession d'*Albiniacum* que Godin fait dans cet acte à notre abbaye dijonnaise (V. le *Spicil.* de D'Ach., fol., tom. 2, p. 370). Quant aux Actes de S. Bénigne et de S. Symphorien, j'en parlerai tout-à-l'heure.

(1) Sed quia hujus pontificis (S. Gregorii) meminimus, gratum arbitratus sum ut situm Loci Divionensis, in quo maxime erat assiduus, huic inseram lectioni. (Hist., III-19.)

(2) V. la *Découverte des ruines d'un monument triomphal dans la très-antique cité de Divio, aujourd'hui Dijon*, par l'ingʳ Antoine, 1801.

(3) Arvernicæ regionis indigena... Arvernis puero genialis humus, dit ce biographe, par. 1 (*Greg. Tur. Opera*, Ruinart).

— 3 —

aïeul y fixèrent leur résidence , qu'il fit ses études ecclésiastiques à Clermont près de l'évêque S. Avitus, [Grég. T. Vit. Patr. II.]
et que la plupart de nos auteurs, y compris Ruinart,
son savant éditeur, ont pensé qu'il ne descendait que
par sa mère de S. Grégoire de Langres. Mais le biographe de Cluny dit aussi que sa famille possédait de vastes domaines en Bourgogne.[Parag. 3.] Sa mère y passa tout le
temps de son long veuvage (1), et lui-même nous ins-
truit du voyage qu'il fit dans sa jeunesse pour se rendre
de ce pays en Auvergne.[Glor. Mar-tyr. 84.] Il ne s'est arrêté nulle part à
décrire, comme il l'a fait pour Dijon, ni cette cu-
rieuse contrée, ni Clermont, quoiqu'il en ait eu souvent l'occasion , en parlant des propriétés de sa famille
ou des malheurs de cette province. Mais il nous apprend que son bisaïeul S. Grégoire, évêque de Langres,
fit du *Locus Divionensis* sa résidence favorite ,[Hist. III-19.] et y fut
enterré ainsi que le diacre Pierre, son propre frère.[Id. V-5.] La
Chronique de S. Bénigne place également à Dijon le
tombeau de son grand oncle S. Tétricus ,[Spicil. d'Ach. t. 2, fol. p. 359.] fils et successeur de S. Grégoire sur le siége de Langres.[Grég.T.Vit. Patr. VII.] Enfin, dans
un retour mélancolique sur sa vie errante, Fortunat
lui-même donne positivement Dijon pour patrie à cette
illustre famille gallo-romaine , quand il dit à Tétricus ,
dans l'épitaphe qu'il composa pour lui :

Te patriæ sedes , nos peregrina tenet. (Carm. 3, *lib.* IV.)

Les deux épiscopats de S. Grégoire et de son fils embrassent 66 années du 6ᵉ siècle, au milieu desquelles
Grégoire de Tours naquit vers 539. On verra, par le tableau généalogique ci-contre, que c'était bien du côté de
son père qu'il les comptait parmi ses ancêtres, et que
ce fut probablement par son mariage avec Léocadie

(1) Voyez *Glor. Conf.* 84 ; *Mir. S. Mort.* 1ᵉʳ 36 et al. de Grégoire
de Tours, et sa vie par S. Odon , 18.

— 4 —

que son aïeul devint sénateur arverne. J'ai pensé que ce tableau intéresserait le lecteur, non-seulement au point de vue dijonnais, mais comme démontrant aussi, pour l'histoire générale de notre pays, toute l'importance des grandes familles épiscopales de cette époque. J'ai voulu rectifier en outre les fautes dans lesquelles sont tombés tous les généalogistes de Grégoire de Tours, en négligeant la plupart des renseignements qu'il nous donne lui-même.

C'est donc avec une affection véritablement filiale que notre vieil historien décrit* le site de Dijon, la fertilité de son territoire, l'excellence de ses vins, l'abondance de ses eaux, la force de ses remparts. Dans quinze endroits de ses œuvres, il nous parle de ce castrum jusqu'alors si obscur, et ne l'oublie même pas en signalant les maladies épidémiques dont furent frappées les grandes cités de Bourges et de Lyon.* Il résulte de ces divers passages :

*Hist.III-19.

*Hist.IV-31, et al.

1° Que Dijon n'était encore de son temps, comme je viens de le dire, qu'un simple *Castrum* ou enceinte fortifiée, dont les murs avaient 30 pieds de haut sur 15 d'épaisseur, avec 33 tours, et 4 portes opposées aux quatre points cardinaux.*

3. Castrum Divionense. *Familles sénatoriales qui l'habitaient.*

*Id. III-19.

2° Que cette ville existait au 5ᵉ siècle, puisqu'elle avait donné un évêque à la cité de Langres dont elle faisait partie, le *dijonnais* Aprunculus qui, devenu suspect aux Bourguignons, fut obligé de s'enfuir de nuit, par-dessus les murs du Castrum,* et de se retirer à Clermont, où il mourut au plus tard en 491.**

*Id. II-36 et 23.
** III-2.

3° Que cette clôture militaire n'avait point empêché de s'y fixer, ou plutôt avait attiré dans ses murs des familles sénatoriales, comme celle d'Hilarius, dont le tombeau en marbre de Paros attestait le rang et l'opulence.* La vie de son fils, S. Jean de Réo-

*Glor. Conf. 42.

GÉNÉALOGIE DE GRÉGOIRE DE TOURS, D'APRÈS SES PROPRES ÉCRITS (ÉDITION RUINART).

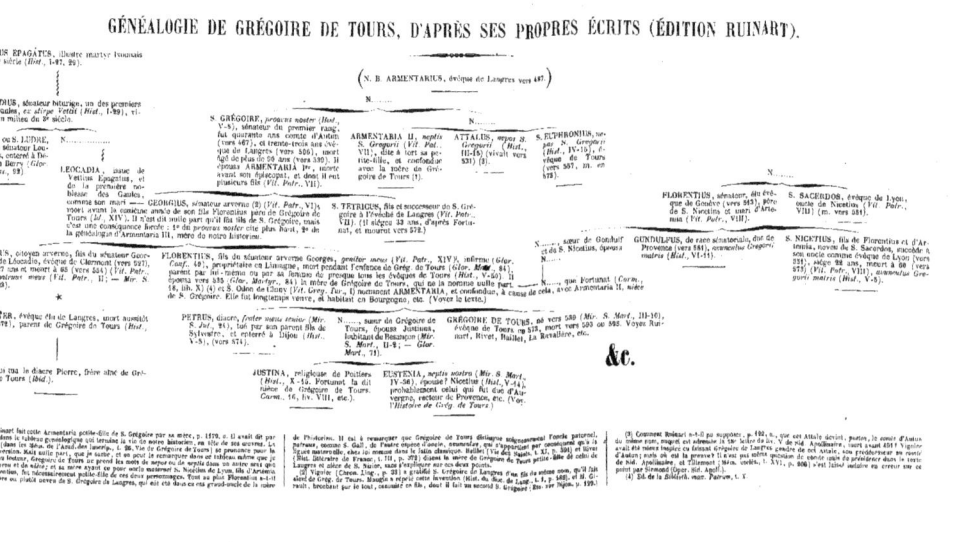

me (1), fondateur de S.-Jean-le-Moutier dans le Tonnerrois, nous indique l'époque où il vivait,* c'est-à-dire la première moitié du 5e siècle, et il est très-probable, comme le prétend Roverius,* que Dijon fut la patrie du célèbre anachorète, dont les parents eurent dans cette ville, d'après Grégoire de Tours, leurs enfants et leur tombeau.

4° Que des évêques de Langres firent même de ce Castrum leur résidence favorite, comme S. Grégoire, bisaïeul de notre historien, et dont l'épiscopat remonte à l'an 506 environ. Son tombeau et celui de son fils Tétricus existent encore dans l'église de S.-Jean (2). La Chronique de S. Bénigne, écrite vers l'an 1052, cite S. Urbain comme le premier de ces évêques enterré à Dijon (3), et elle ajoute que S. Grégoire lui-même, en choisissant sa sépulture dans cette église, ne fit que

*Bolland. 28 janv. par. 4. — Chron. de S. Bénig.

*Réomaus, p. 474.

4. Ce Castrum, résidence des Évêques de Langres dès le 5e siècle.

(1) Lecointe (*Ann. Eccles. Franc.*, t. 1er, p. 425) nie que ce soit le même Hilarius qui ait été le père de S. Jean, mais il est difficile de ne pas réunir, comme dans la Chronique de S. Bénigne, dans un seul et même personnage l'Hilarius de Grégoire de Tours et celui du premier biographe de ce saint, qui écrivait dans son couvent, à une époque encore plus rapprochée du fondateur (Voyez le *Spicil.* de D'Ach., t. 2, fol.).

(2) Cette église ayant été convertie en marché, la Commission des Antiquités de la Côte-d'Or a veillé à ce que ces tombes fussent conservées sous le nouveau pavé, où la figure d'une croix marque leurs emplacements. Voyez les procès-verbaux de ses séances, 29 juin 1841.

(3) Voyez aussi le Martyrolog. gallican. de Du Saussay, cité par les Bolland. 23 janv. La vie de S. Urbain (ibid.) dit qu'il ordonna de porter son corps à Dijon, mais elle est postérieure au Xe siècle. Au surplus l'époque de cet évêque est fort incertaine. Constructis duobus Divione oratoriis, dit J. Vignier, dans son Catalogue final des Evêques de Langres (Chron. lingon.), videtur ibi sedem collocasse; certe in eorum altero sepulturam elegit, anno, ni fallor, 375, postquam Valentino Concilio subscripsit, anno 374. Mais Gautherot qui, dans son *Anastase de Langres*, avait reporté le martyre de S. Didier, prédécesseur de S. Urbain, de l'invasion particulière de Chrocus en 264, à l'invasion générale de 407, descendit en conséquence (p. 303) ce dernier évêque vers l'an 425, sentiment qu'a embrassé la grande édition de la *Gallia christiana*, en disant vers 430 (t. IV). Les

— 6 —

suivre l'exemple de ses prédécesseurs, *majorum suŏ-rum sequens exemplum.* Ces diverses résidences et ces tombes épiscopales ont fait penser d'abord à Vignier, puis aux derniers éditeurs de la *Gallia christiana,* que les évêques de Langres s'étaient retirés dans ce Castrum, soit après la ruine de cette cité par Attila, soit parce qu'ils s'y trouvaient plus en sûreté que dans leur ancienne capitale. Ni l'une ni l'autre de ces raisons ne me semblent péremptoires. Il est fort peu croyable, comme on l'a remarqué depuis longtemps, qu'Attila, *cum paucis reversus,* dit Grégoire de Tours, ait pu, dans sa retraite, consommer toutes les ruines dont on a chargé sa mémoire; et, s'il est vrai qu'il ait détruit sur son passage d'aussi fortes cités que Langres et Besançon, il devient encore moins vraisemblable que la petite forteresse de Dijon soit restée debout au milieu de cette dévastation générale. D'un autre côté, quelque idée que l'on se forme des remparts décrits par Grégoire de Tours, je ne puis croire qu'ils offrissent un abri plus sûr que l'assiette et les fortifications de Langres, auxquelles Constance Chlore avait dû, dans le siècle précédent, son salut et sa victoire sur les Alamans. Soit néanmoins que l'enceinte de notre Castrum ait été plus facile à relever que les ruines de la capitale des Lingons (1), soit par préférence pour une campagne plus riante et un site moins froid, il est à peu près certain que Dijon devint, pendant plus d'un siècle, la rési-

*Spicil. t. 2., p. 358 et 359.
**Chron. Lingon. p. 30.
*T. IV. col. 515, 516.

*Hist. 11-7. En 451.

Bollandistes, dans leur table chronologique du 2e vol. de janvier, reculent la mort de S. Urbain jusqu'en 490, ce qui est impossible.

(1) Cette ruine de Langres appartient, suivant toute probabilité, aux dévastations de l'an 407, et indique la véritable époque de S. Urbain, comme le lieu de sa sépulture donne à penser que les Évêques s'étaient déjà retirés à Dijon, avant l'invasion d'Attila qui n'eut lieu qu'en 451. Toutefois, la Chronique de S. Bénigne attribue ce choix de leur demeure funéraire au voisinage du tombeau de cet illustre martyr.

— 7 —

dence de leurs évêques (1). On comprend alors que Grégoire de Tours, dans son affection pour cette ville, se soit demandé pourquoi elle n'était pas en titre, comme de fait le chef-lieu de la cité (2), dont Langres conservait toujours le siége officiel, puisqu'on voit par la mort de S. Grégoire que les évêques croyaient devoir s'y rendre pour célébrer les grandes fêtes de l'Eglise.* Cette question, qui paraît naïve, pouvait cependant l'être moins qu'on ne pense. L'abbé Fyot en donnait une explication assez plausible, en rappelant que les dispositions des anciens Conciles permettaient d'établir de nouveaux évêchés dans les villes populeuses (3). C'est ce qui avait eu lieu dans le voisinage même de Dijon, quand on érigea en villes épiscopales les deux simples castrum de Châlon-sur-Saône et de Mâcon, démem-

* Grég. Tur.
Patr. VII.

(1) Aux 5ᵉ et 6ᵉ toutefois, et non sous les rois carlovingiens comme le dit M. De Lacuisine, dont cet anachronisme transporte après Charlemagne S. Urbain, S. Grégoire et S. Tétric, qu'il nomme particulièrement dans une note à ce sujet, p. 24 (Esquiss. Dijonn., municip. et parlement.).

(2) Quæ cur non civitas dicta sit, ignoro (Hist. III-19). — Civitas signifie ici chef-lieu d'une division politique et épiscopale, et Aimoin a mal rendu la pensée de notre auteur, en écrivant d'après lui : — Cum tantæ sit magnitudinis, cur urbis vocabulo caruerit mirum habetur (liv. II-24). Le moine qui rédigea les Grandes Chroniques de France, avait mieux compris Grégoire de Tours, en disant, dans son poétique et naïf langage : — Si fu merveilleuse chose quant si nobles chastiaux ne fu appelez citez (liv. II, ch. 17).

(3) Voyez la Dissert. sur l'origine de Dijon, p. 6, en tête de l'Hist. de l'abb. de S.-Etienne de cette ville, fol. 1676. Fyot, au lieu de citer ces dispositions, s'appuie sur la qualification de Castrum, qu'il explique à sa manière pour qu'elle ne tourne pas contre lui leurs textes que voici : C'est d'abord le pape Anaclet qui, dans son 3ᵉ décret, vers l'an 95, défend d'établir des évêques : In Castellis aut modicis civitatibus... ne vilescat nomen episcopi ; aut alicubi, sed ad honorabilem urbem titulandus et denominandus est. — Le 6ᵉ article du Concile de Sardes, en 347, répète cette défense avec l'exception : Aut si... tam populosa est civitas quæ mereatur habere episcopum. Voyez encore le Concile de Laodicée, art. 57, en 372 (Concil., éd. Hardouin, t. 1ᵉʳ, p. 73, etc.).

— 8 —

brés du vaste diocèse d'Autun. Grégoire de Tours a donc pu s'étonner qu'on n'en eût pas fait autant pour Dijon, en le détachant, comme cela eut enfin lieu, douze siècles plus tard, du territoire presque aussi étendu des Lingons. Il est aussi fort possible que la résidence même des évêques de Langres dans nos murs ait, à cette époque, préservé leur diocèse de ce démembrement.

5. *Formation néanmoins tardive du pagus Divionensis.*

J'ai peine à croire toutefois que Dijon fût alors aussi considérable que notre auteur nous le fait entendre, car il est à peine deux ou trois fois question de cette ville dans les historiens originaux des siècles suivants jusqu'au 10e. Elle paraît même avoir été dans le 7e inférieure à S.-Jean-de-Losne (1), et le géographe de Ravenne la passe encore sous le silence dans la description assez détaillée

* P. 191 et suiv. Voyez aussi p. 187.

qu'il nous a laissée de la Bourgogne-Carlovingienne.* Il y a plus: malgré l'importance que lui donne Grégoire de Tours, elle n'était pas même, avant cette époque, chef-lieu d'un canton particulier, car on voit encore en 679 son territoire obscurément compris dans l'ancien *Pagus Attuariorum* (2), et ce n'est qu'en 783 que le *Divionensis* se montre pour la première fois,

* Pérard, p. 12.

dans un acte de Vulfric.* Je ne m'explique donc pas comment un archiviste comme M. Boudot a pu répé-

* T. 1er, p. 248, n. éd.

ter (3) ce qu'avait dit Courtépée,* que Dijon forma dès

(1) Dagobert, venant tenir en 629 sa cour de justice en Bourgogne, ne fit que traverser Dijon, et l'établit à S.-Jean-de-Lone (Fredég. ch. 58; *Gesta Dagob.* 21). Courtépée en conclut, t. 1er, p. 250, nlle édit., que cette ville était dès lors le chef-lieu du *Pagus Oscarinsis* ou canton de l'Ouche, et M. Garnier répète cette conjecture (Chart. Bourguign., p. 68) sans s'apercevoir qu'il se met ainsi en contradiction avec ce qu'il a reconnu plus haut, p. 63, que ce canton ne fut, ainsi que le *Divionensis*, démembré du grand *Pagus Attuariorum* que vers la fin du 8e siècle; ce qui est trop dire dans ce sens, puisque le Recueil de Pérard nous le montre existant dès 763 (Charte du prêtre Bago, p. 10).

(2) Pérard, Recueil de pièces, etc., fol. 1664, p. 8; Charte de Goyla.

(3) Mémoires de la Commiss. d'Antiq. du départ de la Côte-d'Or.

— 9 —

le 5ᵉ siècle un Comté particulier, en ajoutant qu'il fut alors démembré du canton des Attuariens. La Charte de Goyla prouve positivement le contraire; et celles d'Ermenoara, d'Anségaud et de Léotald renferment encore dans ce *Pagus,* en 735, 775 et 778, les villages dijonnais de Barges et de Ruffey.* On ne s'accorde point sur la position de son chef-lieu; mais qu'on le place soit à *Antua,* dans la forêt de Velours, soit à Ates, sur la Vingeanne, près de Fontaine-Française, toujours est-il que ce n'était pas Dijon. On ne peut prétendre, d'un autre côté, que cette ville ait eu des Comtes particuliers avant d'être détachée du grand *Pagus* des Attuariens; car, à cette première époque des Comtes francs, il n'y en avait encore qu'un seul par diocèse, et plus tard un seul par *pagus,* comme le dit M. Guérard, dans son *Essai sur les divisions territoriales de la Gaule,** etc. Or ces Comtes cantonnaux sont postérieurs à Grégoire de Tours, car je ne crois pas en avoir vu un seul exemple dans tous ses ouvrages; et c'est précisément en s'appuyant sur lui, que Hauteserre, dans son traité spécial *De Ducibus et Comitibus provincialibus Galliæ,** et le savant Bignon sont arrivés à cette conclusion formulée d'une manière si nette par ce dernier: que chaque cité avait alors son Comte particulier, dont la juridiction embrassait la même étendue que celle de l'évêque (1), c'est-à-dire le territoire entier de la cité. Aussi les Bollandistes ont-ils relevé avec raison * l'erreur de la *Gallia christiana,* qui a donné au père de S. Seine, né vers la fin du 5ᵉ siècle, le titre de Comte du *Pagus Magnimontensis,* ou pays de Mémont, dans

* Pérard, p. 9 et suiv.

6. *Prétendu Comté de Dijon au 5ᵉ siècle.*

* P. 53, 54.

* Voyez son chap. 4, p. 10.

* 19 sept. p. 38, n. c.

partie in-8°, t. 1ᵉʳ, p. 32 bis, 1832. M. Bard n'a pas manqué de répéter cette faute à son tour. Dijon, Hist. et Tabl., p. 22.

(1) Singulis enim tum civitatibus comites preærant, quorum potestas iisdem quibus episcopi finibus distincta erat (Marculf., Formul., p. 265; 1665).

— 10 —

la Côte-d'Or. Elle avait mal interprété un passage de la vie de ce saint (1). Il est plus vrai que Fortunat, contemporain de Grégoire de Tours, parle dans la biographie de S. Germain de Paris de la réception qu'un Comte Nicaise fit à cet évêque dans le château d'Avallon (2). On pourrait en conclure que Nicaise n'était Comte que du *Pagus Avallensis;* mais cette exception, qui n'est pas formellement énoncée, aurait besoin de preuves plus directes, en présence d'un passage où notre vieil historien nous montre les *pagi* de son temps administrés par de simples *vicaires* (3) des Comtes des cités. Il est à remarquer d'ailleurs que le premier biographe de S. Jean de Réome ne donne point à ce même Nicaise, dont il a aussi occasion de parler, le titre de Comte, mais dit simplement qu'il était chargé de rendre la justice dans la ville d'Avallon (4). Quant aux Comtes romains de Dijon, simple ville lingone, où siégeait tout au plus un Juge *Pedanée* (5), l'histoire et la législation impériale nous les montrent aussi chimériques que ceux du 5e ou 6e siècle; et c'est une plaisante chose que le sérieux avec lequel un magistrat, qui

(1) Tunc quidem ex vicinis ejus qui eorum *comitatui* adhærebat, etc. (Par. 2 et n. 9 des Bolland.).

(2) Castello Avallone iter agens ingreditur, ubi reorum multitudo tenebatur ergastulo. Hinc a Nicasio comite invitatus ad prandium, etc. (Bolland., 28 mai, par. 19).

(3) Il s'agit de la fuite de Cuppa : Animodi vicarii dolo qui pagum illum judiciaria regebat potestate... Protinusque directis rex litteris ad comitem urbis, jubet ut eum vinctum in præsentiam regis dirigeret (Hist. X, 5).

(4) Clarissimus etiam tunc erat Nicasius, vir ferocis ingenii, cui etiam Avallensis oppidi regendæ reipublicæ fuerat cura commissa (Bolland., par. 17). Remarquez le rapport des expressions dont se sert ce biographe avec celles de Grégoire de Tours dans la note précédente.

(5) Création de Julien en 362. Voyez le Code Théodos. de Godefroid, t. 1er, p. 48, et t. 2, p. 99, et al. Je m'arrêterai sur ces Comtes dans une Dissertation sur les Actes de S. Bénigne.

— 11 —

devait consulter au moins son Code Théodosien, les érige, dès le règne de Marc-Aurèle,* en usurpateurs des droits d'un municipe dont l'existence est aussi incertaine que ces Comtes sont eux-mêmes fabuleux.

* Esquiss. Dijonn., p. 23.

5° Il résulte encore des ouvrages de Grégoire de Tours que Dijon existait du temps de S. Bénigne, qui y fut martyrisé le 1er novembre, mais à une époque que cet auteur n'indique pas autrement qu'en passant, dans son Ier livre *De Gloria Martyrum*,* du martyre de S. Irénée (mort au commencement du 3e siècle) à celui de l'apôtre dijonnais, ce qui a pu, jusqu'à un certain point, faire présumer qu'ils étaient à peu près contemporains.

7. *Martyre de S. Bénigne dans celle ville.*

* Ch. 50 et 51.

6° Enfin que ce Castrum, d'après le témoignage des anciens, avait été construit par l'empereur Aurélien (1). Ce prince étant mort en 275, après cinq ans de règne, il ne devait exister, en face d'une assertion aussi positive, aucun doute sur l'époque de cette fondation, ni même, pourrait-on dire, sur la date précise, puisque cet empereur ne recouvra qu'en 273 les Gaules séparées de l'empire depuis 13 ans. Il y revint l'année suivante pour consolider cette importante conquête, et c'est sous cette date que Tillemont place la restauration d'Orléans, dont les Notices des Gaules et Sidoine Apollinaire parlent sous le nom d'*Urbs Aurelianorum*,* ou *Aurelianensis*.* Ce savant ajoute que « Grégoire de « Tours, et d'autres monuments anciens, disent que « c'est aussi Aurélien qui a bâti ou fortifié Dijon,* » suivant le sens plus ou moins absolu qu'on attachera au terme *œdificatum*, employé par Grégoire de Tours. Valois l'entendit dans son acception la plus restreinte : *Ab imperatore Aureliano, non exœdificatum*, dit-il,

8. *Fondation de Dijon attribuée à Aurélien.*

* D. Bouq., t. 2.
** Epitr. VIII-15.

* Hist. des Emp., t. 3, p. 526.

(1) Nam veteres ferunt ab Aureliano hoc imperatore fuisse ædificatum. (Hist. III-19.)

sed novis mœnibus cinctum. Mais nos vieux auteurs bourguignons, S. Julien de Baleure, J. Vignier, Ladone (1), etc., avaient au contraire pris ce mot dans sa signification la plus entière, celle d'une fondation primitive. D'Anville, quoiqu'il connût indubitablement les raisons sur lesquelles s'appuyait l'opinion de Valois, me paraît avoir abondé dans leur sens. « On ne « connaîtrait Dijon, disait-il en 1760, par aucun des « monuments de l'âge romain, sans deux inscriptions, « etc... Il est vrai néanmoins que, selon une ancienne « tradition rapportée dans quelques légendes, et at- « testée par Grégoire de Tours, l'empereur Aurélien « avait fait de Dijon une forteresse considérable. »

Ces légendes sont les Actes de S. Bénigne cités par Valois lui-même, et dans lesquels on lit que : l'Apôtre étant venu prêcher la foi à Dijon, où l'on construisait alors, avec la plus grande activité et une foule d'ouvriers, le *Castrum* de ce nom, par ordre de l'empereur Aurélien, s'y rencontra avec lui, et que ce prince, plein de joie à l'aspect des puissantes murailles de cette ville nouvelle, témoigna sa satisfaction d'un si bel ouvrage (2). Mais ces mêmes légendes faisant de S. Bé–

---

(1) Voyez l'*Origine des Bourgongnons*, le *Chronicon Lingonense*, les *Augustoduni amplissimæ civitatis Antiquitates*. Voici les vers. de Ladone, dans ce dernier ouvrage, p. 151, *De Urbe Divione :*

Postquam res Eduas Samothisque evertere gentem
Antiquam visum superis, ceciditque superbi
Bibractis murus, nova protinus Aureliano
Urbs caput erexit sub Cæsare, nacta verendum
Divio cognomen, quam deinde potentia celso
Æquavit Burgunda polo, dominamque vetustæ
Metropoli imposuit, etc.

(2) Benignus ad locum cui *Divion* vocabulum est, spiritu sancto plenus accessit, ubi tum castrum ejusdem nominis, præcepto imperatoris Aureliani summo studio ingentique manu construebatur. — Interea Aurelianus imperator... pervenit tandem ad prædictum castrum Divionem ; quod ingressus, cum videret novi oppidi operosa mœ-

nigne un missionnaire de l'illustre évêque de Smyrne, S. Polycarpe, martyrisé sous le règne de Marc-Aurèle, vers l'an 167 de notre ère,[*] cet énorme anachronisme a porté leurs éditeurs et presque tous les écrivains modernes à substituer le nom de cet empereur à celui d'Aurélien. D'un autre côté, des débris en bien plus grand nombre et bien plus considérables que les deux inscriptions auxquelles notre grand géographe bornait dédaigneusement toutes les antiquités de Dijon protestaient déjà depuis longtemps contre l'opinion que cette ville ne devait sa fondation primitive qu'au second de ces princes. L'amour-propre local qui s'était emparé, dès le 16e siècle,[*] de cette dernière preuve, en a parfois exagéré les conséquences jusqu'à des aberrations dont j'ai déjà cité un exemple ridicule ; il s'est, à plus forte raison, attaché, contrairement à la lettre de tous les manuscrits, au nom de Marc-Aurèle et à la mission de S. Bénigne, double question qui constitue précisément tout notre problème, au point de vue des documents écrits. Il est du reste curieux de rencontrer, dès le 13e siècle, dans les *Grandes Chroniques de France,* une protestation en faveur de l'antiquité de Dijon, quand la science moderne n'avait encore parlé

[*] Voyez les chr. d'Eusèbe, de S. Jérôme, S. Prosper, etc.

[*] J. Richard, Antiq. Divion. 1585.

9. *Protestation des Grandes Chroniques de France.*

---

nia surgere, et ingenti cura turrium munimina præparari, lætus admodum sibi placere dixit operis elegantiam. (Act. MS de S. Bénig. de la bibl. de Dijon). Ces deux phrases sont celles que Valois a citées dans l'article *Divio* de sa Notitia Galliarum, et elles répondent au début des Actes de Surius, que voici : — *Eodem tempore* Aurelianus imperator ad castrum, quod Divionem vocant advenit, ut videret muros novos, quos illic contruxerant. Cumque fuisset ingressus, ait : Benè muros hos constructos video. — M. De Lacuisine attribue ce texte à la Chronique de S. Bénigne, dans une note où l'on compte trois fautes en trois lignes (Esquiss. dijonn., p. 23). Je ne sais, d'un autre côté, où J. Richard a vu dans l'*Histoire manuscrite* de ce martyr : *Ingressus jam famosum et celebre oppidum,* qu'il cite, fol. 31 a, de ses *Antiquit. divionens.* Il n'y a rien de pareil dans celle que j'ai sous les yeux.

— 14 —

ni de Marc-Aurèle, ni des ruines trouvées sous les anciens murs de cette ville. Le rédacteur primitif de ces Chroniques paraît s'être borné à traduire la description du *Castrum Divionense*, telle qu'Aimoin l'avait abrégée * en l'empruntant à Grégoire de Tours, si ce n'est qu'il donne aux murailles de ce *chastel* 50 pieds de haut au lieu de 30. Mais le second manuscrit, avec lequel D. Bouquet a complété son édition des *Grans Croniques de France*,* ajoute à cette phrase traduite du latin : *Et le fonda un Empereour qui ot nom Auréliens*, etc., le commentaire qui suit : « Auriliens fit « martirier (S. Bénigne) à l'encusement d'un Comte « de Dijon, qui lors estait, qui avait nom Thérences. Li « chastiau de Dijon estait de grant nobilité avant ce « que Auréliens y venist al temps de son empire. Mais « il est voirs que de la venue de celui Auréliens, li chas- « tiau de Dijon ennobli et amenda. » On attribue ordinairement la première partie de ces chroniques à Guillaume de Nangis ; mais je parierais bien que l'auteur de ce naïf commentaire était dijonnais, ou tout au moins bourguignon.

*II-24.

* T. 3 de son recueil.

Valois cite encore, relativement à la fondation de Dijon, un passage des Actes de S. Symphorien, où l'on dit qu'Aurélien fit construire cette forteresse, *Castrum Divionem quod ipse construi jusserat ;* mais ce passage ne se trouve, ni dans le texte de ces Actes que Ruinart avait admis parmi les *Sincera* qu'il a rassemblés, ni dans aucune des différentes versions recueillies par les Bollandistes.* Il n'est pas même question de S. Bénigne dans les plus anciennes. Il y a donc tout lieu de croire que la phrase rapportée par Valois est une addition de copiste, particulière au manuscrit qu'il avait eu entre les mains (1).

10. *Interpolation du nom de Dijon dans les Actes de S. Symphorien.*

* 22 août.

(1) Dijon se trouve encore nommé dans un MS. des 2es Actes de S.

Il résulte donc des assertions de Grégoire de Tours et du commentaire dont nous venons de les accompagner, que la *passion* de S.Bénigne était regardée comme le pivot sur lequel tournaient, ainsi qu'on l'a dit, les origines dijonnaises. C'est sur l'histoire de ce martyr que s'appuient principalement J. Vignier, Fyot, Fr. Baudot, Mangin, M. Girault et toute la foule de leurs copistes. Mais aucun de ces auteurs ne s'est même informé du véritable texte de ces Actes ; aucun n'a reconnu la mutilation de ceux qu'ils citaient, en adoptant une correction démentie par l'histoire, et par toutes les autres versions de cette même légende, en prose et en vers. L'étude que j'ai faite de la mission de S. Bénigne nous détournerait trop longtemps de notre but ; je l'ai réservée pour une dissertation particulière, dont le résultat chronologique importe seul au sujet que nous traitons en ce moment. Ce sera l'objet de ma première question.

PREMIÈRE QUESTION.

A quel empereur du nom d'Aurèle ou d'Aurélien Grégoire de Tours et les Actes de S. Bénigne ont-ils attribué la construction des murs de Dijon ?

Il existe au moins quatre versions des Actes de S. Bénigne. Aucune des quatre ne peut être, malgré l'opinion de Valois,* celle dont a parlé Grégoire de Tours,** et, comme elles sont postérieures à tous ses ouvrages, elles n'ajoutent véritablement aucune force au

1. *Il existe quatre versions des Actes de S. Bénigne.*
* Not. Gall. Divio.
** Glor. martyr. 1-51.

Marcel de Châlon, que les Bollandistes ne font remonter qu'à la fin du 7ᵉ siècle. Ces Actes, racontant les stations qu'on fit subir au saint d'idoles en idoles, pendant son martyre, indiquent à deux milles de cette cité l'*Atrium* d'Hamon, *Divi Hamonis*, al. *Decubaconis* (4 sept.). Valois lisait *Divi Bavonis*, nom d'une divinité gauloise (Not. Gall. p. 522). Le MS. de Fulde porte *Divionis*, leçon qu'annihilent complètement la distance et l'idole dont il est question.

témoignage de cet historien. Le savant et conscien-
cieux Ruinart n'en a admis aucune dans sa collection
des *Acta Sincera.* D'accord sur le fait certain de l'apostolat de ce martyr à Dijon, elles l'ont entouré de circonstances accessoires que les Bollandistes ont libre-
ment discutées (1), pour les concilier soit avec l'histoire,
soit entre elles ou avec les différentes légendes qui for-
ment autour de la passion de S. Bénigne un véritable
cycle hagiographique. Dans la version de Pierre de Natalibus, qui termina en 1372 son *Catalogus Sanctorum,*
la mission de l'apôtre dijonnais et sa mort sont rapportées l'une et l'autre au règne d'Aurélien.* Dans le *Sanctuarium* de Mombritius (2) et dans les Actes que Surius
publia en 1570,* le martyr répond à cet empereur qu'il
est venu d'Orient avec ses compagnons, envoyé par
S. Polycarpe pour prêcher la foi aux nations. C'est ce
dernier éditeur qui corrigea, en conséquence, *Aurelianus* en *Aurelius,* correction que l'imposante autorité de Baronius* fit ensuite adopter presque généralement. Sur quoi il faut observer que les Actes de Surius sont réduits, par la perte d'une grande partie du
texte, à celle qui concerne le martyre même de S. Bénigne. Ce qui en reste ne commence qu'à l'arrivée d'Aurélien à Dijon. Surius et très-probablement Baronius
ignoraient l'existence d'une troisième version, dont Du
Saussay se servit, en 1638, pour l'article *S. Bénigne*
de son Martyrologe gallican, et que les Bollandistes
annonçaient dans leur second volume de janvier, dès
1643, comme l'œuvre d'un auteur malhabile, *ab incurioso auctore,** qui, plaçant la mission de S. Bénigne
sous Marc–Aurèle, retardait son arrivée dans les Gau-

2. Versions de Natalibus et de Surius.

* Edit. 1493, in-fol.

* De prob. Sanctor. Vit. 1er nov.

* Voyez son Martyrologe et Annal. an 169-XX.

3. Troisième version, annon-cée par les Bol-landistes et re-trouvée à Dijon.

* 17 janv., p. 77.

(1) Voyez, entre autres, le Commentaire des Actes de S. Andoche,
24 sept.

(2) Imprimé en 1479; t. 1er, p. 294, d'après une copie envoyée de
Paris.

— 17 —

les jusqu'au temps de Sévère, et sa mort jusqu'au règne d'Aurélien.

Ces Actes complets donnaient donc un démenti formel à la correction de Surius; et, quoique le travail des Bollandistes se soit arrêté avant le 1er novembre, jour de S. Bénigne, ils en avaient dit assez pour mettre en garde l'abbé Fyot et tous ceux qui, à ma connaissance, ont rapporté ou discuté postérieurement l'histoire de ce martyr. Tous se sont néanmoins renfermés dans le texte de Surius, la plupart admettant sans mot dire (ce qui devenait dès lors une véritable falsification) le changement du nom d'Aurélien en celui de M.-Aurèle. Le texte annoncé par les Bollandistes fut complètement oublié, et c'est à force de recherches que je l'ai retrouvé dans un énorme manuscrit de la bibliothèque publique de Dijon, en 5 volumes in-folio, à trois colonnes, intitulé *Legendæ Sanctorum*. La vie de S. Bénigne est la 56e du tome IV. L'empereur qui le rencontra à Dijon y porte non-seulement le nom d'Aurélien, mais c'est le successeur de Claude II, l'adversaire de Tétricus (1), et l'auteur rapporte sa fin tragique dans les mêmes lieux et avec les mêmes circonstances que l'Histoire auguste, la Chronique de S. Jérôme et Orose ont rendus notoires pour la mort de cet illustre empereur (2). J'espère donc qu'on cessera une fois pour toutes de vouloir changer en Marc-Aurèle l'*Aurelianus* de cette lé-

(1) Occiso namque Claudio apud Syrmium, hic in extremis finibus Galliarum contra Tetricum expeditionem agens, imperialia suscepit insignia. Moxque contra christianum nomen arma corripuit.—Aucun auteur ne dit que Claude II fut assassiné. Le biographe a certainement confondu sa mort avec celle de son frère Quintilius. Voyez la Chroniq. de S. Jérôme, an 271.

(2) Le coup de foudre dont le ciel l'épouvanta, dit le biographe, est mentionné dans la Chroniq. de S. Jérôme, an 276, et dans Orose, VII-23. Ses cinq ans et six mois de règne sont aussi donnés par la Chronique : — Cum enim territus et tremebundus *Constantinopolim* festinato rediret, viæ medio inter Heraclæam et Byzantium,

2

gende (1) et de Grégoire de Tours, qu'on a également soupçonné d'avoir confondu le philosophe avec le rude soldat qui rendit les Gaules à l'empire. Fyot met cette confusion sur le compte de son secrétaire*; mais, s'il s'était rappelé que notre historien, quand il a voulu parler de Marc-Aurèle, l'a nommé *Antoninus* et non point *Aurelius**, il se fût épargné, ainsi qu'à ses lecteurs, une supposition par trop naïve en vérité. On peut faire une observation du même genre, pour les Actes de nos saints, à Surius, à Baronius, à tous ceux qui ont soutenu leur correction. Quand nos légendaires ont eu Marc-Aurèle en vue, ils ont fort bien su l'appeler par ses noms officiels d'*Antoninus* ou d'*Antoninus Verus*, comme on peut s'en assurer dans les Actes de S. Marcel, de S. Valérien, de S. Floscel de Beaune*, et dans ceux d'Epipode et d'Alexandre** regardés comme authentiques. J. Vignier expliquait d'une autre manière cette substitution d'*Aurelianus* : «C'est la postérité, « disait-il, qui, dans son respect pour le philosophe im- « périal, a reporté sur Aurélien l'odieux de cette cruau- « té *. » C'était du moins plus ingénieux, et d'un autre côté moins outrecuidant que Belleforest, qui, dans sa Cosmographie, querelle ceux *qui ont brouillé les dates et gâté les originaux* avec leur Aurélien.

La Chronique de l'abbaye de S. Bénigne, publiée depuis deux siècles par D'Achery*, offrait encore, pour contrôler la correction de Surius, une 4ᵉ version, remarquable parce qu'elle était justement purgée de l'anachronisme qu'il avait prétendu rectifier, contraire-

* Dissertation histor. s. l'orig. de Dijon, p. 2.

* Hist. I-26.

* Bolland, 4, 15, 17 sept.
** Ch. 2, Ruinart.

* Chron. Lingon., p. 11.

4. *Quatrième version dans les Actes en vers et la Chronique de S. Bénigne.*
* Spicil.

---

loco qui Cœnofrurium dicitur, a militibus interemptus, etc. — C'est ce que disent de la mort d'Aurélien Vopiscus, ch. 35, et le même Orose, ibid.

(1) Une autre correction qu'on avait également hasardée, celle du nom de Sévère en *Verus*, toujours pour revenir à Marc-Aurèle, se trouve biffée du même coup.

— 19 —

ment, comme nous le verrons, à tout ce que l'histoire nous apprend des voyages ou des campagnes de Marc-Aurèle, qui ne mit jamais les pieds dans les Gaules. Cette dernière version résumait le système chronologique d'une autre vie de S. Bénigne, en vers, qui existait dans la bibliothèque de cette même abbaye, et dont le manuscrit datait du 9ᵉ siècle, suivant le P. Chifflet, qui en prit de sa propre main une copie pour les Bollandistes*. Le poète donc et le chroniqueur, qui écrivait au milieu du 11ᵉ siècle, s'accordent pour nous dire que le nom d'*Aurelianus* désigne un *Marcus Aurelius Antoninus*, dit aussi *Aurelianus*, successeur de Macrin (1), c'est-à-dire Elagabale, qui monta sur le trône en 218. Cette date ne présente plus rien d'impossible; mais le poète a voulu rapprocher encore davantage les distances, et faire disparaître un autre anachronisme relatif à S. Irénée, en substituant à l'évêque de Smyrne un autre Polycarpe ou Polycrates, métropolitain d'Ephèse (2). Cet auteur dit expressément qu'il a voulu rectifier, pour ce qui concerne les empereurs romains, les erreurs d'un biographe antérieur à lui (3). Il est donc incontestable que la version la plus ancienne est

* Bolland, 21 sept., p. 668.

(1) Chron. S. Bénig. Spicil. d'Achery, in-fol., t. 2, p. 358. — Bolland., 24 sept., p. 669. Voici les vers du poète :

Severiana feritas	Ut supra jam retulimus,
Orbis jura pervaserat,	Sanctos Gallorum finibus
Post Pertinacis funera,	Advenisse comperimus.
Qui Commodo successerat.	Antoninus Caracalla
Malis ipse deterior	Post quem sumpsit insignia;
Christum quærebat gladio,	Marcus qui et Aurelius
Cujus edictis pessimis	Aurelianus legitur,
Irenœus occubuit.	Sub quo gesta describimus.
Hujus namque temporibus,	Post Macrinum proficitur.

(2) Polycrates metropolis
Legitur præsul Ephesi,
Ac Smyrneorum docilis
Polycarpus enituit.
Hæc duo luminaria
Tunc fulgebant in Asia.

Tunc Polycarpus nobilis
Palmam tulit martyrii;
Insigne sed cognominis
Polycrates restinuit.

(3) Sed relator historicus,
Non perspectis temporibus,

Errorem veris martyrum
Gestis induxit nominum.

(Boll., id., p. 669.)

celle qui désignait Aurélien par le seul nom d'*Aurelia-nus*, comme l'auteur du martyre de S. Bénigne. Il est vrai que Warnaharius, à qui l'on doit les Actes latins des 3 jumeaux de Langres, et le biographe de S. Ando-che, qui le copie en cette circonstance, semblent pour leur compte rattacher notre apôtre au règne de Cara-calla, car ils donnent leur *Aurelianus* pour le succes-seur immédiat du *très-inique empereur* Sévère, et en-core plus méchant que lui.[*] Mais l'autorité du second n'ajoute d'abord rien à celle du premier. Il ne faut en-suite voir dans celui-ci qu'une faute due à son igno-rance chronologique ou à son inattention, car l'édit de persécution qu'il attribue à son *Aurelianus* ne peut appartenir à Caracalla, qui n'en lança jamais contre les chrétiens. Lui-même établit un intervalle entre la per-sécution de Sévère et celle d'Aurélien, et le rappro-chement de leurs règnes provient sans doute de la célé-brité particulière qu'obtinrent dans les Gaules ces deux persécuteurs, qui les conquirent l'un et l'autre.

[marginal note:] * Bolland., 17 janv. et 24 sept.

[marginal note:] 5. Trois épo-ques différentes assignées au martyre de S. Bénigne.

Nous avons, en définitive, pour la mort de S. Bé-nigne et la fondation de Dijon, trois époques diffé-rentes : celle de Marc-Aurèle, de Caracalla ou d'Elaga-bale, et d'Aurélien. C'est sans doute par quelque con-fusion de noms que Paradin, en s'appuyant d'ailleurs sur une citation erronée de la Chronique de S. Béni-gne, a parlé d'Alexandre Sévère.[*] L'un des derniers Bollandistes, le P. Suysken, a fait au sujet de S. An-doche,[**] une savante dissertation en faveur de l'épo-que indiquée par Warnaharius. Donnant une entière approbation au poète qui a substitué le Polycarpe d'E-phèse à celui de Smyrne, il rapporte au règne de Sep-time Sévère la mission de S. Bénigne et de ses com-pagnons, mais il repousse comme auteur de leur mort Elagabale, par la double raison que ce prince ne per-sécuta point les chrétiens, et n'approcha même jamais

[marginal note:] * Annal. de Bourg., 1566, p. 17.

[marginal note:] ** 24 sept.

[marginal note:] 6. S. Bénigne n'a été marty-risé ni sous Élagabale ni sous Caracalla.

des frontières des Gaules. Suysken se demande pour quel motif ce poète et le chroniqueur ont été le cher cher, au lieu de s'en tenir au fils de Sévère. Il la trouve dans les 12 ans de distance que les Actes de S. Andoche mettent dans le baptême de S. Symphorien, postérieur à l'avénement de Caracalla (1), et la mort de leur martyr. Il y en a peut-être une plus simple : c'est que nos hagiographes, comme il est facile de s'en apercevoir, ne connaissent en général l'histoire des Empereurs que par la Chronique de S. Jérôme. Or, Caracalla n'y porte que le nom d'*Antoninus*. Ils n'ont donc pu lui donner ceux d'*Aurelius* et d'*Aurelianus*, ni tomber à son sujet dans quelque confusion entre lui et Aurélien. Si le poète et l'annaliste de S. Bénigne ont préféré Elagabale, c'est que lui seul, entre Marc-Aurèle et le vainqueur de Tétricus, porte dans cette chronique les deux prénoms de *Marcus Aurelius,* auxquels ils ont joint, de leur chef, la redondance emphatique d'*Aurelianus.*

Il est d'autres questions plus importantes que le savant jésuite aurait du prévenir : Y a-t-il eu des martyrs sous Caracalla? A-t-il poursuivi les chrétiens? A-t-il lancé contre eux des édits de persécution? Je répondrai aux deux dernières que ce prince, nourri par une chrétienne, suivant Tertullien (2), n'a jamais persécuté cette religion, ni donné contre elle aucun ordre de proscription. Nous en avons pour garant, au moins dans les Gaules, Sulpice Sévère, qui nous dit (3) que le règne de Septime (mort en 211) fut suivi de 38 an-

---

(1) Ce prince n'en régna que six, de **211** à **217**.

(2) Proculum Christianum.... in palatio suo habuit (Severus) usque ad mortem ejus, quem et Antoninus optime noverat, lacte christiano educatus. (Ad Scapul. 4.)

(3) Interjectis deinde annis octo et triginta, pax christianis fuit, nisi quod medio tempore Maximinus nonnullarum ecclesiarum clericos vexavit. (Sacra Hist., II. — Sev. perfec.)

— 22 —

nées de paix pour l'Eglise, sauf quelques sévices de Maximin Ier. Il paraît qu'en d'autres provinces, en Afrique par exemple, la persécution fut continuée par la haine des autorités quelque temps encore après la mort de Sévère; c'est ce qu'on peut conclure du livre adressé par Tertullien à Scapula, et Tillemont admet qu'on peut rapporter quelques martyres à la première année de Caracalla. C'est à lui qu'il appliquait le nom d'un *Antoninus,* sous qui Ste. Glycère fut livrée aux bêtes. * Il le reconnaissait aussi pour l'*Aurelianus* des Actes de SS. Ferréol et Ferrucius, mis à mort à Besançon, * et pour l'*Aurelius princeps* qui est nommé dans ceux de Félix, Fortunat et Achillée, martyrisés à Valence. * On voit en effet dans leur histoire le duc Cornelius demander si, après les *louables* massacres, *laudabilem trucidationem,* qu'avait ordonnés Sévère à Lyon, il y avait encore dans ce pays quelque trace de christianisme. * Mais l'histoire, dans tous les cas, ne donne à Caracalla aucune part à ces cruautés posthumes de son père, et je ne puis reconnaître ce prince dans le persécuteur acharné ou l'auteur des édits dont parlent les Actes de Ste. Glycère, de S. Andoche ou des trois jumeaux de Langres.

C'est à l'an 213, époque de son retour dans les Gaules, que Suysken fixait le martyr de nos apôtres Bourguignons. Les travaux des Bollandistes n'ayant pas été, comme je l'ai dit, poussés jusqu'au jour de S. Bénigne, nous ne pouvons savoir si c'eût été leur dernier mot; mais c'est à peu de chose près pour cette époque que s'était prononcé Fleury, en associant S. Bénigne et ses compagnons à l'apostolat de S. Irénée dans la province lyonnaise (1). Le savant histo-

* Bolland. 13 mai, note du 1er parag.

* Bolland. 16 juin.

* Hist. des Emp., t. 3, p. 107.

* Bolland. 23 avril.

7. *Tous les Mss. le rattachent au règne d'Aurélien.*

(1) S. Irénée fut martyrisé sous le règne de Sévère, vers l'an 203. Le savant dijonnais qui a fourni à Belleforest son long article sur Dijon plaçait déjà la mort de S. Bénigne en 209 (Cosmogr.).

— 23 —

rien qu'a suivi récemment M. Amédée Thierry [*] paraît s'être décidé d'après le 1er chapitre des Actes de S. Andéol, martyrisé sous le règne de Septime Sévère;[**] mais ce chapitre est une pièce maladroitement cousue à la légende de ce saint, comme le démontre la dissertation particulière que j'ai annoncée. Ce n'est point S. Bénigne dont il fallait remonter l'époque au temps de S. Andéol, mais ce compagnon de trop qu'il fallait lui retirer. Dans tout le reste du cycle en prose de notre apôtre et dans toutes les vies des saints où il n'est question de lui qu'accidentellement, depuis la passion de S. Symphorien jusqu'à la biographie de S. Annon de Cologne, écrite au 11e siècle, les manuscrits de Surius comme ceux des Bollandistes ne portaient que le nom d'Aurélien. Il en est de même dans Mombritius, dans le *Catalogus Sanctorum* de Pierre de Natalibus et dans les Martyrologes, quand la préoccupation constante des éditeurs ne leur a point fait changer ou supprimer ce nom, pour ne parler, comme Adon,[*] que du comte ou juge Terentius (1). A la porte occidentale de l'église même de Saint-Bénigne, à Dijon, un bas-relief du 11e siècle, qui représentait son martyre, en accuse encore le *roi Aurélien*. Les figures dont le dessin nous a été conservé par D. Plancher[*] sont détruites, mais les deux inscriptions qui les entouraient ont parfaitement gardé les noms de l'empereur et du juge. Celle du bas se composait de deux hexamètres latins, dont il ne manque que les deux premiers mots, et qu'on peut facilement rétablir, avec les libertés prosodiques de cette époque :

[*] Hist. de la Gaule rom., t. 2, p. 179, 259, etc.

[**] Hist. ecclés., éd. 1691; t. 1er, p. 456, t. 2, p. 45.

[*] Martyrol. 1er nov.

[*] Hist. gen. de Bourgog., t. 1er, 520.

(1) Comparez la première édition d'Usuard et celle du Martyrologe de Bède dans les Bollandistes, 2e vol. de mars, avec Molanus, et la preuve 7 du Recueil de Fyot pour son Hist. de S. Etienne de Dijon. Adon avait esquivé la difficulté de la même manière, mais elle reparaît aux articles d'Andoche, des Trois-Jumeaux, etc.

[Sic Terent] (1) ius comes et rex Aurelianus
Mactant non dignum tam sæva morte Benignum.

Le *Missale Lingonense* imprimé au 15e siècle, et
un ancien Catalogue manuscrit des évêques de Langres (2), qui place la mort de S. Bénigne en 273,
démontrent encore que la croyance de cette église se
rapportait au vainqueur de Tétricus, si distinctement
caractérisé dans nos Actes dijonnais. Enfin on ne peut
supposer que Grégoire de Tours, a qui la succession
des empereurs était si bien connue par la Chronique de
S. Jérôme, qu'il désigne par leurs numéros d'ordre
ceux dont il parle au commencement de son histoire,*
ait confondu avec Aurélien le fils de Sévère auquel
cette chronique, je le répète, ne donne pas même le
nom d'*Aurélius*, mais celui d'Antonin.

La faute du célèbre anachronisme qui nous retient
si longtemps n'est donc pas dans le nom primitif
d'Aurélien, mais dans l'abus qu'on a fait postérieurement du nom de S. Polycarpe. Si nous nous élevions
de ces arguments personnels à la question générale de
l'établissement du christianisme dans les Gaules, nous
verrions l'histoire ecclésiastique de Grégoire de Tours,
les Actes de divers martyrs, entre autres ceux de S. Saturnin, la vie de S. Martin par son élève et son ami
Sulpice Sévère, enfin le beau livre de M. Beugnot *sur
la chute du Paganisme en Occident,* fournir de nouvelles preuves à l'appui de notre opinion ; mais je les
renvoie à la dissertation particulière dont j'ai parlé. Je
me bornerai à dire en ce moment que S. Bénigne,
malgré l'imposante autorité de l'Art de vérifier les

* Liv. Ier-30,
33, 34.

8. *Confirma-
tion de ce fait
par l'Hist. gé-
nér. du Chris-
tianisme des
Gaules.*

(1) *Terentius comes* se lit parfaitement dans l'inscription du haut.
(2) Voy. l'Annuaire ecclés. du dioc. de Langres, par M. Mongin,
1838, p. 53, n. Le texte du *Missale* relatif à S. Bénigne m'a été obli
geamment remis par M. Stéphen Morelot.

— 25 —

dates et de la *Gallia christiana*, n'a pu faire partie des premiers missionnaires martyrisés sous Marc-Aurèle, puisque les légendes qui le concernent et les 3es Actes de S. Irénée disant précisément qu'il fut demandé par ce dernier pour relever son église expirante après sa mort ; — que pour la Bourgogne particulièrement, encore païenne en grande partie au temps de S. Martin, les listes les plus authentiques des évêques de Langres et d'Autun (1) ne remontent qu'au milieu du 3e siècle ; — et qu'enfin S. Bénigne dut faire partie de cette grande prédication chrétienne qui releva les églises des Gaules après la persécution de Décius, quand les sept évêques que nomme Grégoire de Tours[*] partirent de Rome pour rallumer les flambeaux du christianisme jusque sur les rives de la Seine. Cette date s'accorde justement, par l'espace de temps qui sépare Aurélien de Décius, avec les vingt années d'apostolat que la Chronique de S. Bénigne donne à ce martyr, d'après les Actes de S. Symphorien (2).

[*] Hist. 1er, 28. Glor. Conf. 30. Fortun., liv. 11-9.

Cette longue démonstration paraîtrait peut-être suffisante partout ailleurs qu'en Bourgogne ; mais tous nos historiens depuis deux siècles se sont tellement infatués de leur Marc-Aurèle, qu'il faut encore prouver que ce prince, bien loin d'avoir fondé ou fortifié Dijon, n'a même jamais vu les Gaules. J. Vignier est, si je ne me trompe, le premier qui lui ait formellement attribué la fondation de cette ville.[*] L'abbé Fyot pense qu'il l'a seulement fortifiée ;[**] d'autres, pour partager le différent entre Grégoire de Tours et les Actes imprimés de S. Bénigne, ont attribué les murs de Dijon aux deux empereurs, Marc-Au-

[*] Chronic. Lingon. 1665, p. 10.
[**] Dissert. sur l'orig. de Dijon, p. 3 et 4.

(1) Voyez la Gallia christiana et les Bollandistes. Il n'était pas encore question des évêchés de Mâcon et de Châlon.

(2) Hinc cognosci potest tempus prædicationis S. Benigni viginti circiter annorum fuisse (p. 358, Spicil. t. 2, fol.).

rèle ayant commencé l'œuvre, Aurélien l'ayant refaite ou achevée.

9. *Terme moyen qui attribue les murs de Dijon à Marc-Aurèle d'abord, puis à Aurélien.*

Legouz de Gerland, après avoir pris dans Fr. Baudot la fondation de cette ville par les légions de César, résume ce thème avec une incroyable assurance, dans le passage que voici : « Cette ville naissante alla tou-
« jours en augmentant jusqu'au règne de Marc-Aurèle,
« qui, au sortir de la guerre qu'il venait de faire aux
« Allemands, trouva ce poste important, voulut le for-
« tifier et l'embellir. Il y fit bâtir quelques murs sur
« les retranchements, au lieu des palissades que le
« temps avait apparemment détruites ; mais il ne faut
« pas confondre ces réparations avec la construction
« des murailles d'Aurélien, qu'il ne fit faire que plus
« de cent ans après, lorsqu'il voulut fortifier cette ville,

* Dissert. sur l'orig. de Dijon, p. 11.

« comme le rapporte Grégoire de Tours. * » Légions de César, présence et volonté de Marc-Aurèle, Allemands nommés au 2ᵉ siècle, palissades détruites par le temps, il n'y a pas un mot d'exact ou de vrai dans toutes ces assertions répétées plus tard par M. Girault (1) avec d'autres moins fausses, comme les irruptions des Quades et des Marcomans dans cette partie des Gaules, vers l'an 169, et la victoire qu'Aurélien remporta sur ces hordes dans les plaines de la Champagne en 273 (2). Cette transformation de la défaite de Tétricus me paraît du crû de M. Girault ; mais l'autre

* Dissert., p. 4.

supposition remonte à l'abbé Fyot * et à Fr. Baudot. Celui-ci nous dit sérieusement que, le Dijon de César ayant été détruit, fut rebâti par Marc-Aurèle avec les tours dont parle notre premier historien, pour en faire une

(1) Et, comme de raison, par M. Bard. *Dijon, Hist. et Tabl.* p. 14.
(2) Manuel ou Essais historiq. sur Dijon, éd. 1824, p. 328. M. Girault avait même nommé antérieurement le vaincu de cette journée. C'était le terrible *Chroscus* qui venait *de détruire Dijon*. (Mém. de l'Acad. de Dij., 1820, p. CXIII.)

place forte qui contînt les *Comtois,* en arrêtant les courses qu'ils faisaient à la faveur des Allemands.* Conçoit-on qu'un homme qui se mêle d'écrire sur notre histoire range les Comtois, alors sujets de l'empire et sujets déjà fort civilisés, parmi les barbares qui venaient ravager la Gaule romaine ? Cet auteur, l'abbé Fyot, J. Vignier, Moreau de Mautour (1), Mangin, l'abbé Richard,* Chenevet,** Courtepée (2), etc., n'admettent d'autres murs que ceux de Marc–Aurèle ; mais le système de Legouz de Gerland, adopté encore par M. Baudot-Lambert et plusieurs de nos contemporains, n'est pas moins faux, par une raison sans réplique et que j'ai déjà donnée, c'est que Marc-Aurèle ne mit jamais les pieds dans les Gaules.

> * Lett. sur l'orig. de Dijon, p. 100.

> * Tabl. hist. de la Bourg., an 1753, p. 65.
> ** Voy. Courtép., n. éd., fin du 1er vol.

De tous ces auteurs, M. Girault, qui a le plus contribué à répandre tant d'idées fausses sur l'origine de Dijon, est le seul qui ait entrepris, à ma connaissance, de démontrer dans les règles, que ce prince est venu martyriser S. Bénigne dans cette ville.* Il commence par faire une fort mauvaise querelle à S. Julien de Baleure pour avoir distingué deux Polycarpe, et renvoyé de cette manière la passion de S. Bénigne au règne d'Aurélien. Mais comme l'Eglise, dit-il,* ne reconnaît pas deux S. Polycarpe, l'échappatoire que s'était fabriquée S. Julien ne couvre pas son anachronisme. M. Girault, avant de se mêler à cette discussion, aurait dû savoir au moins que ce prétendu anachronisme n'était pas le fait de cet écrivain, mais des documents originaux qu'il aurait trouvés dans les Bol-

> 10. *Fausse démonstration de M. Girault concernant Marc-Aurèle.*

> * Disc. sur l'époque de la mort de S. Bénigne. 1817.

> * P. 5.

---

(1) Voyez le Dictionn. géogr. de Th. Corneille, t. 1er, article ou mémoire sur Dijon.

(2) T. 1er de la nouv. éd., p. 59. Il se prononce moins exclusivement au 2e vol., p. 21 et 22. Quant aux deux autres historiens en titre de notre province, Mille n'a fait que copier Fyot, et D. Plancher a laissé la question tout-à-fait de côté.

landistes, s'il avait pris la peine de les consulter. Le romancier du *Bourg d'Ongne,* en parlant d'un second Polycarpe,[*] en savait cette fois plus que M. Girault, et c'est véritablement jouer de malheur que de l'accuser d'un mensonge qu'il n'avait pas fait. Son critique passe ensuite en revue les auteurs qui se sont prononcés pour Marc-Aurèle, et reproche aux uns comme aux autres de n'avoir appuyé sur aucune preuve la date que chacun d'eux assignait à la mort de S. Bénigne, depuis l'an 158 jusqu'en 179 (1). La solution du problème est, suivant lui, dans l'époque du passage de Marc-Aurèle à Dijon, puisque «tous les historiens, dit- « il avec une parfaite ignorance des sources,[*] convien- « nent d'un fait, c'est que ce martyre eut lieu par les « ordres et en présence de ce prince, le comte Té- « rence étant prévôt de cette ville. » Il relève en conséquence les dates et les itinéraires de ses cinq voyages en Germanie, et découvre deux passages de Marc-Aurèle par les Gaules, le 1er à sa 3e expédition, en 170, quand il se rendit à Carnunte sur le Danube, en prenant la route du Rhin pour éviter les contrées de la Save et de la Drave, ravagées alors par la peste ; le deuxième en 178, afin d'apaiser par lui-même, en retournant aux bords du Danube, les troubles qui s'étaient élevés l'année précédente dans la Séquanie. C'est à cette époque qu'il serait venu à Dijon (2), et qu'il en aurait fait construire les premières fortifications,[*] en marquant son passage dans la Lyonnaise par le martyre de S. Bénigne, de S. Andoche, des trois jumeaux de Langres, de S. Symphorien, de

[*] De l'origine des Bourg., p. 204.

[*] P. 6.

[*] P. 10.

_____

(1) M. Girault a oublié Gaultherot, qui remontait encore plus haut. Voyez l'Anasthase de Langres, p. 195.

(2) C'est au contraire à son retour de Germanie, suivant M. Baudot-Lambert, que M.-Aurèle trouva l'ancienne enceinte de Dijon absolument détruite. (Observ. à M. Millin. p. 101.)

— 29 —

S. Marcel et de S. Valérien. M. Girault oublie justement S. Floscel de Beaune, dont un biographe est le
seul de tous les auteurs anciens qu'on peut citer, qui
fasse venir Marc-Aurèle dans les Gaules (1).

J'observe d'abord que sa dissertation ne paraît pas
l'avoir bien convaincu lui-même, car dans la suite il
enleva positivement à Marc-Aurèle la construction des
murs de Dijon, et quand il lui accorda en dernier lieu
celle de quelques tours, ce fut en 169, date qu'il avait
primitivement rejetée, qu'il amena ce prince dans
cette ville pour y fortifier l'ancien camp des légions de
César (2). Vérifions maintenant tout ce qu'il y a de
faux dans son exposé.

'P. 6.

Si nous consultons les auteurs qui ont spécialement
étudié les 19 années du règne de Marc-Aurèle, Tillemont, Crévier, M. Ripault, son historien particulier,
nous suivrons facilement dans leur direction chacun
des voyages qu'il fit comme empereur, du 7 mars 161
au 17 mars 180. La longue et terrible guerre que lui
firent les Marcomans, les Quades et d'autres peuples
germaniques n'éclata qu'en 165 ou 166. Il passa les
années précédentes à Rome, pendant que son collègue
Verus était occupé à combattre les Parthes en Orient.
Au retour de ce dernier, les deux empereurs crurent
devoir s'opposer en personne aux attaques des Barbares
du Nord ; ils se rendirent en conséquence à Aquilée,
au fond de la mer Adriatique, pour se rapprocher du
Danube, Marc-Aurèle quittant Rome pour la première
fois en 166. L'année suivante, il franchit les Alpes Ju-
liennes, et parcourut le Norique, la Pannonie et l'Illy-

11. *Marc-Au-
rèle n'est jamais
venu dans les
Gaules.*

(1) La double rédaction des Actes de cet enfant-martyr transporté
du Cotentin à Beaune n'a aucune valeur historique (Bolland. 17 sept.).

(2) On peut vérifier toutes ces contradictions, en comparant avec
la discussion de 1817 les Mém. de l'Acad. de Dijon, 1820, p. cxv et
suiv., et les Essais snr Dijon, p. 328.

— 30 —

rie pour les mettre partout en état de défense. Il revint à Rome et y séjourna jusqu'en 169, que le redou-
blement de la guerre le rappela à Aquilée, où il comptait passer l'hiver. La peste, qui ravageait successivement depuis quatre ans les provinces de l'empire, le
chassa de cette ville; mais il se remit en campagne
en 170, et c'est à ce troisième voyage que Tillemont
donne seulement le titre de 1re expédition. Aucun auteur ancien ne fait entendre que ce prince ait pris le
moindre détour pour éviter la peste qui régnait aux
bords de la Drave et de la Save. M. Girault lui fait
d'ailleurs alonger sa route beaucoup plus que cette raison ne l'eût exigé, car il pouvait traverser la Rhétie,
ou passer encore par Avenche pour gagner Augs-
bourg et le Norique. Le fait est que la peste était générale, et que ce détour n'eût été que du temps perdu,
puisque Marc–Aurèle devait toujours la retrouver sur
le Danube, décimant les armées romaines. Ce qui ne
l'empêcha point d'y rester, non trois ans, mais cinq,
pendant lesquels il fit sa résidence à Carnunte sur le
fleuve (entre Vienne et Presbourg). Il réduisit enfin
les Barbares à demander la paix, et ne quitta l'Illyrie
qu'en 175, pour visiter l'Orient troublé par la révolte
de Cassius. Il rentra dans Rome en triomphe le 23 décembre 176, et y resta vingt mois. La guerre des Marcomans s'étant rallumée en 178, il repartit de cette
ville le 5 août, pour se rendre directement sur les rives
du Danube, ou il combattit jusqu'à sa mort, arrivée à
Vienne ou à Syrmium en 180. Il était si pressé, cette
dernière fois, de se retrouver en présence des Barbares, qu'il avança le mariage de son fils; on ne peut
donc supposer qu'il ait triplé la longueur de son voyage
en prenant par les Gaules, et encore moins qu'il n'eut
pas dépassé Dijon le 1er novembre, comme le répète
• P. 10.   M. Girault,᾿ trois mois après son départ de Rome.

— 31 —

Il n'y a donc pas dans tous les voyages de Marc–Aurèle trace ou vraisemblance d'un passage par nos contrées, qui se trouvaient fort éloignées de sa route, quand il allait rejoindre l'armée en Norique ou en Pannonie. Il est également faux que la construction de notre *castrum* aurait eu pour motif les irruptions que les Quades et les Marcomans avaient faites à différentes reprises dans cette partie des Gaules. La lutte que Marc-Aurèle soutint contre ces peuples eut pour théâtre la Hongrie de nos jours, à 300 lieues de Dijon, séparée d'ailleurs des frontières de l'empire par le vaste territoire qui s'étendait de la Saône au *Vallum Romanum,* de l'autre côté du Necker et du Mein. Il est vrai qu'un historien déjà éloigné de cette époque, Aurélius Victor, allume emphatiquement cette guerre jusqu'au cœur des Gaules (1). Victor le jeune dit aussi, dans son Epitome, *per Galliam bella fervebant;* mais son exagération croissante se révèle parce qu'il en dit autant de l'Italie. Les auteurs les plus rapprochés de Marc-Aurèle ne parlent que d'une tentative des Cauques de l'Elbe sur la Belgique, repoussée par Didius Julianus, qui vainquit aussi les Cattes (2). Spartien ne dit pas de quel côté, mais ce fut toujours fort loin de Dijon, et avant les attaques des Marcomans, car ce fait se rapporte certainement aux incursions que les Cattes firent en Rhétie et dans la Germanie romaine, au temps de la guerre des Parthes (3). M. Amédée Thierry [*] a dé–

12. *Troubles de la Séquanie, prétendues invasions des barbares dans Lyonnaise.*

[*] Hist. de la Gaule rom., t. 2, p. 79.

(1) Triumphi acti ex nationibus quæ regi Marcomanno ab usque urbe Pannoniæ cui Carnuto nomen est, ad media Gallorum protendebantur. (De Cæsar. Aur. Anton.) Capitolin dit simplement : Gentes omnes ab Illyrici limite usque Galliam conspiraverant. (M. Anton. 22.)

(2) Spartien, in *Did. Jul.* 1. Voyez aussi les 4 tyrans de Vopiscus, in *Saturn.* et *Procul.* Mais il ne dit pas à quel règne se rapportent les faits qu'il indique.

(3) Catti in Germaniam et Rhetiam irruperant (Capit. in M. Anton. 8).

— 32 —

placé à la fois l'époque et le théâtre de ces ravages, qu'il étend à l'Helvétie et à la Séquanie, dont Capitolin ne parle pas. Fyot[*] et Fr. Baudot[**] ont lié ces prétendues irruptions Marcomannes avec les troubles de cette dernière province dont il est question dans cet historien. Ces troubles, qui ne permettent pas de douter, suivant Baudot, du voyage de Marc-Aurèle dans la *Comté,* sont d'abord un fait sans date. Tillemont les rapporte à l'an 170; Fyot en 173; M. Girault en 177. Nous en ignorons les circonstances, et ils n'ont pas plus de rapport connu avec la guerre des Marcomans que ceux qui éclatèrent pareillement pendant sa durée, en Egypte, en Espagne et en Lusitanie.[*] Ils furent enfin si peu de chose, que les termes mêmes de Capitolin, qui nous en a conservé le souvenir dans une seule ligne, excluent toute idée que l'empereur soit venu sur les lieux pour les réprimer : *Rex etiam in Sequanis turbatas, censura et auctoritate repressit.*[*] Il suffit de ses réprimandes et de l'autorité de son nom pour rétablir l'ordre dans cette province (1). Il est donc faux que Marc-Aurèle soit jamais venu dans les Gaules, comme Fyot, Fr. Baudot, Legouz de Gerland, M. Girault et tous leurs copistes auraient pu l'apprendre positivement de Tillemont,[*] et comme l'a répété son historien M. Ripault.[**] Il n'est pas plus vrai que Dijon ait été détruit sous le règne de ce prince; il n'a ni fondé ni rebâti cette ville; et quant à dire qu'il pourrait avoir envoyé de Rome ou des bords du Danube l'ordre d'y construire un *castrum,* c'est une de

[*] Dissert., p. 4.
[**] Lettres, etc., p. 100 et 101.

[*] Capit. M.-Ant. 21, 22.

[*] Ibid. 22.

[*] Mém. Ecclés., t. 3, p. 42.
[**] T. 4, p. 325.

(1) M. Clerc l'a compris de la même manière. Voyez *La Fr.-Comté à l'époque romaine,* p. 28. Cependant il paraît admettre la présence de M.-Aurèle à Besançon, dont les principaux monuments semblent construits sous son règne, comme un des arcs triomphaux de Langres. (Antiq. de Langr. par M. Luquet, p. 165 et suiv.). M. Am. Thierry ne dit pas mot d'un voyage de ce prince dans les Gaules.

— 33 —

ces suppositions qui se perdent dans le vide, appuyées qu'elles ne sont par aucun fait, par aucune donnée de son règne.

Voilà tout ce que les anciens auteurs nous ont laissé sur l'origine de cette ville, et le résultat de cette longue et pénible étude est de nous enfermer purement et simplement dans ces seuls mots de notre Hérodote gallo-romain : *Nam veteres ferunt ab Aureliano imperatore hoc castrum fuisse ædificatum.* Je dois cependant avertir le lecteur qu'une de nos premières autorités contemporaines pour l'histoire des Gaules, M. Am. Thierry, semble avoir adopté le système d'une double fondation de Dijon, achevée par Aurélien. Il dit en premier lieu[*] que S. Bénigne, qu'il place sous Marc-Aurèle, s'était fixé à Divio, petite ville fortifiée, etc.; et, plus loin,[**] qu'Aurélien agrandit le château de Dijon, qui gardait la route de Séquanie. Je ne vois pas quelle route Dijon, éloigné d'une journée de marche de la Saône et des principales voies romaines qui se rendaient chez les Séquanes, pouvait garder au Nord, au Midi, ou même à l'Ouest de cette province. Et, quant au fond de la question, M. Thierry, qui ne pouvait naturellement pas, dans son histoire générale, éplucher celle de chaque ville, s'en est rapporté aux Actes de S. Bénigne, dans Surius, et à Valois, qui a suivi Grégoire de Tours, quand nos antiquités païennes n'avaient point encore fixé l'attention de la critique moderne. Sans me prononcer à l'avance sur la vérité d'une assertion que je discuterai dans la 3e partie de ce mémoire, j'observerai seulement qu'il n'y a plus à douter si l'on doit entendre par les termes de Grégoire de Tours une fondation primitive ou la simple construction d'une enceinte fortifiée autour d'un bourg déjà existant. Nous verrons cette question résolue sans réplique par l'étude de quelques monuments dijonnais évidemment anté-

13. *C'est à Aurélien seul que les hagiographes comme Grég. de Tours attribuent les murs de Dijon.*

[*] Hist. de la Gaule rom., t. 2, p. 260.

[**] Id., p. 429.

rieurs à Aurélien, et dont l'un porte une date officielle, celle de l'an 249 de J.-C.

DEUXIÈME QUESTION.

L'origine de Dijon peut-elle remonter à un camp des légions de César?

1. Dijon est plus ancien qu'Aurélien et que S. Béni-gne.

Mais, avant que ces découvertes successives n'eussent justifié, par leur nombre et leur importance, les prétentions des écrivains dijonnais, la plupart n'avaient pu se contenter même d'une origine Marc-Aurélienne. Sans nous arrêter pour le moment à S.-Julien de Baleure et à son contemporain l'avocat Richard, qui

* Antiq. Di-vionens.
** Dissert. sur l'origine de Dijon, p. 3.

voulait remonter au moins à Domitien, * nous lisons dans Fiot ** que, « l'usage des apôtres et de leurs suc- « cesseurs étant de s'arrêter ordinairement dans les « villes les plus considérables des pays où ils allaient « prêcher l'Evangile, il s'ensuit que S. Bénigne ne « s'arrêta particulièrement à Dijon que parce que « c'était le lieu le plus considérable du pays. » Aussi dit-il que les empereurs romains y avaient déjà « un « comte ou gouverneur, comme dans un poste impor- « tant ; ce qui suppose que Dijon était dès-lors une « ville peuplée, policée et parfaitement établie, et par « conséquent plus ancienne que la mission de S. Bé- « nigne et l'empereur Marc-Aurèle. » — Ces pré-tentions croissantes s'accrochèrent enfin, comme cela devait arriver, au plus grand nom et au plus grand événement de l'histoire des Gaules, à la conquête de César.

2. Fr. Bau-dot et Legouz de Gerland rap-portent son ori-gine à un camp de César.

L'auteur de cette opinion est François Baudot, que j'ai déjà cité plusieurs fois. Cet ancien Vicomte-Mayeur de Dijon publia en 1710 un petit livre curieux et devenu rare, intitulé : *Lettres en forme de dissertation*

sur l'ancienneté de la ville d'Autun et l'origine de celle de Dijon. Il établit dans la première, en s'appuyant surtout sur les Commentaires de César, que la fameuse Bibracte des Eduens n'est autre qu'Autun. Dans la seconde, adressée au conseiller De Requeleyne, ce fut encore aux Commentaires qui l'avaient si bien servi qu'il demanda l'origine de Dijon. Voici le résumé de son système. « C'est César lui-même, dit-il dès sa préface,
« qu'on peut regarder sans trop de prévention comme
« celui qui a donné lieu de faire la ville de Dijon, en
« convertissant en ville le camp que ses lieutenants
« avaient établi en cet endroit. » Telle est la thèse qu'il développe dans sa dissertation. « Les Romains, en
« conquérant les Gaules, furent obligés d'y faire des
« camps en différents endroits...... Et si quelque en-
« droit, affirme-t-il, demanda particulièrement un
« camp, ce fut assurément celui où Dijon est situé,
« puisque ce poste est entre les Eduens et les Séqua-
« nois, qui recevaient des secours des Helvétiens et
« des Allemands, avec lesquels ils avaient quelquefois
« battu les Eduens. Il était de l'intérêt des Romains
« de réprimer les Séquanois, et, par le moyen de ce
« camp, il les retenaient en effet, et mettaient en
« même temps les Eduens en sûreté. Ce fut appa-
« remment César qui, dans ce double but, fit faire le
« camp de Dijon, après avoir achevé de soumettre les
« Gaules.* Il envoya effectivement en quartiers d'hiver   * P. 93.
« quatre légions dans la Belgique, sous le commande-
« ment de C. Trébonius, et quatre dans le pays des
« Eduens sous C. Fabius... (1) Il comprit, par les rai-
« sons que nous venons de dire, l'endroit où est Dijon
« parmi les Eduens,* et fit passer l'hiver à une partie   * P. 94 et suiv.

(1) C'est à la fin du VIIIᵉ livre, ch. 54, et pour l'hiver 50-49 av. J.-C. — C. Trebonium cum legionibus IV in Belgio collocat; C. Fabium cum totidem in Æduos deducit.

« de ses légions dans ce camp. Ces camps fermés
« étaient de forme carrée, et Dijon a encore aujour-
« d'hui, dans l'étendue de la paroisse Saint-Médard,
« cette forme carrée qui faisait son ancienne enceinte,
« ces 4 portes aux quatre parties du monde, avec l'é-
« tendue de près de 1,100 pieds de long et de 1,100
« pieds de large, comme les avaient ordinairement
« les camps d'un Préteur suivi d'une légion et de
« troupes auxiliaires. Quand on devait y passer l'hi-
« ver, on remplaçait les tentes de peaux de bêtes par
« des maisons solides, et les palissades d'enceinte
« par de fortes murailles. Voilà ce qui a fait du *Cas-*
« *trum Divionense* une ville ancienne de plus de 1,700
« ans. »

3. *Abus qu'ils ont fait de deux passages de ses Commentaires.*

Le respectable Vicomte-Mayeur ne songeait guère,
en écrivant ces belles choses, à l'ancienne géographie de
son pays, sans quoi il se fût rappelé qu'un camp établi à
Dijon l'eût été sur le territoire non des Eduens, mais
des Lingons; et nullement entre les Eduens et les Séquanes, que ces mêmes Lingons séparaient le long de
la Saône jusqu'à Saint-Jean-de-Lône (1). Il est donc
faux que des légions de Fabius, hivernant chez le premier de ces peuples, aient campé sur l'emplacement de
Dijon, et cela seul fait tomber tout le reste. L'opinion
de Fr. Baudot est néanmoins celle qu'ont embrassée
Legouz de Gerland, Courtépée, M. Girault, etc. Le
premier de ces écrivains n'admettait point de Dijon
celtique. « Ce qu'il y a de certain, dit-il, c'est que
« cette ville n'existait pas avant l'arrivée de César dans

(1) M. Baudot l'archiviste a dit, dans les Mémoires de la Commission d'Antiquités de la Côte-d'Or, in-8°, en 1834, p. 139, que les limites des Eduens étaient à Arc-sur-Tille et à La Marche-sur-Saône.
Ces deux paroisses étaient effectivement du diocèse de Châlon, mais
S.-Jean-de-Lône appartenait à celui de Langres. Voyez la lettre d'Urbain II, datée de 1095, et citée par Valois, *Not. Gall.* Latona.

« les Gaules.[*] » — Où a-t-il pris cette certitude que [* Dissert., p. IV.]
nous ne pouvons avoir ni les uns ni les autres ? Qui lui
a donné, en second lieu, celle que les deux légions envoyées par César en quartiers d'hiver chez les Lingons (1) (en 53 av. J.-C.) établirent leur camp sur
l'emplacement de Dijon ?[*] Les Commentaires n'ajou- [* Id., p. 5.]
tent pas un seul mot qui indique tel lieu plutôt que
tel autre, et quand Legouz donne, entre autres raisons
de ce choix, la proximité de la voie romaine de Lyon
aux bords du Rhin,[*] il n'oublie qu'une toute petite [* Id., p. 6.]
objection, c'est qu'il n'existait pas de voies romaines
dans les Gaules du temps de César. Il trouva aussi que
cette situation était fort avantageuse par la commodité
des chemins qui la traversaient.[*] Où a-t-il pris ces che- [* Ibid.]
mins ? Par quelle distraction a-t-il en outre oublié que
notre Castrum, au dire de Fr. Baudot lui-même, ne
pouvait contenir qu'une seule légion, et que César
parle positivement de deux? L'enceinte romaine de
Dijon avait environ 350 mètres en longueur et en largeur, ce qui revient à peu près aux 1,100 pieds de
Baudot. Or, Juste Lipse a démontré, dans son Commen- [* De Milit.
taire de la description d'un camp romain par Polibe,[*] romana, l. V.
que deux légions avec leurs bagages et leurs auxiliaires Opera, t. 4.]
occupaient plus de 2,000 pieds carrés. Cette mesure romaine donne au moins 600 mètres (2), et le plan de
M. de Caumont[*] présente encore 200 pieds de plus [* Cours d'An-
dans l'un et l'autre sens. tiq., pl. XXXI.]

Legouz de Gerland nous raconte ensuite[*] que ces [* P. 9.]
légions attirèrent dans leur camp beaucoup d'ouvriers
et de marchands, *et qu'il s'y forma ainsi un peuple*,

---

(1) Duas legiones ad fines Trevirorum, duas in Lingonibus, sex
reliquas in Senonum finibus Agendici in hibernis collocavit (Gall.
VII-44).

(2) Le pied romain, sensiblement plus petit que le nôtre, est évalué par les géographes à 10 pouces 11 lignes 1/3, ou 296 millim. 296.

nombreux de différents habitants. Ils y restèrent quand le départ de Fabius laissa le camp vide, au printemps. Les relations commerciales qui les y avaient amenés et l'agrément du lieu qui les avaient retenus y attirèrent encore des étrangers, et c'est ainsi que Dijon se trouva fondé.* Courtépée répète imperturbablement cette leçon; mais, au passage du 6e livre des Commentaires indiqué par Legouz, il en ajoute « un autre encore « plus formel, dit-il,* pour désigner le *Castrum Divio-* « *nense.* Ce grand capitaine, ayant rejoint sa cavalerie « à Vienne, où était indiqué le rendez-vous, cotoya le « finage des Eduens pour passer chez les Lingons, où « les légions hivernaient. Il mit C. Fabius à la tête « des légions destinées à former une habitation sur les « frontières des Eduens. » — Observons sur-le-champ que Courtépée réunit en une même citation, comme ne formant qu'un seul passage des Commentaires, deux endroits très-différents de César, et qu'il confond et dénature les faits, puisque la mission de Fabius, sur laquelle s'appuyait Fr. Baudot, se réduit à des quartiers d'hiver pris trois ans après l'époque dont il parle. Il ajoute que « en effet la famille des Fabius était « en grande considération à Dijon, comme le mon- « trent les inscriptions qui leur étaient consacrées. « Peut-être qu'on les regardait comme les fondateurs « de cette ville, située, comme l'indique César, à l'ex- « trémité des Lingons et des Eduens. » — Courtépée entasse faute sur faute dans cette malheureuse page. Il confond les *Fabius* avec les *Flavius*, auxquels appartiennent véritablement, ainsi que nous le verrons, les inscriptions les plus importantes de notre ville. Il affirme avec la même témérité que Legouz de Gerland, que le point indiqué, suivant lui, par César, sur une frontière aussi étendue que celle qui serpentait entre les Eduens et les Lingons, depuis S.-Jean-de-Lône jusqu'au nord d'Avallon, était à Dijon même. Mais les Commentaires, encore une fois, ne disent aucunement que Fabius ait établi son camp sur cette frontière plutôt que sur tout autre point du territoire Lingon. Ce n'est pas même de celle-là qu'il est question dans le voyage précité de César ; et il est inconcevable que Courtépée et tous ceux qui se sont emparés après lui du *per fines Æduorum*, n'aient pas vu que ces mots désignaient nécessairement, en partant de Vienne (1), la frontière orientale des Eduens, bordée par la Saône et les Séquanes.

M. Bard, qui a copié tout simplement ces fautes de Courtépée et de Legouz de Gerland, associe de son chef, pour produire plus d'effet, * aux ouvriers et aux marchands rêvés par ces deux auteurs, les vétérans de la XXIIᵉ légion, contre-sens historique fondé sur une inscription dont je m'occuperai dans la troisième partie.

* Dijon, Hist. et Tabl., p. 10, 11, 13.

Mais voici venir M. Girault, qui ne veut pas de prime-abord que les légions de Fabius aient établi leurs camps à Dijon, et qui les installe l'une et l'autre fois * pour passer l'hiver au milieu des glaces et des neiges du Mont–Afrique (2). Il les y envoie aussi *per fines Æduorum*, leur appliquant de son chef ce que César dit de son propre voyage. Il les y place en observation, comme *sur le point le plus élevé des confins des Lingons*

5. *Du prétendu camp de César sur le Mont - Afrique. Contradictions de M. Girault.*
* D'après les deux passages de César cités plus haut.

(1) His constitutis rebus, suis inopinantibus, quam maximis potest itineribus, Viennam pervenit. Ibi nactus recentem equitatum, quam multis ante diebus eo præmiserat, neque diurno neque nocturno itinere intermisso, per fines Æduorum in Lingones contendit, ubi duæ legiones hiemabant (Gall.,VII-9).

(2) Le Mont-Afrique est le point culminant de la Côte-d'Or du côté de Dijon, qui est bâti à l'extrémité de ses dernières pentes orientales. Partagé, comme l'observe M. Girault, entre les anciens diocèses de Langres et de Châlon, il paraît qu'il servait de limite aux Eduens et aux Lingons.

*Mém. de l'Acad. de Dijon, 1819, p. 139, 141, 142.

et des Eduens, pour surveiller un réseau de routes qui n'existait pas encore, car des cinq villes dont il fait retentir les noms dans sa phrase, Autun, Sens, Langres, Paris et Lyon, celle-ci n'était pas fondée ou n'était qu'un village, et Paris l'obscur chef-lieu d'une peuplade de troisième ordre (1). La route de Sens n'est plus dès-lors qu'une supposition sans aucun fondement.

Le fait est qu'il existe au sommet du Mont-Afrique, à 9 ou 10 kilomètres de Dijon, une sorte de promontoire dont les roches abruptes et très-élevées supportent un petit plateau qui n'est accessible que d'un seul côté. Des pierres murales entassées jusqu'à la hauteur d'environ deux mètres sur autant de largeur achèvent d'isoler cette enceinte du reste de la montagne. C'est ce qu'on nomme encore aujourd'hui le *Camp de César;* et il faut observer que ce camp, situé entre les villages de Corcelles et de Flavignerot, qui étaient du diocèse de Châlon, se trouvait sur le territoire Eduen, et non sur celui des Lingons, première difficulté. M. Girault dit lui-même que cette esplanade n'a que 210 toises de longueur avec largeur proportionnée. C'est à peine les deux tiers de l'espace nécessaire pour deux légions; mais ils ne s'inquiète pas pour si peu. Ceux qui ne pourront loger dans le camp coucheront dehors. N'ont-ils pas devant eux, vous répond M. Girault, une place où peuvent camper cent mille hommes? L'eau, qui manque dans cette enceinte, ne l'embarrasse pas davantage. N'y en a-t-il pas à mi-côte, et toute une armée,

(1) Je releverai à cette occasion une citation absolument fausse des Commentaires de César par Legouz de Gerland, qui lui fait dire, p. 106, n., qu'il existait déjà dans les Gaules cinq corporations de *Nautes,* entre autres celles de la Saône et de la Seine. Le conquérant parle seulement des blés qu'on transportait sur la première de ces rivières (Ier-16, VII-90, VIII-4).

— 41 —

ses valets, ses chevaux et ses bêtes de somme ont-ils rien de mieux à faire, en pays ennemi, qu'à se promener du matin au soir pour aller boire?

Cet antiquaire finit cependant par une concession; il accorde aux partisans du camp de Dijon que Fabius a pu descendre pendant l'hiver au bas de la montagne pour y chercher un climat plus doux.* C'était bien la peine de tant disputer, M. Girault! Si vous cédez l'hiver, César ne vous reprend-il pas ses légions pour tout le reste de l'année, à moins de lui faire passer une partie de l'été à Dijon même, comme vous l'avez imaginé ensuite dans vos *Essais*, où le grand capitaine trace lui-même le camp qui devint le *Castrum Divionense*.* Mais il n'y a pas dans tous ses Commentaires un seul mot qui concerne Dijon, ni de près ni de loin (1); et des trois passages qu'on a fait valoir pour soutenir cette origine Césarienne, il y en a deux qui ne prouvent rien, et le troisième lui est contraire.

* Id., p. 144.

* P. 327.

Reste le nom de *Camp de César* donné à cette partie du Mont-Afrique. Il est vrai que la solidité du rempart qui résiste depuis tant de siècles aux intempéries de cette haute région, et aux empiétements de la forêt qui couvre aujourd'hui tout le plateau, donne à croire que c'est une construction romaine. Soit! comme poste d'observation ou comme lieu de refuge momentané, quand les Barbares ou les Bagaudes se répandaient dans la plaine, j'y consens; mais comme station militaire de quelque durée pour deux légions, ou même pour une seule, je le nie; et, quant au nom même de César, on a tellement abusé de sa notoriété universelle dans toutes les Gaules, qu'il ne prouve plus rien pour aucune localité.

_____

(1) Nous verrons, dans la deuxième partie, qu'on a été jusqu'à attribuer à César le texte d'une inscription dijonnaise.

Je ne sais même s'il est fort ancien dans celle-ci, car S.-Julien de Baleure parle en termes assez obscurs * d'une ville de grande étendue qui aurait existé près de Flavignerot, sous le nom d'*Afrique*, et qui me paraît n'être qu'une variante de notre camp.

Non-seulement les Mémoires du conquérant ne contiennent pas la moindre indication d'un camp quelconque sur l'emplacement de Dijon, mais le tracé de la voie romaine de Châlon à Langres enlève à cette supposition toute vraisemblance. Les savants Bourguignons regardent cette voie comme une partie de celle qu'Agrippa fit construire de Lyon aux bords du Rhin. On pourrait objecter que le trajet était certainement plus court par Besançon; mais Strabon, de qui nous tenons ce fait, dit, quelques lignes plus loin, qu'une autre voie, qui arrivait d'Italie par les Alpes Pennines, traversait le pays des Helvétiens et celui des Séquanes, pour atteindre Langres, où elle se partageait en deux routes, dirigées l'une vers l'Océan et l'autre vers le Rhin (1). Ce n'est donc que dans cette ville qu'elle rencontrait la voie d'Agrippa, et l'on peut tenir pour certain que leur embranchement ne se faisait pas à Besançon, comme le soutient M. Clerc, * puisque le géographe pousse jusqu'à Langres pour revenir sur le Rhin.

Ce n'est guère qu'en 19 avant J.-C., dans son deuxième gouvernement des Gaules (2), que ce grand homme put les doter des quatre grandes voies qu'il fit rayonner autour de Lyon. * L'œuvre de la conquête,

De l'orig. des Bourgong., p. 25.

6. La voie romaine d'Agrippa est antérieure au Castrum de Dijon.

La Franche-Comté à l'ep. rom., p. 96.

Strab., liv. IV, sub fine.

---

(1) ...Εις Σηκουάνους ὑπερθεσις διὰ τοῦ Ἰορα ὄρους, καὶ εἰς Λίγγονες. Διά τε τούτων επ'ἄμφω καὶ ἐπὶ τὸν Ῥῆνον καὶ ἐπὶ τὸν ὠκεανὸν διοδοι σχίζονται. (Strab., liv. IV, sub fine.)

(2) Boudot l'archiviste recule à tort ce fait jusqu'à l'an 12, qui est celui de la mort d'Agrippa à son retour d'Orient. (Mém. de la Com. d'Antiq. de la Côte-d'Or, 1834, p. 7.)

que les guerres civiles avaient laissée imparfaite, avait été reprise par lui en 37, interrompue de nouveau, et définitivement terminée dix ans plus tard, par Auguste, dans la grande assemblée de Narbonne.[*] La voie d'Agrippa, en se dirigeant sur Langres (1), passait nécessairement par Châlon et par le département de la Côte-d'Or, qu'elle traversait pour ainsi dire avec la rectitude d'une flèche. Les tronçons qui en subsistent servent encore sur beaucoup de points de communications vicinales, depuis les environs de Beaune jusqu'au près de Til-Châtel, où elle se confond définitivement avec la route actuelle de Langres à Dijon. Elle est tout-à-fait interrompue dans les 5 kilomètres qu'occupent les promenades et les abords de cette dernière ville ; mais sa direction et les vestiges qu'on en a reconnus dans le Parc et aux Allées-de-la-Retraite démontrent qu'elle passait à environ 600 mètres du mur oriental du Castrum. Or, quelque amour que les ingénieurs des routes romaines aient montré pour la ligne droite, je ne puis croire qu'ils seraient passés aussi près d'un camp permanent sans se diriger sur le point même qu'occupaient les légions ; et cela seul est à mes yeux une preuve qu'il n'existait alors à Dijon ni camp ni établissement romain d'aucune sorte.

[* Voy. Dion Cass., liv. LIII ; M. Am. Thierry, etc.]

Je n'admets point d'ailleurs l'origine militaire qu'on attribue à cette ville. Quand je considère la situation du Castrum sur une pente dont la déclivité primitive était bien plus prononcée qu'elle ne l'est aujourd'hui,

7. *Dijon n'a point une origine militaire.*

(1) Bergier pense que ce fut par cette voie que Tibère fit son voyage célèbre par sa rapidité, pour aller recueillir les derniers soupirs de Drusus, an 9 avant J.-C. Il s'est trompé. Tibère, parti de Pavie pour aller rejoindre son frère en toute hâte en Germanie, n'a pas fait cet immense détour. Il franchit les Alpes et le Rhin dans les pays qu'il venait à peine de soumettre à l'empire, dit Val. Maxime (V-5), la Rhétie et la Vindélicie.

— 44 —

entourée des hauteurs remarquables du Creux-d'Enfer, de Fontaine, de Talant, qui offraient à choisir des positions beaucoup plus fortes et plus favorables à la surveillance générale du pays, je ne puis admettre qu'un chef romain ait préféré s'établir à leur pied. Il me semble encore qu'il aurait plutôt, dans tous les cas, assis son camp entre l'Ouche et le cours naturel du Suzon, du côté de S.-Bénigne ou de la porte Guillaume, dont le plateau, encore isolé dans le plan d'Inselin, était défendu au midi par une pente abrupte au pied de laquelle coulait le ruisseau de la belle fontaine de Renne, qui se jetait alors dans la seconde de ces rivières, au-dessus du Pont-à-Renault ou Pont-Arnault.* Ce n'est donc point à des soldats que Dijon doit sa naissance ; mais quand ce village, né soit des défrichements celtiques antérieurs à la conquête, soit des *villas* gallo-romaines bâties par les opulents nautonniers de la Saône, après avoir grandi par la richesse du sol et de ses habitants, eut éprouvé les premières fureurs des Barbares, il s'entoura pour sa défense d'une ceinture militaire, et devint le Castrum ou château-fort de Grégoire de Tours. C'est ce que la suite de ces études achèvera de démontrer, indépendamment du nom celtique de *Divio,* que nous verrons Boullemier faire surtout valoir contre l'origine romaine de Dijon.

* Voyez le plan de Bredin, 1574, et cid. la 5e quest.

TROISIÈME QUESTION.

Peut-on supposer que Dijon (*Dibio*) soit le *Vidubia* ou le *Filena* de la carte Théodosienne ?

1. *Voies romaines qui aboutissaient à Dijon.*
* Éclairciss. géograph. sur l'anc. Gaule, p. 388.

Surpris, comme l'avait été D'Anville,* de ne pas voir portée sur cette grande carte routière de l'empire romain une ville dont on retrouvait les antiquités aussi remarquables, il m'était venu dans la pensée que le nom de Dijon, *Dibio,* s'y cachait peut-être sous celui de *Vi-*

dubia, l'une des stations marquées entre Châlon-sur-Saône et Langres. J'observais que cette ville, indubitablement plus ancienne que la carte, s'était rattachée, non-seulement par ses faubourgs, à la voie d'Agrippa (1), mais encore aux cités d'Alise et d'Autun, par des routes secondaires dont il existe des restes plus ou moins considérables. Elles formaient avec celles de la Saône un triple embranchement, qui se détachait à Dijon même de la grande route de Trèves à Lyon. La Commission d'Antiquités de la Côte-d'Or prépare depuis quelques années un travail d'ensemble sur toutes les voies romaines du département. Nous pouvons dire, en attendant cette importante publication, qu'une de ces routes, partant de Dijon, passait par Mâlain et Mémont, d'où il paraît qu'elle se dirigeait d'un côté vers Alise et de l'autre sur Autun par Arnay-le-Duc. On a encore trouvé aux environs de Chambœuf les vestiges d'un chemin qui conduisait plus directement à la capitale Eduenne, par Bligny-sur-Ouche et Thury, et dont faisait sans doute partie en fragment de route qui montait du confluent de l'Ouche et du Suzon vers le camp de César (2). C'est, suivant toute probabilité, celle que prit Constantin quant il vint de Trèves consoler cette grande cité. Du moins la description qu'Eumène fait du pays âpre et sauvage que le prince rencontra quand il eut dépassé l'embranchement des deux routes de la Belgique (3) convient encore mieux à cette partie de la Côte-d'Or groupée autour du Mont-Afrique.

2. Route suivie par Constantin de Trèves à Autun.

---

(1) C'est ce que prouvent les restes de monuments trouvés aux Allées-de-la-Retraite, près de l'ancien jardin botanique, etc. Voyez la 3ᵉ partie.

(2) C'est ce que dit Courtépée, t. 2, p. 277, nouv. édit. Voyez M. Girault, dans les Mém. de l'Acad. de Dijon, 1819, p. 144, citant les *Monuments d'antiquité inédits* de Grivaud de la Vincelle, t. Iᵉʳ, p. 250. Les restes de voie romaine reconnus à Thury sont portés sur les grandes cartes du département de la Côte-d'Or.

(3) Vidisti enim non ut per agros aliarum urbium omnia fere

Le mot *flexus* convient parfaitement au coude qui formait de Dijon à Mémont l'embranchement de la route de Langres venant de Belgique, avec celle d'Alise qui ramenait dans ce pays par Troyes et Châlons-sur-Marne. D'Anville, abusé dans le principe par les renseignements erronés de M. Thomassin, [*] avait cru reconnaître ce *flexus* dans le coude formé par la voie imaginaire qu'il dirigeait de Nuits sur Autun par Cussy-la-Colonne.[*] Courtépée voulait, de son côté, que Constantin fût descendu jusqu'à Villy-le-Moutier pour prendre la voie de Besançon à Autun.[*] Ni l'un ni l'autre n'avaient fait attention à cet embranchement exigé par le mot *retrorsum*, de deux routes venant de la Belgique, le chemin par lequel arrivait l'empereur ne pouvant être, en vérité, celui qu'Eumène indique comme retournant dans ce pays. L'orateur gaulois n'avait pas l'ingénuité de M. de La Palisse, et cet embranchement, n'existant pas plus à Villy qu'à Nuits, ne peut désigner que Dijon ou Mémont, suivant qu'on préférera la voie directe du Mont-Afrique ou le détour par Mâlain.

La manière dont l'abbé Fyot avait reproduit l'inscription des *Ferrarii* de Dijon fortifiait d'un autre côté ma conjecture, car la variante *Dibienses* qu'il substituait à *Dibionenses* donnait pour nom local *Dibium* ou *Dibia*, encore plus rapproché de *Vidubia*. Mais les distances marquées de cette station à Til-Châtel et à Châlon différaient tellement de celles qui se rapportent

[*] Éclairciss. géograph. sur l'anc. Gaule, p. 385 et suiv.

[*] Id.,p. 401.

[*] T. 1er, p. 63, et t. 2, p. 277, n. éd.

culta..... sed statim ab eo flexu, è quo retrorsum via ducit in Belgicam, vasta omnia, inculta, squalentia, muta, tenebrosa; etiam militaris via sit confragosa, et alternis montibus ardua atque præceps, ut vix semiplena carpenta interdum vacua transmittat.... Quo magis imp. pietati tuæ gratias agimus, qui cum scires itinerum regionum nostrarum aditum atque adspectum tam fœdum tamque asperum, tamen illo deflectere.... dignatus es (Panegyr. Flav. nomine Constantino dict. 7).

à Dijon, que je tournai brusquement le dos au mirage que me présentaient ces noms.

J'appris quelque temps après qu'un de mes honorables collègues, M. Rossignol, avait eu la même pensée que moi; mais il y avait été amené par un autre chemin. Une colonne milliaire fort connue depuis le siècle dernier, celle de Sacquenay, trouvée près de la voie romaine qui conduisait de Langres à Mirebeau (1), porte pour indication : AND. M. P. XXII; c'est à dire : *D'Andematunnum* (Langres), 22 *mille pas.* Ces milles officiellement inscrits sur une route qui, d'après Ammien Marcellin et la carte Théodosienne, devait être mesurée en lieues gauloises, n'étaient pas une chose sans exemple, et D'Anville l'avait remarqué au sujet de cette colonne même;* mais il ne s'était point arrêté à cette difficulté, non plus qu'au chiffre XXVIII porté sur cette carte, d'*Andematunnum* à *Tile* ou Til-Châtel, et qui n'est possible qu'en milles romains. C'est ce que M. Rossignol vérifia de nouveau, en prenant pour échelle les 22 milles certains de Langres à Sacquenay. Il semblait dès-lors évident, quoique D'Anville n'eût pas voulu le croire, que l'auteur de la carte, par distraction ou par toute autre cause, avait employé ici des milles pour des lieues, changement de mesure qui amenait Vidubia tout près de Dijon. Cette vérification me rendit quelque espérance, et je repris l'étude de cette question.

Une malheureuse lacune dans l'Itinéraire d'Antonin nous enlève précisément la route de Châlon-sur-Saône à Trèves (2), dont celle de Langres faisait partie, et nous ne possédons aucun document avec lequel nous

3. Colonne milliaire de Sacquenay chiffrée en milles romains.

* Notice de la Gaule, art. Tile.

_____

(1) Elle est aujourd'hui placée au pied du grand escalier des Archives départementales, à Dijon.

(2) Item a Cavillono Treveros....... (Itiner., édit. de Wesseling, p. 363, avec cette note : Periit totum hoc iter).

— 48 —

puissions confronter ce petit coin de la carte Théodosienne. C'est donc à cette œuvre même qu'il faut arracher le secret de ses fautes; voyons si nous y réussirons dans cette circonstance.

4. Stations indiquées de Châlon à Langres, longueur des lieues gauloises et des milles romains.

Une note écrite sur la carte auprès du nom de Lyon, *Caput Galliarum*, nous prévient d'abord que les routes des Gaules jusqu'à cette ville ont été mesurées en lieues gauloises, *usque hic legas*. On lit pareillement dans Ammien Marcellin que, les Gaules proprement dites commençant au confluent de la Saône et du Rhône, les distances se mesurent, à partir de ce point, non plus par milles mais par lieues (1). Ce sont donc des lieues que doivent exprimer les chiffres marqués sur la route de Langres à Châlon-sur-Saône. La carte n'indique entre ces deux villes que deux stations avec les nombres que voici : De Langres à *Filena*, XXVIII. — De Filena à *Vidubia*, XIX. — De Vidubia à Châlon, XX (Total, 67). *

* Voyez la carte en tête de ce vol.

On voit dans l'Itinéraire d'Antonin la lieue gauloise comptée partout pour un mille et demi romain, ou 1,500 pas, comme le disent Ammien Marcellin et Jornandès (2). Le mille romain était évalué par D'Anville à 756 toises, ou 1,473 mètres; ce qui faisait pour la lieue 1,134 toises * ou 2,210 mètres 206 mm.

* Not. des Gaul., p. XIII.
** Voy. Géograp., anc. d. Gaul., t. 3, p. XLIV.

Gosselin, Malte-Brun, et M. Walckenaër, qui donne cette seconde évaluation pour vérifiée,** portent le mille

(1) Qui locus exordium est Galliarum. Exindeque non millenis passibus, sed leugis itinera metiuntur (XV-11, édit. Nisard).

(2) Quarta leuga signabatur et decima, id est unum et viginti millia passuum (Amm. XVI-12, id.). Leuga autem Gallica mille et quingentorum passuum quantitate metitur (De reb. Getic. 36). Romé de l'Isle, auteur d'un traité de Métrologie ancienne, et l'anglais Paucton ont prétendu que la lieue gauloise était composée d'un mille et demi gaulois et non romain; mais Jornandès, qui écrivait en Italie, parle certainement de 1,500 pas romains. Voyez encore D'Anville, Not. de Gaul. p. xij et xvj.

— 49 —

romain à 760 toises 7 pouces, ou 1,481 mètres 474
mm., et par conséquent la lieue à 1,140 toises 10
pouces, ou 2,222 mètres 210 mm. C'est une différence de 12 mètres entre la lieue de D'Anville et celle
des savants de notre siècle. Ces derniers résultats
n'ont peut-être pas davantage une exactitude mathé-
matique incontestable, mais ils sont conformes, à très-
peu de chose près, aux données géographiques les
plus certaines, et notamment à la distance de 22 milles
inscrite sur la colonne de Sacquenay (1).

Les 67 lieues de la carte répondent donc à 149 kilomètres moins une fraction insignifiante. La distance,
prise au compas sur les cartes de l'Etat-Major de la
guerre, n'est que de 64 kilomètres et demi de Langres à Dijon, et de 64 de Dijon à Châlon; total 128 1/2,
ou 66,000 toises, comme l'avait dit D'Anville.* Quoique les routes romaines s'écartassent le moins possible
de la ligne droite, il y a toujours dans les œuvres de
l'homme, même en pays de plaine, un excédant de longueur dont il faut tenir compte. Ainsi, la voie d'Agrippa
formait entre Châlon et Dijon un long angle obtus
dont le sommet se trouvait au passage de la Dheune et
du Meuzin, près de Chevigny-en-Vallière, sur la limite des deux départements. Son parcours total jusqu'à Langres différait donc peu de celui que comporte
la route actuelle, que les grandes messageries comptent
pour 134 kilomètres. Les chiffres de la carte pris pour
des lieues gauloises présentent ainsi un excédant
d'une quinzaine de kilomètres, ou d'un 9ᵉ, ce qui n'est
pas absolument inadmissible (2). En mille romain au
contraire, il y aurait un énorme déficit, les 67 ne fai-

* Not. des
Gaul., art. *Tile*
et *Vidubia*.

(1) La carte de l'Etat-Major donne en ligne droite 31 kil. 1/4 de
Langres à Sacquenay, et les 22 milles en font 32,592.
(2) Les distances légales prises dans les statistiques des trois départements donnent environ 150 kilomètres de Langres à Châlon,

4

— 50 —

sant que 99 kilomètres et un quart, c'est-à-dire 29 de moins que la ligne droite. Nous avons donc un second motif pour présumer que l'auteur de la carte a réellement compté par lieues gauloises de Langres à Châlon.

S'il en est ainsi, ses deux stations se trouveront : *Filena* à 28 lieues de Langres ou 62 kilomètres un quart, c'est-à-dire tout près de Dijon, ou à Dijon même, la carte Théodosienne négligeant les fractions ; *Vidubia* à 19 lieues de Filena, ou 42 kilom. un quart, qui nous conduisent sur la voie d'Agrippa, près de Chevigny-en-Valière, au sommet même de l'angle que j'ai signalé.* Ce village n'est éloigné de Châlon que de 24 kilom. en ligne droite, qui ne peuvent représenter les 20 lieues gauloises indiquées entre cette ville et Vidubia, car celles-ci en font 44 et demi, et aboutissent à S.-Bernard près de Cîteaux. Mais si nous répartissons cet excédant que nous avons déjà reconnu sur le chiffre total entre les deux étapes de Châlon à Filena, nous tombons, en leur faisant subir une réduction proportionnelle, sur Villy-le-Brûlé, commune de Villy-le Moutier, c'est-à-dire sur le point ou se croisent encore aujourd'hui les voies romaines de Châlon à Langres et d'Autun à Besançon. Les deux Villy formaient jadis un endroit considérable, et Courtépée y signale des restes d'antiquités. * C'est, à fort peu de chose près, la moitié du chemin de Dijon à Châlon en ligne droite, et, si nous prenons pour échelle les 68 kilomètres que les voitures publiques comptent entre ces deux villes, nous aurons, proportionnellement aux chiffres XIX et XX de la Carte Théodosienne, d'un côté 33 kilomètres ou XV lieues gauloises, et de l'autre 35 ou XVI lieues.

5. Avec les lieues gauloises Filena tombe à Dijon, et Vidubia correspond à Villy.

* Voy. la Carte en tête du volume.

* T. 2, p. 407, n. éd.

justement le même nomdre que les 67 lieues de la Carte ; mais c'est un pur hasard.

— 51 —

Ce résultat offrait le double avantage d'être tout simplement conforme, sauf quelques kilomètres de différence, au texte de cette carte interprété comme il doit l'être en lieues gauloises, et de placer les deux stations qu'elle indique sur les deux croisements de la voie Agrippine avec les routes d'Autun à Besançon et de Dijon à Alise. C'étaient, sans contredit, les deux points les plus importants du trajet de Langres à Châlon. Quant aux 15 kilom. d'excédant sur un total de 134, nous verrons tout-à-l'heure que D'Anville ne s'est pas arrêté devant une disproportion beaucoup plus forte. Cette manière d'établir la route de Châlon à Langres n'aurait donc contre elle que la dissemblance des noms de *Filena* et de *Dibio*, qui ferait demander si le Dijon gallo-romain portait deux noms différents, chose que rien n'avait fait soupçonner jusqu'ici. On pourrait répondre que la Carte Théodosienne présente un assez grand nombre de noms tout aussi défigurés; que, dans l'état actuel de son unique manuscrit, la leçon *Filena*, qu'on lisait d'abord *Filem* ou *File*, n'offrait peut-être pas une bien grande certitude, et qu'en y regardant de plus près on arriverait peut-être à une forme plus rapprochée de *Dibio*. Mais la ressemblance du nom de *File*, comme lisait D'Anville, avec celui de *Tile* ou *Tile-Castrum*, que portait au moyen-âge Til-Châtel ou Tréchâteau, entre Dijon et Langres, lui parut si convaincante, qu'il y plaça cette station *à priori*, et malgré l'énorme différence qu'il reconnaissait lui-même[*] entre les 28 lieues du texte et la distance réelle de 21 ou 22,000 toises qui n'en font que 19 (42 kilom. 1/4). C'est précisément, remarque-t-il, la valeur de 28 milles romains; et il pense néanmoins, en renvoyant à l'article de *Vidubia*, que cette distance a été mesurée en lieues gauloises, parce qu'il serait bizarre qu'elles fussent comptées diversement sur une même

[*] Not. des Gaul. *Tile.*

6. *Opinions diverses sur la position et le véritable nom de* Vidubia.

route. Calculant qu'il y a en effet, conformément aux chiffres de la carte, 39 lieues de Til-Châtel à Châlon, et prenant avec le compas la moitié de cette distance, il tombe à S.-Bernard près de Cîteaux, que traverse la voie romaine, et y place, au passage de la Vouge, Vidubia, dont il soupçonne que le nom véritable était *Vidugia.* [*] Il rectifiait ainsi une erreur qu'il avait commise vingt-ans auparavant, quand il transportait cette station à une lieue de sa véritable voie, à Nuits, et faisait en conséquence subir un premier changement à son nom, qu'il lisait *Nidubia.* [*] Cette correction malheureuse prouve combien il faut se défier de ces ressemblances dont on abuse si souvent (1), et peut même nous mettre en garde contre l'identité de *Filena* et de *Tile,* généralement adoptée depuis D'Anville. Les fautes des maîtres sont longtemps contagieuses, et celle de Nuits est encore reproduite sur une carte de la *République des Eduens,* admise avec trop de facilité dans les Mémoires de la société Eduenne. [*]

[* Not. des Gaul. *Vidubia.*]

[* Éclairciss. géogr., p. 387.]

[* Année 1844. Carte de J. Rosny.]

Le calcul de D'Anville, adopté par M. Walckenaër, [**] sur les 39 lieues gauloises (86 kilom. 1/2) qui séparent Filena de Châlon, était du reste au-dessous de la vérité, car le compas donne de Til-Châtel à S.-Bernard 42 kilom. 1/2, et de S.-Bernard à Châlon 45 1/2, total 88 en ligne droite. Je ne sais pourquoi notre savant contemporain et M. Lapie, en fixant d'ailleurs, comme D'Anville, Filena à Til-Châtel, ont préféré pour Vidubia le premier Villebichot au-dessous de Saint-Bernard, [*] et le second Vosne, près de Nuits, [**] l'un et l'autre éloignés de plusieurs kilomètres de la voie romaine.

[** Géogr. anc. des Gaul., t. 3, p. 92.]

[* Ibid.]

[** Ann. des Antiq. de Fr., 1850, p. 301.]

A ces quatre opinions sur la position de cette

(1) D'Anville dit lui-même, dans ces *Eclaircissements,* p. 288 : « La ressemblance de nom destituée d'autre preuve est une faible conjecture pour découvrir la position d'un lieu ancien. »

— 53 —

étape (1) il faut joindre celle de Courtépée, qui,
sans se préoccuper de Filena, ni de milles romains ou
de lieues gauloises, a placé Vidubia tout bonnement à
Villy-le-Moutier, comme point d'intersection des deux
grandes voies Eduennes. Il semble y avoir été déter-
miné par l'étymologie de *Via Dubia*, * qu'on a fait
valoir récemment, et qui me semble puérile, car je ne
vois rien de *douteux* dans des routes qui se croisent à
angles droits (2). Le latin d'ailleurs a des mots bien
connus pour désigner ces embranchements : *bivium*,
quadrivium, etc. L'opinion de Courtépée a été récemment soutenue par M. Duret de Nuits, contre M. Eloï
Johanneau, qui s'était prononcé pour le S.-Bernard de
D'Anville (3). Le premier raisonnait d'après la supposition que Constantin a pris, pour se rendre à Autun,
la route qui venait de Besançon, et qui ne passait pas à
Saint-Bernard, mais près de Villy. Cette supposition
tombe devant le texte d'Eumènes que j'ai cité plus
haut. M. Eloi Johanneau se défend avec des étymologies grecques. J'aurai l'occasion, dans la deuxième
partie, de dire combien ces étymologies me semblent ridicules pour d'obscurs villages de l'intérieur des Gaules.
Mais celle de Vidubia, Γυια τιφια (pour τιφιος), *chemin
marécageux* (et non *chemin du marais*, comme traduit M. Johanneau), l'est d'autant plus dans cette
circonstance, que, d'après les personnes qui connaissent les lieux, Saint-Bernard est sur un plateau sec

* T. 2, p. 316, 394, n. éd.

(1) Je n'ai vu nulle part celle qui se rapportait à Vougeot, et que
M. Johanneau combat également.

(2) On a appuyé cette étymologie sur une autre : celle de *Viæ duæ*
pour *Vidyliacum*, nom donné à Villy par quelques actes du moyen-
âge. C'est plus raisonnable, mais encore plus étrange philologique-
ment parlant. M. Johanneau a répondu à ces étymologies par celle
de οδος υλη, *le chemin du bois*. Au moins fallait-il écrire οδος υλης!

(3) Lettres manuscrites soumises au jugement de l'Académie de
Dijon.

et plus élevé que le reste de la plaine. M. Rossignol a d'ailleurs prouvé,* par les pièces qu'il a entre les mains aux Archives, que Saint–Bernard n'est aucunement une dénomination moderne appliquée à une localité ancienne, puisque c'est un village fondé en 1608, par les moines de Cîteaux, qui appelèrent des colons lorrains pour défricher le sol.

* Séances de l'Acad. de Dijon.

Mais la question n'est pas dans des arguties étymologiques; elle est dans les chiffres et dans la mesure employée par l'auteur de la carte. Nous l'avons examinée en lieues gauloises, qui nous ont donné un résultat à peu près satisfaisant, et auquel on se serait sans doute arrêté, si D'Anville n'eût entraîné les savants par la ressemblance des noms de Til-Châtel et de *File*. Mais cette opinion n'est soutenable, je ne crains pas de le dire, qu'en substituant les milles romains aux lieues gauloises, par la double raison que la distance réelle entre Til-Châtel et Langres exclut celle-ci, et s'accorde précisément avec ceux-là,* étrange hasard qui nous donne entre ces stations 40 kilom. et demi *en ligne droite,* ou la valeur de 28 milles romains (un peu moins de 42). D'un autre côté, si nous prenons encore pour des milles le chiffre coté entre Châlon et Vidubia, ils nous conduisent à 30 kilomèt. de cette ville, c'est-à-dire tout près de Villy. Vidubia se retrouve donc encore de cette manière à l'embranchement des deux voies, mais avec cette différence, que, cette fois, c'est en nous attachant au chiffre même de la carte, tandis que dans la précédente nous avons été obligés de prendre un terme moyen, en rabattant de part et d'autre quelques lieues. Les deux extrémités de la ligne étant ainsi vérifiées, il n'est plus possible d'accuser le géographe romain d'avoir mêlé ici des mesures différentes. Le hasard veut qu'on puisse choisir des lieues ou des milles; mais c'est entièrement l'un ou l'autre.

7. *Avec les milles romains,* Filena *tombe à Til-Châtel, et* Vidubia *encore à Villy.*

* Voyez la carte en tête de ce vol.

Ce choix nous est parfaitement permis, car on voit dans l'Itinéraire d'Autun, et sur les colonnes milliaires de Sacquenay, de Mandeure, etc., que le changement de mesures indiqué sur la carte et par Ammien Marcellin n'avait rien d'absolu. Une grande partie des routes gauloises sont mesurées en milles dans ce livre d'étapes, et quelques-unes de l'une et l'autre manière à la fois (1), entre autres celle de Lyon à Châlon, dont la nôtre était le prolongement du côté de Trèves, et qui est toute brouillée sur la Carte Théodosienne. La Ire station, à partir de Lyon, *Asa Paulini*, y est oubliée, et les deux suivantes, Lunna et Matisco (Mâcon), me paraissent, malgré l'opinion contraire de D'Anville, positivement marquées en milles romains (2). M. Walckenaër a fort bien démontré comment l'emploi simultané de ces deux mesures dans les itinéraires impériaux devait amener de fréquentes méprises sur les cartes routières qui les copiaient et n'en voulaient conserver qu'une seule (3).

(1) Comme dans l'inscription du musée d'Autun : AVTESSIODVRO, etc.

(2) L'Itin. d'Ant. donne de Lyon à — *Asa Paulini*, M. P. XV— Leug. X. puis — à Lunna, M. P. XV — L. X..... à Matiscone, M. P. XV — L.X., et la Carte Théodosienne, de Lyon à..............................
puis — à Ludna — XVI................ à Matiscone — XIV.

(3) Voyez l'introd. à l'Analyse géog. des Itinér. anc. des Gaules, au t. III de la Géographie ancienne des Gaules, p. ˉxlvij. M. de Caumont, dans son Cours d'antiquités monum., t. II, p. 28, va même jusqu'à dire, en soulignant toute cette phrase, que la lieue gauloise était désignée tantôt sous le nom de lieue, tantôt sous celui de mille, et que souvent le mot *millia* n'indique point de milles romains, mais des lieues gauloises, lorsqu'il s'applique à la partie des Gaules où cette mesure était usitée. — Il fait cependant, p. 105, sur les colonnes milliaires, cette remarque fort importante, que toutes celles qui ont été érigées antérieurement au 3e siècle portent l'indication des distances en milles, et que celles qui sont d'une date plus récente, à partir de Septime Sévère, marquent au contraire des lieues gauloises, *leugæ*.

La ressemblance plus ou moins grande de deux noms voisins a dû encore faire oublier l'un des deux au copiste, surtout si les distances étaient pareilles, et je soupçonne fort que c'est ce qui est arrivé sur notre route, mesurée en milles romains entre Vidubia et Filena. La carte ne porte pour cette étape que le nombre XIX, ou un peu plus de 28 kilomètres, lesquels, en tenant compte de la différence naturelle entre une route quelconque et la ligne droite, nous arrêtent tout près de Dijon (1). Or, nous retrouvons de cette ville à Vidubia justement la même distance qu'entre cette station et Châlon, 32 kilomètres, pour lesquels la carte nous a donné le chiffre XX. Ce nombre laisse de chaque côté de Villy un déficit de 2 à 3 kilomètres, car 40 milles romains n'en font que 59 et un quart, au lieu de 64 ; aussi est-il possible que les chiffres primitifs aient été XXI ou XXII. C'est dans tous les cas un déficit deux fois moindre que l'excédant donné par les lieues, et il disparaît même sur la totalité du trajet, car ces 40 milles ajoutés aux étapes de Filena et de Dijon (XXVIII et XIX), en font 87, ou plus que l'équivalant des 128 kilomètres de Langres à Châlon.

8. Dans ce cas Divio doit être rétabli sur la Carte entre Filena et Vidubia.

Tout se réunit donc, et la similitude des nombres et le rapport des deux noms, pour nous persuader non pas que Dibio soit Vidubia, comme nous l'avions pensé d'abord, mais que ces deux stations ont été confondues par le copiste. Je rétablirais donc cette route de la manière suivante :

De Langres à Filena — XXVIII. — C'est Til-Châtel.

— à *Dibio* (station omise) — XIX. — C'est Dijon.

— à Vidubia — XX (ou XXI). — C'est Villy-le-Brûlé.

— à Châlon. — XX (ou XXI).

(1) La distance en ligne droite est de 24 kilomètres.

Ou, si l'on veut s'en tenir aux lieues gauloises annoncées par la carte, nous aurons :

De Langres à Filena — XXVIII. — C'est Dijon.
— à Vidubia — XIX (ou XV). — C'est Villy-le-Brûlé.
— à Châlon — XX (ou XVI).

Le lecteur choisira la rectification qui lui paraîtra la plus vraisemblable ; mais il est indubitable pour moi que Filena est Dijon, ou que le copiste a oublié la station de Dibio, ce qui me paraît plus probable, cette ville étant bien éloignée de Langres pour une seule étape. Mais l'une ou l'autre explication me semblera toujours préférable au procédé violent de D'Anville, qui sur 28 lieues en supprime 9, c'est-à-dire un tiers de la distance de Langres à Filena.

Passons à la 2ᵉ partie de cette étude, sans nous arrêter à la vieille supposition que Dijon ait pu être le *Didatium* de Ptolémée. Belleforest en avait fait justice d'un seul mot, [*] en observant que cette ville était chez les Séquanes, de l'autre côté de la Saône.

[*] Cosmographie.

DEUXIÈME PARTIE.

Origine de Dijon d'après les étymologistes modernes.

—

INSCRIPTIONS QUI CONSTATENT LE VÉRITABLE NOM
DU DIJON ROMAIN.

—

1. *Variantes diverses du nom de Dijon dans les documents écrits.* Il est sans doute naturel, avant de discuter l'étymologie de ce nom, d'en fixer la véritable forme et l'authenticité. C'est une chose que n'ont pas rendue facile les variantes de nos auteurs et la double incurie de nos premiers antiquaires, les uns ayant laissé perdre ou périr une précieuse inscription, qui était pour ainsi dire l'acte de naissance de leur ville, les autres l'ayant transcrite ou vérifiée avec si peu de soin, qu'il est impossible aujourd'hui de s'assurer de son véritable texte, et même s'il n'en existait qu'une ou bien deux, présentant l'une et l'autre le nom de *Dibionenses.*

Grégoire de Tours emploie l'adjectif pour désigner Dijon, *Divionense Castrum* ou *Divionensis locus.* Mais on voit par deux passages de son Histoire que le nom local était, de son temps, *Divione* ou *Divionum* (1). Nulle part il n'a écrit *Divio.* Cette forme, définitivement adoptée par la suite, ne se présente qu'après lui, dans Frédégaire, et d'une manière douteuse, par l'accusatif *** Epitom. 78. Chron. 58.** *Divionem,* * qui peut se rapporter aussi bien au nominatif *Divion* des Actes complets de S. Bénigne et de la

(1) Ad castrum cui *Divione (sic)* nomen est (Hist. II-32). Tunc et Lugdunum, Biturix, Cavillonum atque Divionum ab hac infirmitate valdè depopulatæ sunt (Hist. IV-31).

3ᵉ Vie de S. Irénée.* Dans le Martyrologe de Bède, en tête du 2ᵉ volume Bollandiste de Mars, on lit : *in Castro Diveon.* Aucun document que je connaisse, histoire, charte ou légende, n'offre à la place du V le B de l'inscription dont je vais parler (1).

Bolland., 28 juin.

Dans les fouilles que l'on commença en 1581 pour bâtir le Collège des Godrans, aujourd'hui l'Ecole-de-Droit, et auxquelles on dut la découverte des premières antiquités dijonnaises, on trouva une inscription votive à la *Fortune qui ramène,* pour l'heureux retour d'un Flavius, dont le surnom se lisait *Vœer, Veter* ou *Vetus.* J. Richard, qui s'occupa le premier de cette découverte,*confondit, suivant Legouz-de-Gerland,** cette inscription avec celle d'un intendant nommé Carantillus, et, réunissant le commencement de l'une avec la fin de la seconde, induisit en erreur Gruter et Guénebauld, qui répétèrent d'après lui le texte que voici :

2. Inscription des Ferrarii Dibionenses. Première confusion faite par Richard.

Antiq. Divion., folio 2, recto.
Dissert., p. 166.

> I. O. M. ET
> FORTVNÆ REDVCI
> PRO SALVTE ITV ET
> REDITV FL. TIB
> VETERIS
> N
> CARANTILLVS SERV
> ACTOR EX VOTO
> POSVIT.
> V. S. L. M. (2)

Cette seconde inscription, à laquelle appartenait le nom de Carantillus, n'est point celle qui existe encore

---

(1) Le français du moyen-âge disait *Digiun, Dyjon, Disjon, Digon,* et *Divion.* Voyez Fyot, p. 19; Courtépée, t. II, p. 25, n. édit.; les Chroniq. de S. Denis, 11-17, etc.; Corrozet, *Catalogue des Villes et Cités assises ès Trois Gaules,* 1540, fol. 11; *Heures de Thielmann Herver,* 1499, fin; Belleforest, *Cosmogr.* p. 283.

(2) Gruter, p. VIII-2, avec cette note : *Divione, in vetusto lapide in Colossi modum.* — Guéneb. *Le Réveil de Chyndonax,* p. 37. Les initiales de la dernière ligne signifient : *Votum Solvit Lubens Merito.*

— 60 —

à Couternon (1), et qui diffère beaucoup de cette fin,
que Legouz rapporte sans donner nulle part le commencement. L'inscription entière est aujourd'hui perdue comme la première et celle des *Lapidarii* dont je
parlerai tout-à-l'heure.

Mais Reinesius, a qui Langermann, continue Legouz-de-Gerland, avait communiqué le véritable texte,
qu'il tenait du conseiller De La Mare, le publia en 1682
dans son Recueil, tel que Legouz l'a reproduit lui-
même dans sa Dissertation.

I. O. M.
ET FORTVNÆ REDVCI PRO
SALVTE ITV ꓱꓩ REDITV
TIB. FLV * VETERIS PATRONO
OPTIMO ARAI POSVERVNT FABRI
FƦRRARI DIBIONENSES
CLIENTES
S. L. M.
L. D. D. P. A. (2)

* Leg. FLAVI.

3. *Deuxième confusion faite par Valois et par D'Anville. Inscription des Lapidarii.*
* Voy. Lettr., p. 112, 114.
** Voy. Es-sais sur Dijon, p. 441.
*** Dijon, Hist. et Tabl., p. 12.

On devrait donc croire à l'authenticité de ce dernier
texte (quoique Fr. Baudot,* trente ans après, et de nos
jours, M. Girault ** et M. Jos. Bard *** aient encore
copié la faute de Richard), si cette inscription ne
se trouvait citée d'une troisième et quatrième ma-
nières par deux auteurs contemporains de Reinesius,
Valois et Fyot. Le premier, dont la *Notitia Galliarum*
parut sept ans avant le *Syntagma*, dit que ce marbre

(1) Elle est ainsi conçue : *Sentrus Secularis filius sibi vivi fecit
monimentum et Cassiope uxori Carantillo filio* (Legouz, pl. XIII).
Fr. Baudot lisait *Act* (Actori) au lieu de *filio*.

(2) Reinesius, *Syntagma*, p. 234 ; Legouz, pl. XXXII. Son texte
porte *Langeron* par erreur au lieu de Langermann, p. 166 et 168.
Les lettres S. L. M. signifiant ici : *Soluto Libero Munere ;* mais celles
de la dernière ligne n'ont pas un sens très-certain. D'après le Dictionnaire de Coletius, *Notæ et Siglæ*, etc., Venise, 1785, on lirait :
Locus Datus Decreto Publico Araricorum. Legouz entendait : *Pu-
blicæ Auctoritatis.*

portait *Fabri Ferrarii Divione Consistentes.* [Art. Divio.] Le second, qui publia sa Dissertation à Dijon même en 1696,
et qui s'exprime comme un homme qui a vu l'inscription de ses propres yeux, la rapporte ainsi : *Flabiæ
genti Favri Dibienses,* [Dissert., p. 4.] variante fort remarquable que
j'ai déjà citée. Enfin, D'Anville dit nettement qu'il y
avait deux inscriptions, faisant mention l'une et l'autre
des ouvriers en fer établis à Dijon, *Dibionenses* et *Di-
bione Consistentes.* [Not. des Gaul., art. Di-bio.] Voilà donc cinq versions différentes et qu'on ne peut vérifier, puisque ces monu-
ments sont perdus comme celui dont je vais parler.
N'y a-t-il pas de quoi *torturer les Saumaises,* et à plus
forte raison ceux qui ne peuvent prétendre à ce titre?

Je crois qu'on peut, sans trop de témérité, accuser
d'erreur Valois et D'Anville, qui auront été, l'un abusé
par quelque correspondant inattentif, l'autre embar-
rassé par les textes divers qu'il avait sous les yeux.
Le fait est qu'on reconnaît aisément qu'il a existé,
comme le prétend encore Legouz-de-Gerland, [P. 166.] une
seconde confusion entre l'inscription des *Ferrarii* de
Tib. Flavius Vetus, et celle des *Lapidarii,* adressée
pareillement à la Fortune pour l'heureux retour d'un
autre membre de la même famille. Voici cette 3e inscription trouvée au même endroit que les deux autres,
et que Guénebauld avait, cette fois, bien distinguée
de la précédente. [Rév. de Chynd., p. 133.]

> I. O. M. ET FORTVNÆ REDVCI
> PRO SALVTE ITV ET REDITV
> TITI FL. VETERIS PATRONI
> OPTIMO ET FIDELISSIMO LAPIDARI
> CLIENTES IN EJVS PAGAN. DOMO
> CONSISTENTES EX VOTO V. S. L. M. [Legouz, pl. XXXII.]

On voit que ces deux inscriptions avaient en effet
beaucoup de ressemblance; mais l'une est le vœu des
ouvriers en fer de Dijon pour Tib. Flavius Vetus, et

l'autre celui des ouvriers en pierre qu'employait dans sa maison de campagne un autre chef de cette famille nommé Titus. Ce point éclairci, nous restons en présence des *Dibionenses* de Reinesius et des *Dibienses* de Fyot; mais ici nous ne savons plus pour qui nous prononcer. Le premier a de son côté tous les textes écrits; le second paraît avoir été bien sûr de son fait, puisqu'il indique les quatre formes substantives auxquelles l'adjectif *Dibienses* peut se rapporter : *Dibium* et *Dibia,* ou, par le changement réciproque du B et du V, *Divium* et *Divia.* L'Almanach de Ptolémée, qui s'imprimait à Dijon même, reproduit mot pour mot, en 1733, le texte et l'observation de Fyot (1). Ces formes présentent pour les étymologies que nous discuterons une différence de quelque importance avec le Divio ou Divionum que fournit l'autre texte.

Le doute où nous ont jeté Fyot et Reinesius pourrait être levé par une autre inscription qui fait partie du cabinet de M. Félix Baudot, si l'étrangeté de ce monument ne me faisait douter de son origine. C'est un dé en pierre blanche fort tendre, semblable à celle de plusieurs fragments d'architecture déposés dans le passage de la Cour-de-Bar, à l'Hôtel-de-Ville. De ce dé, creusé cylindriquement de part en part, on a fait une urne en lui adaptant un fond de pierre pareille, percé au milieu d'un trou garni de fer, et cloué par les quatre coins comme une planche de sapin. Les trous sont parfaitement distincts en-dessous du dé et aux coins de ce fond, dont un morceau cassé porte encore son clou; quelques débris noirâtres, attachés à ses bords, semblent au premier coup-d'œil des restes de charbon; mais le monument ne porte aucune marque d'incendie.

4. Ferrarii Dibienses, variante de Fyot.

* Dissert., p. 4.

5. Urne funéraire de Forum Divio; étrangeté de ce monument et de cette inscription.

(1) La véritable connaissance des temps, par Ptolémée, année 1733, Dijon, p. 138.

Cette singulière urne est fermée en-dessus par un couvercle carré, qu'on lève avec un anneau de fer retenu par un crampon de même métal. La face inférieure du couvercle présente un petit cercle central sur lequel convergent huit rayons creusés dans la pierre, et dessinés comme les *rais* du blason. Chaque côté du dé, dont les angles sont arrondis aujourd'hui par l'injure du temps, a 32 centimètres de long sur 22 de hauteur, sans le couvercle qui en ajoute 3. La cavité intérieure en a 19 de diamètre. On lit sur les trois premières faces de ce monument :

FORV̄ DIVIO ĪĀCĒ

La 4ᵉ présente la figure de l'*ascia* et celle d'un vase lacrymatoire gravées en creux avec une grande netteté. Les lettres, qui ont 7 centimètres de longueur, sont d'un fort beau caractère; les arêtes encore vives, surtout dans le mot *Divio;* les jambages terminés bien carrément, et les extrémités triangulaires ou pointures finement exécutées. Elles sont toutes évidemment de la même époque. L'urne entière était couverte d'une couleur jaune ou rouge, *faite à l'huile,* si je ne me trompe, et dont on reconnaît l'enduit jusque dans le creux des lettres et sur les apparences de charbon que j'ai indiquées.

Ce fut M. Baudot père qui fit l'acquisition de cette urne, postérieurement à l'année 1808, car il n'en dit pas un mot dans ses *Observations* sur le passage de Millin à Dijon, quoiqu'il soit souvent question dans son livre de l'ancien Forum de cette ville, qu'il pensait avoir retrouvé sous l'emplacement de la Ste-Chapelle. Je ne sache pas non plus que M. Girault ait parlé nulle part de ce monument (1); ce qui me fait penser,

(1) Je ne vois pas davantage que l'Académie de Dijon s'en soit ja-

conformément à l'opinion de M. Henri Baudot, que
son père n'en eut connaissance qu'en 1823, et qu'il
provenait, comme il me l'a dit, du territoire des Poussots, où l'on avait recueilli, quelques années auparavant, diverses antiquités funéraires, plutôt que des
fouilles de la Ste-Chapelle, qui sont antérieures à l'an
1808. Quoi qu'il en soit, ce monument du Forum de
Dijon, dont la destination primitive n'était certainement pas de renfermer les cendres d'un mort, me paraît
fort suspect. Ce verbe *jacet,* qui se dit d'un corps étendu
tout entier dans la tombe, *jacens,* peut-il s'appliquer
à des cendres renfermées dans une urne? D'un autre
côté l'*ascia,* symbole antique et païen (1), peut-elle se
concilier avec cette formule qui me semble chrétienne
et d'un temps fort postérieur? Enfin, a qui se rapporte-
rait cette épitaphe? Serait-ce par hasard celle du Dijon gallo-romain, qui aurait dans ce cas porté le nom
de *Forum-Divio,* et la haine de quelque bourgade voisine aurait-elle inscrit cet arrêt de mort sur les ruines
de sa rivale? Mais cette forme insolite de *Forum-Divio* (2) n'est qu'une étrangeté de plus dans un monument dont j'abandonne l'énigme aux antiquaires qui
voudront s'en occuper.

6. *Médaille de l'Hercule* Dev-soniensis.
Je n'ai qu'un mot à dire sur une médaille de Posthume avec le revers *Herculi Devsoniensi,* épithète
qu'on a voulu corriger d'une manière bien malheureuse en *Divionensi* (3). C'était ignorer l'existence d'un

---

mais occupée, ni même notre Commission d'Antiquités, quoique M. H.
Baudot lui ait rappelé l'existence de ce monument dans sa séance du
15 juillet 1845.
(1) Voyez la lumineuse dissertation de M. Rossignol, dans les Mém.
de l'Acad. de Dijon, en 1849.
(2) *Forum* s'unit toujours, dans les noms propres, à un génitif,
comme *Forum Neronis,* ou avec avec un adjectif, comme *Forum
Julium.*
(3) Voyez Courtépée, t. 2, p. 20, nouv. édit. Il y est question d'une

lieu assez connu dans les derniers temps de l'empire d'Occident, et où saint Jérôme et Cassiodore placent une grande défaite des Saxons, dans le pays des Francs, en 373 (1). On pense généralement que ce *Deuso* est Deutz ou Duitz, en face de Cologne, sur le Rhin, endroit tout-à-fait convenable pour une victoire de Posthume sur les Barbares auxquels il fermait l'entrée des Gaules.

Nous ne pouvons donc déterminer, entre *Dibia, Dibium* ou *Dibio,* la véritable forme du nom gallo-romain de Dijon, dont la racine incontestable est par conséquent réduite pour nous à la syllabe *Dib.* Mais l'inscription des *Ferrarii* nous fait connaître une des plus anciennes industries locales de cette ville, celle des ouvriers en fer. Le Dijonnais était riche en mines. Courtépée nomme les forges ou les fourneaux qui existaient encore de son temps.[*] César aurait donc pu parler des *Ferrarii* de notre pays ; mais il ne l'a pas fait, et quand M. Rougier de la Bergerie lui attribue le texte de notre plus célèbre inscription pour lui faire citer les forges de Dijon,[*] il commet une si grosse méprise qu'elle n'aurait jamais dû être répétée dans les mémoires d'une société savante et servir de base à une supposition quelconque.

[*] T. 2, p. 7, nouv. éd.

[*] Hist. de l'agric. d. Gaul., p. 323.

QUATRIÈME QUESTION.

L'étymologie du nom de Dijon peut-elle être grecque ou égyptienne ?

S'il est vrai qu'une bonne étymologie illumine quelquefois d'une vive et soudaine clarté les questions

1. *Ridicule des étymologies grecques dans l'intérieur des Gaules.*

médaille d'or, devenue introuvable, suivant M. J. Bard (Dijon, Hist. et Tabl., p. 14). Mionnet a constaté l'existence de ce revers en billon, module ordinaire, t. 2, p. 61 de son Traité sur la rareté des méd. rom.

(1) Saxones cæsi Deusone in regione Francorum. M. Walckenaër place ce lieu à Deynse, près de la mer, dans les Pays-Bas.

ethnographiques les plus obscures, il faut convenir aussi qu'aucune science n'a peut-être fait écrire des pages plus ridicules ou plus absurdes que celle des étymologistes. Qu'à la renaissance des lettres, des savants tout fiers et tout heureux de leur grec et de leur hébreu aient demandé à ces langues l'origine de tous les noms de la géographie ancienne, c'est une chose qu'on peut comprendre et excuser dans l'enfance de la critique historique; mais qu'on abuse encore de nos jours des ressemblances fortuites qui se présentent dans toutes les langues, d'une extrémité du monde à l'autre, pour fabriquer des étymologies étrangères aux idiomes, aux origines, aux traditions, aux caractères physiques des peuples, des villes et des contrées qui nous entourent, c'est manquer de conscience ou de bon sens. On remplirait des pages entières avec les noms qui se ressemblaient du bout de l'Europe au fond de l'Asie; et partir de là pour farcir, par exemple, d'étymologies grecques la géographie des Gaules, et inonder en conséquence de colonies helléniques l'intérieur de ce pays, où se pressaient déjà des populations barbares et trop nombreuses,* c'est se moquer de l'histoire et de ses lecteurs. Qu'un versificateur comme Ladone, traduisant en grec de sa façon les folies de S.-Julien-de-Baleure, y retrouve dans Πυργος ὄγμιος, qu'il interprète par *Bourg des Dieux* (1), le Bourg-d'Ongne de ce romancier, c'est une fantaisie qu'on peut pardonner à la poésie; mais qu'un savant de nos jours, qui n'a probablement jamais vu Dijon, écrive gravement à notre Académie que *Divio* vient de τιφιος, marécageux, quand le sol par trop perméable de cette

*Voy. Tit. Liv. V-34, etc.

2. *Etymologies tirées de* τιφιος, *marais;*

(1) Augustoduni Antiquitates, p. 100 : *De pago qui dicitur Vallogne*, etc., et p. 143 : De Veteri oppido Bourgongne. Ογμιος divinus est, et ad deos pertinens, etc., p. 144. Voyez l'Hercule *Ogmios* de Lucien (Προσ)αλια, etc.).

ville est ce qu'il y a de moins marécageux au monde,
c'est en vérité ne plus voir les hommes et les choses
qu'à travers les feuilles trop épaisses d'un dictionnaire
grec.

Il y a près de deux siècles que l'illustre Adrien de
Valois, dont j'ai cité dans une autre occasion un passage remarquable, * trouvait déjà ridicules, non-seulement les étymologies grecques, mais encore les étymologies latines des noms gaulois antérieurs à la conquête romaine (1). Qu'aurait-il dit, bon Dieu! s'il
avait connu celle qu'on a tirée à la fois de l'Egypte,
du latin et de l'hébreu, en donnant à un Dijon celtique le nom que cette ville porte dans nos vieux documents français du moyen-âge? Ce curieux problème a
été résolu, suivant l'Almanach de Ptolémée, * par
l'auteur de la Topographie des couvents de S. François, et il s'est trouvé des écrivains qui ont répété que
Dijon s'appelait en *patois* celtique *Digeon;* — que les
Celtes donnaient aux Egyptiens le nom de *Geon*, qui
était celui du Nil * déifié par eux ; — et que les Bourguignons, qui suivaient autant qu'ils le pouvaient la
religion de ce peuple, avaient érigé à ses dieux un
temple d'où était venu le nom de leur ville, *Di-Geon,*
les dieux Egyptiens, ou le dieu *Geon*. On s'amuse de
ces choses-là, mais on ne les réfute pas.

Une étymologie qui, malgré sa forme latine, est
encore essentiellement grecque et même égyptienne,
par l'assimilation très-hasardée de l'Io hellénique avec
l'Isis du Nil, est celle de *Diva Io*. Il est certain que ces
deux mots ressemblent beaucoup à notre *Divio;* mais,
je le répéterai encore, ces similitudes ne sont rien,

* Not. Gall.,
p. 399, col. b.

3. *De Di-Geon,
le dieu du Nil;*

* Vérit. con-
naiss. d. temps,
1733, p. 138.

* Gehon, Ge-
nèse, ch. 2.

4. *De Diva
Io, identifiée a
Isis.*

(1) Primo ridiculum est veteri ac proprio nomini urbis celticæ ori-
ginem non celticam sed latinam assignare, cum Celtæ seu Galli ante
Julii Cæsaris adventum linguæ latinæ essent ignari et urbibus suis
celtica non latina nomina imponerent. (Not. Gall., p. 70.)

— 68 —

quand l'étymologie qu'elles présentent n'a pas de raison d'être dans l'histoire ou dans quelque circonstance particulière au peuple ou la ville à laquelle on l'applique. La vache Io est-elle venue, dans ses courses, paître l'herbe de nos collines et se reposer au bord du Suzon? Des Grecs ont-ils établi pour cette demi-déesse, sur l'emplacement de notre ville, un culte qu'ils ne lui rendaient pas dans leur propre pays, et les Romains encore moins? Ou bien est-ce à Isis que des marchands égyptiens ont érigé un temple, en traversant nos contrées? Mais, dans ce cas, ce n'est plus *Diva Io,* mais *Diva Isis* qu'il faut dire, en supposant toutefois que ces enfants de l'Egypte parlaient latin. Que devient alors cette ressemblance si frappante avec *Divio?* Et dire qu'ils sont trois qui peuvent se disputer cette belle découverte, car M. J. Bard* a été obligé d'en restituer la gloire à autre écrivain qui la réclamait, neuf ans après que la Commission d'Antiquités de la Côte-d'Or avait reçu la même confidence de la bouche du premier inventeur (1)! Ces idées égyptiennes ne sont pas nouvelles dans les têtes bourguignonnes; il y a deux siècles que Ladone affublait déjà du grand nom d'Osiris la petite rivière de l'Ozerain;* mais ce dieu ne pouvait demeurer toujours séparé de sa fidèle épouse, et un de nos contemporains a consacré à cette dernière l'Oze, dont le nom vient évidemment d'Isis. * M. Maillard de Chambure retrouvait en outre, *dans les temps les plus reculés,* le culte du bœuf Apis sous les ruines d'Alise,* et M. Girault répétait de son côté que les Africains des légions de Fabius ont légué le nom de leur pays au Mont-Afrique.* Qu'on ait trouvé en Bour-

* Dijon, Hist. et Tabl., 2ᵉ supplém., p. 2.

* Augustod. Antiq., p. 130.

* Mém. de l'Acad. de Dijon, 1825, p. 117, 122.

* Ibid., p. 118, 121.

* Id., 1819, p. 147.

(1) Voyez les Registres de la Commission, séance du 25 nov. 1841. Cet inventeur donnait au moins une raison, c'est que les Romains avaient mis leur camp de Dijon sous la protection d'Io, supposition dénuée de toute vraisemblance historique ou religieuse.

gogne des traces d'égyptianisme, c'est une chose qu'explique facilement la vogue que le culte d'Isis, comme plus tard celui de Mithra, prit dans l'empire romain, parmi les populations blasées sur leur vieille adoration de Jupiter et d'Apollon. Nous savons d'autre part qu'Auguste avait déporté des colonies égyptiennes, *Niliaci Milites* (1), à Antre et à Besançon. Mais amener des marchands égyptiens dans l'intérieur des Gaules avant la domination romaine, et même avant le siècle d'Alexandre, ce n'est plus faire de l'archéologie, mais de la mythologie aussi fabuleuse que les conquêtes d'Hercule ou d'Osiris dans notre pays. [*] On m'a objecté, pour défendre au moins les marchands grecs, ce que Diodore dit de l'étain transporté à dos de cheval à travers la Gaule, depuis les îles Britanniques jusqu'à l'embouchure du Rhône; [*] mais cet historien, contemporain d'Auguste, parle du commerce de son temps, et n'indique même pas à quelle nation appartenaient ces négociants. Supposons qu'ils étaient grecs; cela établit-il qu'il y ait jamais eu rien de commun entre Dijon et *Diva Io* ?

[*] Voy. Heeren et les hist. égypt.

[*] Liv. V-22.

Je suis même surpris que M. Bard, si amoureux de l'Orient qu'il reconnaît dans nos collines *ses sentinelles avancées sans cesse en muette contemplation devant l'aurore,* [*] se soit contenté de cette vulgaire mythologie, quand il pouvait transporter sur nos bords les féeries de la Perse et du Ginnistan. Comment tous ces noms réunis par un singulier hasard autour de Dijon, *Divio,* Périgny, Larey, le Suzon, l'Ouche, n'ont-ils pas évoqué sous sa plume et les Dives, et les Péris, et le beau pays de Lar, et la grande ville de Suze, et les in-

5. *Facilité des étymologies orientales; exemples pris autour de Dijon.*

[*] Dijon, Hist. et Tabl., p. 2.

---

(1) Voyez Dunod, *Hist. des Séquan.,* t. 1, p. 148 et 150; — *La Franche-Comté à l'époque romaine,* par M. Clerc, p. 18 et 155, 157. Il se pourrait cependant que les *Niliaci Milites* des inscriptions de ces villes fussent des vainqueurs du Nil et non des vaincus.

domptables montagnards d'Ouxia? Pourquoi nos villages de Daix, de Turcey, de Sacquenay, de Morey, de Darois, n'auraient-ils pas pour fondateurs des Scythes du Daïx, des Turcs, des Saques, des Maures et quelque Darius, aussi positivement qu'Iseure est un souvenir d'Isis et Santenay un Athenæum (1)? Pour moi, j'aurais été charmé de voir, dans sa retraite de Périgny, une brillante Péri exilée de l'Orient, présider avec son époux le plus beau des Dives, aux naissantes destinées de *Divio*. Couternon et Mirande nous auraient conservé leurs noms persans de Gouderz et de Mihra; le Mont-Afrique perpétuerait la mémoire de leur triomphe sur l'un de ces noirs démons nommés Afrits, qui voulait troubler leurs amours; et ce couple aimable, semant autour de Dijon les souvenirs les plus chers de son ancienne patrie, aurait encore doté notre heureuse Bourgogne de ses vins dérobés au soleil de Schiraz!

CINQUIÈME QUESTION.

L'étymologie du nom de Dijon est-elle latine ou celtique?

1. *Autres fables parmi les étymologies latines : le Bourg des Dieux, etc.*

Cette question nous ramène dans le cercle des possibilités historiques, et son importance est réelle, car de sa solution dépend l'origine romaine ou gauloise de notre ville, et jusqu'à un certain point l'antiquité plus ou moins grande de Dijon. Ce n'est pas que les fables et la poésie nous quittent sur le terrain des étymologies latines; nous y trouvons, au premier pas,

(1) Voyez les Colon. grecq. de la Bourgogne, par M. Bard. Il a porté le défi qu'on lui prouvât que Santenay n'avait point une origine grecque. Les personnes qui connaissent ce village assurent qu'une partie de son territoire est encore couvert de broussailles, dont elle a même gardé le nom en patois bourguignon; or, les broussailles se disent en latin *sentes*, et Santenay *Sentennoum*, M. J. Bard!

notre fontaine de Renne, *Rhena*, unie à *Rhenus*, le grand fleuve du Rhin,[*] et M. Bard proposant encore aux lecteurs mal satisfaits de *Diva Io*, de décerner à *la ville éclose du souffle de nos fondateurs* le nom de *Divine*, que lui aurait valu *la beauté toute céleste de son emplacement*.[*] C'est plus aimable que le marais de M. Johanneau, j'en conviendrai, et c'est rajeunir en même temps l'étymologie décrépite du vieux Corrozet, qui, le premier, a fait venir *Divio* de *Divi*, les Dieux auxquels Aurélien avait bâti dans ce castrum fondé par lui *trois temples souverains* (1). Ces trois temples, pris dans les Actes de S. Bénigne, devinrent promptement, dans les imaginations dijonnaises, un Panthéon à l'image de celui de Rome; et l'on prétendait, au 16ᵉ siècle, en voir encore quelques restes dans la célèbre Rotonde consacrée à ce martyr.[*] Cette étymologie religieuse, mariée avec le fameux *Burgus* des Bourguignons et transporté par S.-Julien de Baleure au *Champ d'Ongne*, près de Til-Châtel, enfanta sous sa plume le roman du *Bourg-d'Ongne* ou *Bourg-des-Dieux*, ruiné avant la conquête romaine, et rebâti par Aurélien sur l'emplacement même de Dijon.[*] La première idée de ce Dijon celtique appartenait, suivant Chasseneus (2), a un président De Villeneuve, qui l'avait trouvée dans un manuscrit suisse quand il était prisonnier dans ce pays, sans doute en 1513. Il avait laissé le *Burgus Divionensis* à sa place; mais S.-Julien imagina de le transplanter au Champ-d'Ongne, pour en tirer du

[*] J. Richard, Antiq. Divion., p. 42, verso.

[*] Dijon, Hist. et Tabl., p. 9 et 10.

[*] Bellefor., Cosmogr., t. 1, p. 282.

[*] De l'orig. des Bourgong., p. 22, 206, 630 et suiv., 642 et suiv.

(1) Le bâtiment des antiq. érections des principal. vill. et cités des trois Gaul.; Lyon, 1556 (2ᵉ éd. du *Cathalogue des villes*, etc., déjà cité), p. 39. Paul Merula a répété cette étymologie dans sa *Cosmograp. univ.*, et Jod. Sincerus a cité le passage de Merula dans son *Itiner. Galliæ*, p. 338, où M. Bard l'a pris et cité à son tour, comme le texte même de Sincerus.

(2) V. *Consuetud. Ducat. Burgund.*, dont la 1ʳᵉ éd. est de 1517. Personne n'a jamais entendu parler depuis de ce manuscrit suisse.

même coup l'étymologie du nom des Bourguignons. Ces fables honteuses obtinrent une croyance presque générale ; on les retrouve dans les compositions historiques des deux derniers siècles, entre autres dans les *Antiquités des villes, châteaux et places de France* d'André Duchesne (1), et on les répète encore de nos jours.

2. L'origine de Dijon rapportée aux Divitenses, à Dis, etc.

Cependant l'avocat Richard s'était insurgé, dès le 16ᵉ siècle, contre l'étymologie de Corrozet ; il la tourna en ridicule en vers et en prose (2), et en proposa une autre qui était encore plus mauvaise. Ce fut aux *Divitenses*, milice romaine du 4ᵉ siècle, dont parle Ammien Marcellin (3), qu'il attribua l'origine de *Divio*. S'appuyant sur l'inscription du *Divitense monumentum* donnée par B. Rhenanus, il fit de ce corps militaire un peuple puissant et nombreux des bords du Rhin, antérieur peut-être à César, et fondateur de plusieurs colonies, entre autres de Dijon. Il avait vu, disait-il, cette ville portée sur une carte d'une édition de Ptolémée, sous le nom de *Divitense oppidum*. Malheureusement pour Richard, le *Divitense munimentum* de Rhenanus n'était qu'un retranchement élevé par les Romains en avant du *Deuso* ou Duitz dont j'ai déjà parlé, pour protéger la ville de Cologne, et c'est Dijon qui se trouve plus ancien que les *Divitenses*.

Fyot cite deux autres étymologies dont il ne nomme

(1) Voyez la nouv. édit. donnée par son fils en 1668.

(2) Voici ses vers :

Riseris ergo Deûm me urbem dixisse, loquuntur
　Nostri hoc a Divis nomen habere tribus,
Seu quod condiderint tres Divi, seu sator illa
　Sumpserit auspicio numina trina suo. (Fol. 29, vers...)

(3) Amm. Marc., xxvi-16 et 21, xxvii-1. Voyez aussi la *Not. Dign. Imp.*, dont le commentateur Pancirole les fait venir tantôt de la Sicile, p. 90, 6, faute qu'a copiée Schœll (Litt. rom., t. 3, p. 365), tantôt du Divitense munimentum, p. 245.

— 73 —

pas les auteurs, et qui ne méritent pas qu'on s'y arrête.
L'une était tirée du nom de Dîs ou Pluton, le père
commun de tous les Gaulois, suivant César; * ainsi
notre ville, tout-à-l'heure céleste, était vouée par
un autre écrivain au dieu des enfers. L'autre étymologie, moins ambitieuse, se contentait du druide
Eduen Divitiacus, sans songer que Dijon appartenait
aux Lingons. Celle-ci nous amène sur le terrain des
origines celtiques, car nous n'avons rien de plus à
tirer des interprétations latines.

* Gall., VI-18.

C'est Belleforest (ou l'auteur du mémoire qu'il reçut
de Dijon sur cette ville en 1570) qui réclama le premier en faveur de l'idiome national. « Les Gaulois,
disait-il, avaient leur langue avant les Romains, et
Divion, Digon ou *Dijon* est un nom Gaulois. » Mais
ce ne fut qu'au bout d'un siècle que ce sage principe
fut de nouveau proclamé par Valois, qui en fit l'application à Dijon même, en citant le fameux vers
d'Ausone sur la fontaine de Bordeaux :

3. *Etymolo-
gies celtiques;
le* Divona *d'Au-
sone.*

Divona Celtarum lingua fons addite Divis.

Div, ajoutait-il * d'après les noms des villes gauloises
qui commençaient par *Div,* signifiait fontaine, et le nom
de la déesse des chevaux, *Epona,* prouve qu'*Ona* voulait
dire Déesse, puisque *Ep* est donné dans Pline avec le
sens de cheval. * Cette dernière assertion est vraie, car
les Bretons nomment encore un poulain *Ebeul;* ** mais
la conséquence qu'il en tirait pour *Ona* paraît fausse.
S.-Julien de Baleure, tout en répétant à satiété que *Ongne*
signifiait Dieu en celtique, ne s'est pas occupé de le prouver, si j'ai bien lu, autrement qu'en citant l'Hercule
Ogmios de Lucien, qu'il voulait changer en *Ognios.* *
Mais le savant Blondel expliquait le mot *Divona* justement à l'inverse de Valois, *Div* signifiant, suivant

* Not. Gall.
Divio.

* Hist. nat.,
III-21, n. éd.
** Legonidec.

* Orig. des
Bourg., p. 30,
31.

*lui, Déesse, et *Wonan* fontaine, * ce que Camden avait vérifié pour le Gallois. ** C'est ainsi que l'entendit également Bochard, * et je n'ai pu trouver nulle part, même dans Bullet, les mots *Ona* et *Ongne*, ou tout autre à peu près pareil, *Aun, Aung*, etc., avec la signification de Déesse ou de Dieu. Mais, d'une manière ou de l'autre, avec le vers d'Ausone, Dijon tire également son nom des magnifiques fontaines qui l'arrosent, suivant Valois. Il cite entre autres celle de Renne, en l'appelant *Fons Ranarum*, ce qui est assez humiliant pour l'*épouse du Rhin*.

Mais le *Divona* d'Ausone a-t-il été bien compris par tous ces savants et par D'Anville qui l'interprétait comme eux ?* C'est une grande témérité que d'accuser des Valois et des Bochart d'un contre-sens d'écolier; cependant il m'est impossible d'admettre, en lisant la phrase entière, dont ils ne rapportent jamais que le derniers vers, que *Fons addite divis* soit réellement la traduction du mot *Divona*. Le poète s'adresse à la fontaine de Bordeaux, dont il célèbre les vertus puissantes, et lui dit, avec une longue série de vocatifs :

Salve, Fons ignote ortu, sacer, alma, perennis,
Vitree, glauce, profunde, sonore, illimis, opace !
Salve, urbis Genius, medico potabilis haustu,
Divona Celtarum lingua, Fons addite Divis !

(Clare urbes Burdig.)

C'est-à-dire : *Fontaine, etc.; toi qu'on nomme Divona dans la langue des Celtes, et qui es admise parmi les Dieux !* Il est vrai que Valois et Bochard écrivaient ce vers sans aucune virgule, et que D'Anville en a mis deux, la première après *Divona*, ce qui peut justifier le sens qu'ils ont suivi, en isolant ce dernier membre de la phrase. Mais l'autre sens me paraît résulter invinciblement de la phrase entière, et je me suis rencontré

---

* Valois, Divio.
** Britannia, p. 7.
* Chanaan, p. 738.

* Not. des Gaul. Divona.

4. Ce mot traduit à tort par Fontaine divine.

— 75 —

sur ce point avec son dernier traducteur.[*] Pauvre science humaine, dont les certitudes tiennent quelquefois à une virgule de plus ou de moins !

[* Ausone. Bibl. lat.-franç. de Panckoucke.]

Fyot repoussa le vers d'Ausone et l'application qu'en avait faite Valois. *Divio*, d'après lui, serait un mot latinisé, qui doit être réduit au radical Celtique *Dî*, les Dieux ; singulière transformation de l'étymologie latine ! Enfin, l'abbé Boullemier, passant en revue, dans les anciens Mémoires de notre Académie,[*] et rejetant toutes les explications qu'on avait données avant lui, observa que Dijon, bâti auprès de deux rivières, devait probablement son nom à cette situation. Il prétendit à son tour[*] que toutes les villes dont les noms commençaient par *Div* avaient une position semblable, et que *ion* ou *io* signifiait en conséquence une rivière, comme le *dour* de *Divodurum;* etc. Il ajoutait que ce mot se trouvait dans le dialecte gallois. Bullet confirme expressément cette étymologie, dans son grand Dictionnaire celtique : *Diw*, deux, *iw* (prononcez *io*) rivières.[*]

[5. Divio interprété : Les deux rivières.]

[* T. 2, 1774.]

[* P. 203 et suiv.]

[* T. 1er, p. 63.]

Le fait est que, dans les divers idiomes qu'on regarde comme les débris du Celtique, les racines *Div* ou *Dib*, *Diu*, *Diou*, réunissent les trois sens de *deux*, de *dieu* et de *fontaine*. Je trouve encore dans Bullet qu'*ión* en gallois veut dire Seigneur ou Dieu, ce qui nous ramènerait à la fontaine divine de *Divona*. Mais, sans aller chercher au dehors des interprétations plus ou moins incertaines, l'une de ces trois significations s'est conservée jusqu'à nos jours dans notre Bourgogne, ou les noms de *Douix* et de *Douée* désignent encore des sources plus ou moins remarquables, comme celle de Serrigny près de Beaune, de Darcey près d'Alise, et les *Dwi* du Châtillonnais[*] (1).

[6. Divio rendu par Fontaine. — Origine gauloise de Dijon.]

[* M. Lapérouse, Hist. de Châtil., t. 1er, p. 19.]

(1) Je tiens d'un ingénieur breton que les lavoirs publics se nomment encore *Douet* dans plusieurs villes de Bretagne.

L'idée de fontaine, dont nous sommes certain pour *Divona,* est donc celle qui s'attache avec le plus de probabilité au nom primitif de Dijon, quoiqu'il n'en existât point dans le Castrum même. Il n'est pas plus vrai qu'il ait été bâti sur les deux rivières, puisqu'il était séparé de l'Ouche par le cours naturel du Suzon, et éloigné d'environ 6 à 700 mètres de leur confluent. Dans l'interprétation de Boullemier comme dans celle de Valois, c'est toujours un indice que le nom donné à cette localité a précédé le Castrum romain, et que Dijon a réellement une origine gauloise. Son berceau fut sans doute quelque maison de plaisance ou quelque usine bâtie près des magnifiques fontaines dont parle Grégoire de Tours; mais il faut les chercher à quelque distance du fort construit par la suite, soit à l'Orient, sur les pentes de Montmusard ou de la fontaine des Suisses, soit plutôt à l'Occident, où se trouvait la superbe source des Chartreux. Les défrichements et les travaux de diverses natures qui ont changé depuis deux siècles tout l'aspect du terrain à l'ouest de Dijon et du Castrum ont fait perdre à toutes nos fontaines l'abondance, et, pour employer une expression bourguigonne, la *pérennité* de leurs eaux. Mais les sept bouches par lesquelles ruisselle, pendant l'hiver, celle des Chartreux, rendent encore témoignage de son ancienne richesse et de la perpétuité de son cours au 17e siècle. [*] Elle formait jadis un étang assez considérable entre les Chartreux et le Jardin botanique actuel, [*] pendant qu'une source voisine, mais positivement distinguée de la précédente par Chenevet, [**] donnait naissance au *cours de Renne.* Ce ruisseau, qui paraît considérable sur le plan de Bredin, levé en 1574, [*] coulait au pied de la butte, alors isolée, [**] du réservoir de la porte Guillaume, entrait en ville par la tour à laquelle il donnait son nom, et, passant entre les églises

[*] V. Dumay, Mém. de l'Académ. de Dijon, 1843, p. 258.
[*] Voyez le plan d'Inselin.
[**] Alm. de Frantin, 1772, p. 220.

[*] Courtépée, 1er vol., n. éd.
[**] Plan d'Inselin.

— 77 —

de S.-Philibert et de S.-Jean , allait se perdre dans le Suzon (1). Ces eaux sont aujourd'hui réunies dans un nouveau lit avec le ruisseau des Chartreux ; la fontaine elle-même a disparu, éparpillée en petites sources dont ce terrain est criblé aujourd'hui, et son nom resta, en dernier lieu , attaché à une dérivation souterraine qui surgissait dans les fossés de la ville, au pied de la demi-lune S.-Georges (2). Mais plusieurs actes du 14e siècle, qui étendent ce nom aux Carrières dont la fontaine était voisine, attestent encore sa position primitive (3). Son étymologie, également celtique et non latine (4) , est un indice de plus en faveur de l'origine gauloise de Dijon, et je terminerai cette seconde partie en répétant avec Belleforest : * « Et mon opinion « est, ô seigneurs Dijonnais, que ce sont vos pères, les « premiers Gaulois, qui ont bâti vos murs et dressé vos « antiquités , et si Aurélian y a rien fait,.... ce n'a été « que remettre sus et réparer vos ruines. »

* Cosmogr., p. 282, t. 1er.

(1) Voyez Valois, Not. Gall., *Divio*; — Chenevet, dans l'Alman. de la prov. de Bourgog., dit de Frantin, 1772, p. 220; — Mém. de la commiss. d'Antiq., t. 1, in-4o, plan de MM. Vallot et Garnier.

(2) La n. 3 de la p. 189 de ces Mémoires semble rapporter à cette petite source l'origine de l'ancien cours de Renne, *intra muros*. Ce serait une erreur démontrée par le témoignage de Chenevet et le plan de Bredin. En le confrontant avec ceux de Lepautre, 1696, de Noinville ou d'Inselin, 1710, et de Mikel, 1757, on reconnaît que le ruisseau de Renne fut détourné partie dans le jardin de l'Arquebuse, partie dans un conduit pratiqué sous le chemin de ceinture qui montait à la porte Guillaume, et en premier lieu sous le glacis de la demi-lune de Renne, dans le fossé de laquelle on le voit d'abord reparaître ; puis, directement sous le glacis de la demi-lune St.-Georges, où il donna naissance à la petite fontaine qui conserve son nom.

(3) Je tiens ce renseignement du conservateur des Archives départementales, M. Rossignol.

(4) Ce nom n'est pas latin, puisque les actes du moyen-âge le traduisent tantôt par *Fons Ranarum*, tantôt par *Fons Reginæ*. (Chenevet, id., p. 221.) *Ren* signifie dans les idiomes celtiques *cours d'eau, rivière*, et *partagé en deux bras*, du verbe *ranna*. (Bullet., t. 1, p. 141.) Ce dernier sens conviendrait à ceux qui confondent la fontaine

TROISIÈME PARTIE.

Origine de Dijon d'après ses anciens monuments.

——

DÉCOUVERTES SUCCESSIVES DES ANTIQUITÉS DIJONNAISES.

——

1. *Déplorable abandon des munuments dijonnais.*
  * Dissert. sur l'orig. de Dijon, p. 83 et IX.

« Le temps a passé sa faux sur nos plus beaux mo-
« numents, dit Legouz-de-Gerland,* et l'ignorance
« en a presque moissonné le reste. On a perdu ce que
« le hasard avait découvert; on a même vu depuis
« quelques années détruire les plus beaux morceaux
« que quelques curieux avaient conservés. » Telles
étaient, dès 1771, les plaintes de ce généreux citoyen,
le premier qui ait élevé la voix pour reprocher à sa
ville natale l'incurie qu'elle avait montrée jusqu'alors
pour ses titres de noblesse les plus précieux. Nous avons
déjà vu disparaître le plus important de tous, le seul qui
constatât son nom romain. Bien d'autres ont disparu
et disparaîtront encore, dispersés qu'ils sont en huit
ou dix endroits, les uns chez des particuliers, où ils sont
abandonnés à toutes les chances de mutation et de perte
des propriétés privées; les autres réunis, il est vrai,
dans les collections de la ville ou des sociétés savantes,
mais entassés dans des locaux insuffisants, sans ordre,
sans classement, sans catalogue, et tellement confondus avec ceux qui viennent de tous les points du département, qu'on ne peut déjà plus attester, pour quel-

——

primitive de Renne avec celle des Chartreux, fournissant deux ruis-
seaux différents. Suzon est un mot de la même souche, signifiant *rapide*, épithète dont Grégoire de Tours qualifie cette petite rivière.

ques–uns d'entre eux, où ils furent trouvés. Notre siècle ne détruit plus les monuments de l'antiquité, mais, malgré toutes ses prétentions archéologiques, nos provinces n'ont pas encore acquis l'esprit d'ordre et le sens historique qui attachent immédiatement à chaque pièce son certificat d'origine, et classent un musée lapidaire avec autant de soins qu'on tient des registres d'état civil. Ces débris ne sont–ils pas en effet des actes authentiques qui constatent l'existence d'une foule de cités, de bourgs, de *villas*, de temples aujourd'hui disparus? Il peut être indifférent, au point de vue exclusif de l'art, qu'une frise, qu'un bas-relief, qu'une statue viennent de tel ou tel endroit; mais, pour l'histoire de nos villes et l'étude des ruines qui couvrent le sol de notre pays, il importe au contraire extrêmement, et nous en verrons pour Dijon même une preuve des plus fâcheuses, de ne jamais perdre de vue l'origine de chacun de ces objets ou de la moindre inscription.

J'ai compté dans Dijon plus de 300 morceaux soit d'architecture et de sculpture monumentale ou funéraire, soit simplement épigraphiques (1), au Musée de la ville et dans le passage de la cour de Bar à la Mairie; au bas de l'escalier des Archives départementales et dans le Musée de la Commission d'Antiquités; sur la façade d'une maison située près du pont du canal; dans le jardin de l'hôtel de Vesvrotte, rue Berbizey; dans les cours de l'ancienne maison Baudot,* au coin des rues de l'Ecole-de-Droit et Chabot-Charny, et de la nouvelle maison de ce nom, rue du Vieux-Collége; enfin dans les deux beaux cabinets d'antiquités de MM. Henri et Félix Baudot. Il en existe encore à Cou-

2. *Pertes diverses et dispersion encore existante de ces monuments.*

* Ou Mielle.

(1) Je ne parlerai ni des médailles ni d'une quantité considérable d'objets divers qui n'ont, jusqu'à présent, les unes et les autres, fourni aucun renseignement utile pour les origines dijonnaises.

ternon, près de Dijon, où le conseiller De La Mare fit transporter chez lui ceux qu'il put rassembler. Les trois quarts de ces antiquités sont incontestablement sorties du sol même de notre ville. En présence de toutes ces richesses, dont une grande partie était déjà découverte du temps de D'Anville, on s'étonne d'abord que notre grand géographe, qui n'écrivait pas toujours avec une clarté suffisante, ait dit en 1760, dans sa Notice des Gaules : * « On ne connaîtrait Dijon par aucun monu- « ment de l'âge romain, sans deux inscriptions qui « font mention des ouvriers en fer qui y étaient éta- « blis. » — Ce sont celles dont j'ai discuté le nombre et le texte dans la partie précédente. Cette assertion de D'Anville ne peut se rapporter qu'au nom même de Dijon, car il ne pouvait ignorer, lorsqu'il s'exprimait ainsi, le grand nombre d'antiquités romaines qui constataient déjà l'existence de cette ville à une époque antérieure à la décadence de l'art qui suivit le règne des Antonins.

Art. Dibio.

Ces antiquités consistent en monuments funéraires plus ou moins entiers, tels que cyppes, piramidions, urnes en verre, inscriptions ; en bas-relief et en débris de statues, de frises, de chapiteaux, etc., de dimensions souvent colossales et qui démontrent dans l'obscur *Castrum Divionense* l'existence de temples et de monuments considérables. Presque tous ces morceaux ont été retrouvés dans les fondations des anciennes murailles de ce Castrum, celles dont on attribue la construction à Aurélien, et qu'on croit toujours les mêmes qu'à décrites Grégoire, avec leurs 33 tours et leurs 15 pieds d'épaisseur.

3. *Destruction et exploitation des anciens murs de Dijon par le duc Philippe-le-Bon.*

Elles enfermaient encore, en 1137, la ville proprement dite, quand un incendie terrible la consuma, le 28 juin, presque tout entière avec ses faubourgs. Le duc Hugues-le-Pacifique profita de cette catastrophe

— 81 —

pour réunir ceux-ci avec le Castrum dans une enceinte nouvelle qui ne fut terminée qu'au 14e siècle. Néanmoins l'ancienne subsistait toujours, telle que l'épaisseur de ses murs l'avait en partie défendue contre les ravages de l'incendie et du temps, quand Philippe-le-Bon ordonna, en 1443, de la démolir, dit Fyot,[*] « afin d'en « employer les matériaux à d'autres bâtiments. Ces « matériaux étaient considérables, et quelques endroits « de ces vieux murs d'où on les tirait servaient de « fondements à une partie du chœur de l'église Saint- « Etienne, et des logements de l'abbé et des cha- « noines; ce qui pourtant n'empêchait pas que les per- « sonnes commises par le duc Philippe à la démoli- « tion qu'il faisait faire ne voulussent l'étendre jus- « qu'à cette église et aux logements réguliers qui en « dépendaient. » — L'abbé réclama comme de raison, et Philippe publia en conséquence des lettres patentes du 15 juin de la même année, dans lesquelles il dit :[*] « Reçue avons l'humble supplication des religieux, « abbé et couvent de Saint-Etienne, de notre ville de « Dijon, contenant que comme de très-grande an- « cienneté du temps d'*environ unze cent ans,* de la « dévotion de nos prédécesseurs dont Dieu ait les « ames, qui jadis furent seigneurs du vieil Chastel de « notre ville de Dijon, l'église et le monastère desdits « suppliants et tout le pourpris d'icelui soient cons- « truits, situés, assis et édifiés dedans, dehors, des- « sus et parmi les murs et tours dudit vieil Chastel, « comme il peut apparoir par la vue et inspection du- « dit monastère..... Et ils ont toujours joy et usé « pleinement.... de tel et si longtemps qu'il n'est mé- « moire du commencement ne du contraire.... Et il « soyt ainsi que depuis six mois en ça, aucuns à ce « commis de par nous ayant trait et fait traire grand « nombre de pierres blanches des fondements d'iceux

[*] Hist. de S.-Etienne, p. 177.

[*] Fyot, preuves, p. 19.

« murs..... Nous avons déclaré et déclarons que d'ores
« en avant, des pierres dudit vieil Chastel qui sont èz
« fondements de ladite église, nous ne prendrons ou
« ne ferons prendre pour quelque ouvrage.... et pa-
« reillement aussi ne le pourront faire lesdits reli-
« gieux; mais des pierres de notre dit vieil Chastel
« estant èz autres lieux dudit monastère...... nous et
« nos successeurs pourrons en faire prendre........ Et
« en outre accordons.... auxdits suppliants que des-
« dites pierres ils puissent prendre et faire prendre
« ès dits lieux ès quels en pouvons prendre, pour em-
« ployer à refaire et maintenir leur dite église et leurs
« maisons et édifices estans à présent, etc. »

En définitive, Philippe et les religieux s'accordaient
pour exploiter comme une simple carrière de pierres
cette riche mine d'antiquités, vandalisme à jamais déplorable pour l'histoire et pour les arts de notre pays.

4. *État des murs et des tours de Dijon en 1575. Enceinte du Castrum.* La destruction de cette vieille enceinte fut l'œuvre
de trois siècles, et aujourd'hui même on en voit encore
debout quelques parties à l'angle du Musée, sur la place
des ducs de Bourgogne, dans la maison de M. Lorin,
rue Madeleine, dans une portion de la tour de Saint-
Bénigne, avec son caveau consacré, entre les maisons
n° 11 de la rue Charrue et n° 31 de la rue de l'Ecole-
de-Droit (1). Le traducteur de Munster, Belleforest,
dont j'ai déjà cité la Cosmographie universelle, qui parut en 1575, avec un plan de Dijon dressé par Bredin (2), sur la recommandation du premier président

(1) Il existe une autre moitié de tour entre les n°s 4 de la rue Longepierre et 6 de celle de La Monnoie; mais l'apparence de la maçonnerie et le peu d'épaisseur de sa muraille n'ont certainement pas un
caractère antique.

(2) Ce plan, signé du nom de l'auteur, est daté de l'an 1574. Saint-
Julien de Baleure l'a reproduit au commencement de son livre sur
l'Origine des *Bourgongnons*, et M. Lagier l'a fait graver de nouveau
pour la 2e édit. de Courtépée, t. 1.

— 83 —

Denys Bruslard, amplifia beaucoup l'œuvre de l'auteur allemand par des mémoires qui lui furent envoyés
de diverses villes de France, comme le porte le titre
de son livre. Ceux qu'il reçut de Dijon lui furent pro-
curés, dit-il, * en 1570 par le vicomte-mayeur même
de cette ville, Bernard des Barres (1), par un ancien
mayeur, Bénigne Martin, et par le carme Fr. Buffet.

    * T. 1er, p. 284.

J'ai dit précédemment qu'il y avait dans cette ville,
suivant Belleforest * « un Panthéon tel que celui de
« Rome, bâti en rond et de même figure, duquel on
« voyait encore quelques marques, et du reste fut bas-
« tie l'église Sainct-Bénigne. — Il ajoute plus loin que
« de l'ancien édifice, tant du Panthéon ou temple de tous
« les dieux que des vieilles portes du *chasteau Divion*. *
« on en voit encore des ruines dedans la ville; et
« l'une de ses portes fut desfaite aux derniers troubles
« de l'an 1568, et celle-cy estait la porterelle qui joi-
« gnait à l'esglise Sainct-Estienne, et vis-à-vis de l'en-
« trée Sainct-Michel, et ceste-cy a esté abattue à cause
« qu'elle empeschait la veue à la susdite esglise. Et
« ceste porte estait celle qui regardait à l'Orient. La
« méridionale est encore veue, j'entends ses ruines, en
« la rue qui va de la place de la Saincte-Chapelle (2)
« vers la porte Sainct-Pierre; l'occidentale est celle qui
« est entre le Bourg et l'esglise de la Magdeleine; la sep-
« tentrionale est celle qu'on appelle la porte au Lion. »
— La légende du plan de Dijon fait en 1574 porte,
sous la lettre X, *cinq tours du vieil chasteau*. Il n'y a de
lettre X dans ce plan qu'à un seul endroit; c'est une
île de maison où il est assez difficile de démêler précisément ces cinq tours. Je n'en distingue guère que

    * P. 282.

    * P. 283.

(1) J'observe que ce vicomte-mayeur de 1570 manque à la liste de
ces magistrats, insérée dans la nouvelle édition de Courtépée, t. 2.

(2) La Sainte-Chapelle s'élevait entre le palais des Etats, aujour-
d'hui la Mairie, et la salle de Spectacle.

— 84 —

trois, l'une derrière l'autre. Cet emplacement correspond au coin actuel formé par les rues Buffon et Chabot-Charny, près de la porte méridionale du Castrum,
telle que l'indique Lepautre dans son plan de 1696. *
Ce plan, reproduit dans la nouvelle édition de Courtépée, * présente l'ancienne enceinte avec la forme d'un
carré arrondi et ses trente-trois tours. On voit qu'elle
longeait au nord les rues des Forges et Longepierre,
et à l'ouest celle des Etioux; qu'elle traversait l'ancienne rue Portelle, pour diriger son côté méridional
parallèlement à celle de l'Ecole-de-Droit, entre elle et
la place des Cordeliers. Sa face orientale a disparu de
même sous les maisons, entre les rues Buffon et Chabot-
Charny, à partir un peu au-dessus de leur jonction
actuelle, et passait entre Saint-Etienne et Saint-Michel
pour regagner la rue Longepierre. De nombreux témoignages historiques, et les fouilles qu'on a si souvent
faites pour différentes causes sur un grand nombre de
points, donnent à ce tracé une certitude complète. *

C'est près de la porte méridionale et des cinq tours
du plan de Bredin, que, peu de temps après l'époque
où écrivait Belleforest, furent découvertes, en creusant
le sol du collége des Godrans ou des Jésuites (aujour-
d'hui l'Ecole-de-Droit), les premières antiquités dijonnaises. L'avocat Jean Richard en fit, dès 1585, le sujet
d'un livre qu'il adressa à son ami Patouillet, sous ce
titre : *Antiquitatum divionensium et de satius noviter
Divione repertis in collegio Godranorum liber.* * Elles
consistaient en statues et en bas-reliefs, représentant
des personnages qui avaient appartenu à différentes
classes de la société gallo-romaine; en petites pyrami-
des funéraires et en inscriptions dont nous avons discuté la plus célèbre, celle des *Ferrarii Dibionenses.*
D'autres nous donnent les noms de plusieurs Dijonnais, entre autres celui d'*Hilarus,* remarquable d'un

* En tête de la Dissert. de Fyot.

* T. 1er.

* Mém. de l'Acad. de Dijon, 1820, p. cxiii.

5. *Les fondations de cette enceinte remplies de monuments gallo-romains. Premières découvertes de J. Richard et de Guénebauld.*

* Petit in-12.

côté par les initiales dont il était suivi : DR. C. CÆ.,
et de l'autre parce qu'il rappelait le riche et pieux sénateur Hilarius, dont Grégoire de Tours nous a signalé le magnifique tombeau. Richard retrouvait dans
ces débris un temple tout entier, érigé à la *Fortune de
retour,* et dont nous nous occuperons plus tard.

Treize ans après, en 1598, Guénebauld faisait déter-
rer, dans une vigne qu'il possédait à l'extrémité du
faubourg Saint-Pierre, dans le terrain des *Poussots,*
entre les routes d'Auxonne et de Saint-Jean-de-Lône,
la fameuse pierre et l'urne du *grand druide* Chyndo-
ñax. Ce ne fut toutefois que vingt-quatre ans plus tard
qu'il publia sa Dissertation (1), dans laquelle il pro-
clama, comme' ayant été découverts près de ce tombeau, du côté du village de Longvic, *« les fondements   * P. 18.
« de quelque temple signalé et de grands lithostrates
« ou pavements de fort petites pièces rapportées et
« rangées à la mosaïque. Ce pavement se trouve en-
« core de la longueur d'environ quinze ou seize pieds,
« et à peu près large d'autant. » On déterra aussi dans
cette même plaine, vers 1619, suivant lui, *en labou-   * P. 36.
rant la terre d'une métairie qui a conservé le nom de
Romèle, une grande quantité de médailles des empereurs Gordien, Gallien, Claude, Aurélien, etc. Toutes ces découvertes ont disparu sans laisser de traces ;
mais les fouilles qu'on fit dans le voisinage, vers 1750,
pour les fondations de la maison de retraite des Jésuites, et en 1816 pour la plantation d'une vigne, mirent au jour des ceps, des urnes en pierre et en verre,
et d'autres débris * qui constatèrent l'existence d'un assez   * Mangin,
grand nombre de tombeaux païens dans cette plaine,   Hist. de Langres, t. 1er, p.
traversée par la voie romaine que nous connaissons.   47. — Note de
M. H. Baudot.

(1) Le Réveil de Chyndonax, prince des Vacies, Druides celtiques
dijonnais, in-4° ; 1622.

— 86 —

Guénebauld a justement oublié d'en parler. Il cite encore dans sa Dissertation de nouvelles antiquités tirées des fondements d'une vieille tour fort peu éloignée du collége des Godrans. * C'étaient des figures du même genre que les premières, et des images de dieux, déesses, sacrificateurs, augures et corybantes, avec des pièces de couronnement de pilastres fort « industrieusement travaillées, et qui semblaient avoir servi à quelque arcs triomphants.* » — La dernière inscription que l'on découvrit à cette époque concernait encore cette famille *Flavia Vetus*,* dont dépendaient, comme nous l'avons vu, les ouvriers en fer de Dijon, et ceux d'une carrière de pierres qu'elle exploitait hors de la ville, près de Chenôve, suivant la conjecture de Legouz-de-Gerland; *mais il se trompe en disant que l'autel votif des *Lapidarii* fut trouvé dans les environs de Dijon; Guénebauld affirme qu'on le tira des anciennes murailles, dans l'emplacement du collége des Godrans.

En 1682, Reinesius publiait à Leipsig, *è schedis Langermanni* (1), l'inscription la plus importante qu'on eût produite jusqu'à nos jours, après celle des *Ferarii*, pour l'histoire des origines dijonnaises. Si l'une constatait le nom latin et officiel du Dijon romain, l'autre, en admettant son authenticité, nous offrait d'une manière à peu près certaine le nom de l'empereur Aurélien, et en toutes lettres celui de son ministre Térence. Reinesius donna cette inscription sans la figure de l'archer qui l'accompagnait, comme on le verra plus loin.

Il est fort singulier que François Baudot ait gardé un silence absolu sur ces deux inscriptions et sur les monuments dont avaient parlé Richard et Guénebauld dans sa

*P. 37.

*P. 38.

* Legouz, Dissert., p. 168.

* Dissert., p. 167.

6. *Premier musée lapidaire formé par Fr. Baudot.*

(1) Syntagma Inscriptionum antiquar.; Leipsig, 1682, in-fol., p. 880.

Lettre sur l'origine de Dijon, qui nous a déjà occupé relativement à la fondation du Castrum. Il l'écrivit[*] pour donner au conseiller de Requeleyne, qui la lui avait demandée, l'explication des figures et des inscriptions réunies dans les cours de sa maison. Il les avait tirées des fondations d'une tour encore située près du collége des Godrans, et qu'il faisait raser pour en utiliser l'emplacement. L'une de ces inscriptions était remarquable, parce qu'elle nous donnait le nom d'un vétéran de la 22ᵉ légion, Restitutus, qui avait érigé un petit monument à sa belle-mère (*socræ?*) Andidia. [*]Sept de ces antiquités sont encore incrustées dans le mur où il les fit placer, les unes près de la petite porte d'entrée, et les autres des deux côtés de la porte cochère. Cinq autres, notamment l'inscription funéraire en très-beaux caractères romains, de Sentrus et de Carantillus, furent portées à l'insu de Baudot chez Philibert De La Mare, à Couternon. Il paraîtrait cependant, d'après ce que dit, avec peu de clarté, l'ingénieur Antoine, dans une brochure que j'ai déjà citée, [*] que les antiquités de Couternon ne proviennent pas toutes de la tour de Fr. Baudot. Il en indique deux autres qui étaient situées l'une contre la Sainte-Chapelle, l'autre contre la Glacière du *Logis-du-Roi*, ou Mairie actuelle. De La Mare suivit d'ailleurs l'exemple de Baudot, et fit sceller ces fragments dans les murs de sa propriété, avec les épitaphes d'Euphronia et de Messorius, trouvées à Autun. Ce savant conseiller avait laissé dans ses manuscrits une description particulière des antiquités de Dijon, que l'ingénieur Antoine citait encore au commencement de ce siècle; mais personne n'a pu me dire ce qu'était devenu ce précieux document. Il est sans doute enfoui sous triple clef, dans les tiroirs de quelque thésauriseur de livres, le plus grand fléau des recherches historiques depuis qu'on ne brûle plus les bibliothèques.

[*] En 1710.

[*] P. 104.

[*] Découverte d'un monum., etc., p. 4.

— 88 —

7. Autres monuments déjà dispersés à cette époque.
* P. 72, 102.

Fr. Baudot indique en outre * plusieurs monuments tirés d'autres tours également démolies depuis 200 ans, et qui appartenaient à divers particuliers, l'abbé Fyot, les conseillers Dumay et Thomas, MM. Ricard et de Chanrenault. C'étaient des figures, des bustes, des autels ronds, des inscriptions, parmi lesquels je remarque un archer avec son arc et son armure, qui se trouvait dans la cour de M. Dumay (1), et auquel appartenait l'inscription grecque d'Aurélien et de Térence, comme on le voit dans Montfaucon. Le célèbre bénédictin les fit graver ensemble en 1719, dans son magnifique ouvrage, tels qu'il en avait reçu copie de M. Charlet, de Langres. Nous nous en occuperons dans la Question suivante.

Une découverte contemporaine des fouilles de Fr. Baudot, quoique le président Bouhier, qui nous en a donné connaissance, n'en ait parlé qu'en 1733, est celle du tombeau et de l'inscription de Biracattus. Il y avait alors 20

* Explic. de quelques marbres antiques, p. 34.

ans, dit-il * (par conséquent vers 1713), qu'on avait trouvé, dans les démolitions des anciens murs de Dijon cette pierre qu'il avait acquise pour son cabinet. Son livre venait de paraître, quand, au mois d'octobre de cette même année 1733, « en démolissant, dit « Garreau (2), les anciens murs de la ville de Dijon, « entre la cour de la Vieille-Monnaie et le quartier de « la Porte-au-Lion, pour faire un bâtiment et un nou- « veau degré au Palais-des-Etats (l'aile occidentale « de la Mairie actuelle), on trouva des figures ou sta- « tues en relief qui étaient dans les murs mêmes, les « unes sur le côté, les autres sur le dos. On a aussi

(1) Pierre Dumay, mort en 1711, fils du conseiller Paul Dumay, et poète latin renommé au 17ᵉ siècle. (OEuvr. chois. de La Monnoie, t. 2, p. 177.)

(2) Descrip. du gouvern. de Bourgogne, 2ᵉ édit., 1734, p. 468. Mangin a copié tout ce passage dans son Hist. de Langres.

« trouvé dans ces murs des bases et des colonnes,
« des corniches, des frises, des architraves, des dra-
« peries et autres ornements. Tous ces monuments
« proviennent nécessairement d'édifices plus anciens
« que la construction des murs, et il paraît même
« qu'ils ont fait partie d'un temple de païens. On a dé-
« moli dans cette partie des murs deux arcades par où
« la rivière de Suzon entrait dans le Castrum Divio-
« nense,[*] ou ancienne ville du temps de Grégoire de
« Tours. » — Garreau ne dit point ce que sont devenus tous ces débris, dont il parle, comme on le voit,
avec assez peu d'intérêt. M. Girault et Courtépée sont
encore plus laconiques, quand ils signalent[*] des tombeaux découverts, les premiers en 1752, près de la
porte Neuve, les autres à 15 pieds de profondeur,
en 1758 et 1770, contre les murs de l'église Saint-Phi-
libert, bâtie dans le cimetière primitif de Dijon. Ils ne
citent aucune inscription ou sculpture qui les ait ac-
compagnés; Courtépée parle seulement d'un cercueil
de plomb, d'un calice de cire et de médailles.

En 1771, Legouz-de-Gerland eut l'heureuse idée
de faire graver un Recueil d'antiquités dijonnaises, et
de les discuter une à une à l'appui de sa Dissertation
sur l'origine de cette ville. Il y en a près de 80, y compris les sept de la maison de Fr. Baudot, qu'il fit dessiner de nouveau et sur une plus grande échelle; mais
la maladresse de l'artiste a interverti la position réelle
de quelques figures. Le plus grand nombre de ces monuments venait d'être récemment exhumé. Legouz-
de-Gerland dit, dans son avant-propos,[*] que l'abbé
Chenevet, chanoine de la cathédrale, « ayant dé-
« couvert peu de temps auparavant, au milieu d'un
« tas immense de pierres que l'on tirait de dessous
« une tour, des inscriptions qu'il copia, en avertit ses
« amis, qui retirèrent des mains des ouvriers des restes

[*] Voy. Grég. Tur., Hist., III-19.

[*] Essais sur Dijon, p. 63. — T. 2, nouv.éd., p. 116.

8. Musée lapidaire et recueil gravé de Legouz-de-Gerland.

[*] P. X.

— 90 —

« mutilés qu'on achevait de mettre en pièces. » Legouz en profita pour rassembler le Musée lapidaire
qu'il plaça dans le Jardin botanique dont il était le fondateur. Cet établissement ayant été, en 1834, transféré de l'autre côté de la ville, l'autorité municipale
s'occupa pour la première fois de ces précieux débris,
et la Commission d'antiquités du département, d'accord avec elle, les fit transporter où ils sont aujour-
d'hui, au pied de l'escalier des Archives.

Parmi les antiquités du Recueil de Legouz-de-Gerland, il s'en trouve trois ou quatre d'Autun et de Bres-
sey, près de Dijon. Une autre a été déterrée en tirant
du sable, assez loin de la ville : c'est le tombeau d'*Ape-
rinus;* et une sixième à quelque distance sur la route
d'Autun : c'est une colonne milliaire de Trajan. L'auteur ne précise pas les lieux où ces découvertes ont été
faites, pas même pour le morceau le plus parfait des
antiquités dijonnaises, le bas-relief du triumvirat. Un
maître maçon le trouva, dit-il,[*] dans la démolition de
quelques anciens édifices de cette ville.

[*] Dissert., p. 147.

Nous devons répéter avec d'autant plus de reconnaissance le nom de l'homme qui assura la conservation de ce beau monument, qu'il donnait aux classes
peu instruites auxquelles il appartenait par sa profession un exemple qu'on n'a pas toujours suivi dans
des rangs plus élevés. C'était un maître boucher
nommé Belnet.[*] Ce bas-relief était accompagné de
deux autres d'un travail non moins remarquable, qui
représentaient des danseuses; de deux masques en
pierre et de guirlandes sculptées. Belnet faisait alors
bâtir une maison à l'extrémité du faubourg d'Ouche,
près de l'Hôpital; il fit grouper ces divers morceaux
sur la façade, où on les voit encore.

[*] Observ. de M. Baudot, p. 76.

Legouz ne donne point la date de cette précieuse
découverte; mais elle doit être postérieure à l'ouvrage

de Montfaucon, * où je n'ai rien trouvé qui la concernât. Elle était également ignorée du président Bouhier en 1733 (1).

Une autre tour qui était au midi du chœur de Saint-Etienne, dans cette partie même de l'enceinte dont on a vu que l'abbé et les officiers de Philippe-le-Bon se disputaient l'exploitation en 1443, servait encore de base en 1781, jusqu'à 9 ou 10 pieds de hauteur, à un clocher carré que les moines avaient posé sur elle au 12e siècle. * On l'abattit, et on trouva dans les fondations de la tour un grand nombre de monuments plus ou moins bien conservés, dont M. Richard de Vesvrotte, de la maison de Ruffey, fit l'acquisition. Suivant le mauvais exemple donné par Fr. Baudot et encore imité de nos jours, il fit incruster ces antiquités dans le mur de son jardin (2), opération destructive par elle-même, qui empêche ensuite de tourner autour des objets, de les étudier sur toutes leurs faces, de les rapprocher l'un de l'autre pour les comparer, et découvrir celles qui pouvaient appartenir à un même monument (3). C'est ainsi que l'ingénieur Antoine tenta, en 1801, de rétablir par le dessin un arc de triomphe auquel il rapportait six des fragments de M. de Vesvrotte, tentative où le goût et le talent de l'artiste brillèrent plus que son bon sens dans la dissertation qu'il publia à ce sujet, et que j'ai déjà citée.

* Publié en 1719.

9. *Troisième musée, formé par M. de Vesvrotte.*

* Antoine, découv. d'un mon. triomph., etc., p. 4.

(1) Je croirais volontiers qu'il provient des fouilles signalées par Garreau à la fin de cette même année.

(2) Avec cette inscription sur une plaque de marbre noir : Hæc veterum monumentorum fragmenta è ruderibus primævæ urbis Divionensis juxta templum divi Stephani feliciter eruta, ad publicam utilitatem et hortorum ornamentum Egid. Germ. Richard de Ruffey..... servanda curavit anno MDCCLXXXI.

(3) M. Baudot-Lambert reproche même à M. de Vesvrotte d'avoir fait scier séparément les faces de plusieurs blocs, pour les incruster plus commodément dans son mur. (Observ., p. 128.)

— 92 —

* P. 126.

M. Baudot-Lambert parle dans ses *Observations,** auxquelles j'arriverai tout-à-l'heure, de cercueils et d'ossements humains d'une grande taille, trouvés en même temps sous cette tour, avec les restes d'un pavé de pierres plates posées sur champ, un peu inclinées. On démolit vers la même époque une autre tour pareille, où l'on trouva une statuette de Mercure, et vingt ans après on déterra de nouveau, le long de l'église S.-Etienne, du côté septentrional, un grand nombre de tuiles romaines à rebords et bombées.*

* Id., p. 127 et suiv.

10. *Visite de Millin aux monuments de Dijon.*

En 1807, le savant Millin de l'Institut publia son Voyage d'exploration des antiquités de nos départements méridionaux. Il le commença par la Bourgogne, et consacra plusieurs chapitres de son Ier volume * et deux planches de son Atlas aux monuments de Dijon. Il passe en revue ceux de l'ancien Jardin botanique, de Fr. Baudot, du faubourg d'Ouche, de Couternon et de l'hôtel Vesvrotte. Il signale ensuite, dans la cour de l'ancienne Maison commune où sont aujourd'hui les Archives de la Côte-d'Or, 15 fragments d'antiquités tirées des premières fouilles, faites non en 1804, comme il le dit, mais plus exactement l'année précédente,* sur l'emplacement de la Sainte-Chapelle, entre la Mairie actuelle et le Théâtre. C'est parmi ces débris romains que se trouvèrent, à la grande surprise, je pense, de nos antiquaires, ces épitaphes hébraïques qui compliquent singulièrement la question des anciens murs de Dijon. Millin a fait graver ces 15 nouveaux fragments dans son Atlas,* et témoigne le regret que les administrateurs n'aient pas fait continuer des fouilles aussi intéressantes. Elles durèrent cependant quatre années,* pour préparer les fondations du nouveau Théâtre.

* Chap. 16 et suiv.

* Observ. de M. Baudot, p. 42 et suiv.

* Pl. XIV et XV.

* Observ. de M. Baudot, p. 140.

11. *Observations que lui adresse M. Baudot. Musée de ce dernier.*

. La légèreté avec laquelle l'académicien de Paris avait quelquefois jugé dans notre Bourgogne les hommes et les choses lui attira, de la part de M. Baudot-

Lambert, de sévères *Observations,* qui parurent en 1808 avec des recherches historiques sur les antiquités de Dijon. Elles roulent principalement sur le bas-relief du Triumvirat, le fameux Archer d'Aurélien et les dernières découvertes de la Sainte-Chapelle, d'où l'on exhuma encore depuis cette époque une colonne mentionnée dans la séance publique de l'Académie, du 30 mars 1816. Dans ses notes, beaucoup plus étendues que son texte, M. Baudot s'étend particulièrement sur les restes du temple (1) qu'il confond avec celui dont Garreau avait signalé la découverte en 1733, à l'autre extrémité du palais des Etats; sur le cimetière dont on avait tiré les inscriptions hébraïques, et sur les vestiges d'un moulin trouvés en 1806 « à quatorze pieds de pro-« fondeur, et dont l'ancien cours d'eau avait laissé des « traces humides encore évidentes. » Ce cours d'eau, c'est le Suzon, qui traversait le Castrum et y faisait tourner, comme nous l'apprend Grégoire de Tours (2), des moulins qui existaient donc à la place même où les chefs-d'œuvre de Rossini et de Meyerberr enchantent aujourd'hui les oreilles dijonnaises.

On trouva l'année suivante (1807), soit dans les fondations de l'ancienne église de la Madeleine, soit encore près de Saint-Etienne, dans le haut de la rue Chabot-Charny actuelle, en faisant réparer un magasin, plusieurs bas-reliefs antiques. M. Baudot, qui portait le plus vif intérêt à tous ces débris de l'ancienne ville gallo-romaine, acquit successivement tous ceux

* P. 112, 144.

(1) Les restes de cet édifice, que beaucoup de personnes ont pu voir, ainsi que moi, dit M. Baudot, subsistent encore; on les a seulement recouverts de décombres. (P. 144.)

(2) Ab aquilone vero alius fluviolus venit, qui per portam ingrediens ac sub pontem decurrens, per aliam rursus portam egreditur.... Ante portam autem molina mira velocitate divertit. (III-19.) *Ante portam* doit s'entendre, d'après l'ensemble de cette description, en dedans et non en dehors du castrum.

qu'il put se procurer. Il en décora, comme avait fait de M. de Vesvrotte, les murs de sa cour, rue du Vieux-Collége. Il y fit pareillement incruster six inscriptions hébraïques, et plaça les autres sous un hangar où elles sont encore. Une partie de ses acquisitions enrichit aussi son cabinet, qui s'accrut en outre des objets trouvés en 1816 aux Poussots, et dont j'ai déjà parlé; entre autres de cette pierre avec l'inscription *Forum Divio,* etc.

12. *Monuments réunis par l'Académie de Dijon. Commission d'archéologie formée dans son sein.*

Nous arrivons ainsi jusqu'à nos jours sans rencontrer d'autres conservateurs, d'autres protecteurs des antiquités dijonnaises, que de simples particuliers dont les recherches isolées, les efforts nécessairement bornés, les lumières fort diverses et les soins momentanés ne pouvaient lutter contre l'incurie ou le vandalisme qui les entouraient. Ni l'administration municipale du dernier siècle, ni même la célèbre Académie de Dijon, qui existait depuis quatre-vingts ans, n'avaient daigné s'occuper des monuments de cette ville. Enfin, et c'est du moins un service dont on ne peut refuser le mérite à Millin, la voix d'un étranger attira l'attention de cette société savante sur les richesses de son propre sol. Son rapporteur en fit une énumération rapide dans la séance publique du 1er germinal an XIII (1805), et annonça que l'Académie, encouragée par le savant voyageur, * avait fait transporter chez elle les douze monuments récemment trouvés dans les fouilles de la Sainte-Chapelle. Elle les remit au Musée de la ville, quand on lui enleva, d'une manière odieuse, jusqu'au pied à terre qu'elle avait conservé dans l'hôtel qui était jadis sa propriété.

* Séance publique, p. 39 et 40.

M. Fremiot, qui avait déjà composé une Dissertation sur les pierres trouvées à la Sainte-Chapelle (1), fit re-

----

(1) Séance publ. du 1er germ. an XIII (1805). Je n'ai pu retrouver

— 95 —

cueillir en 1809 les sculptures et les inscriptions ex-humées des démolitions de la tour de Saint-Bénigne. * Il publia, à la suite du Compte-Rendu de l'Académie pour l'année 1813, une Description des treize fragments tirés de cette tour. Le plus remarquable est un bas-relief où figure un homme vêtu de la tunique gauloise et placé dans une voiture du genre de celles qu'on nommait *benna,* avec le *modius* à la main, exactement comme sur le tombeau du *Nauta araricus* dessiné par Legouz * et placé aux Archives. Un troisième bas-relief du même genre existe encore dans l'ancienne maison de Fr. Baudot. Ces treize fragments sont au Musée, avec ceux de deux colonnes cannelées retirées des fouilles de la Sainte-Chapelle en 1811. *

L'impulsion donnée par le gouvernement décida enfin l'Académie * à nommer dans son sein, en 1819, une Commission permanente d'Archéologie dont M. Girault fut le président. Je passerai dès-lors rapidement sur les découvertes postérieures, qui se trouvent enregistrées dans les Mémoires soit de cette société, soit de la Commission départementale des Antiquités de la Côte-d'Or, créée en 1831. Les grands travaux entrepris pour l'élargissement de certaines rues ou l'établissement des fontaines publiques ont rendu ces découvertes encore plus fréquentes dans ces derniers temps. Ainsi, dès 1819, dans la rue des Singes, aujourd'hui réunie à la rue Chabot-Charny, on trouva non-seulement de nouveaux débris de tombeaux et d'architecture, mais on rencontra à neuf pieds au-dessous du sol actuel les restes d'une voie romaine. Au-dessous du pavé en hérisson se présenta, dit M. Girault, « la terre « vierge, qu'on ne peut méconnaître à cette profondeur

* Séance publique du 22 août 1810.

* Pl. XIII.

* Séance publique du 30 mars 1816.

* Mém. de l'année 1820, p. XXV.

13. *Commission d'antiquités du département. Nouveau musée fondé par elle.*

cette dissertation, ni celle de M. Matthieu sur d'autres fouilles exécutées à Dijon.

« pour le sol primitif de Dijon, puisqu'à pareille dis-
« tance du sol actuel, dans les excavations faites pour
« les fondations du Théâtre, on trouva des tronçons
« de colonnes et des débris de moulin, près d'un an-
« cien cours d'eau très-reconnaissable, etc. [*] » — C'est
le moulin reconnu plus haut par M. Baudot.

[*] Mém. de 1820, p. xxviij et xciij.

Dans les Comptes-Rendus académiques des années
1821, 1826 et celles qui suivirent, jusqu'en 1831 in-
clusivement, on voit la rue Berbisey, le cavalier de la
porte Saint-Pierre, l'ancienne chapelle de Saint-Mar-
tin-des-Champs (en dehors de la porte Saint-Nicolas),
les fondations de l'église Saint-Médard et celles de la
maison Lagier, dans la rue Saint-Michel, où était jadis l'église Saint-Vincent, proche voisine de la précédente, enfin le lit même du Suzon, près de l'ancien
Jardin botanique, offrir leur contingent de tombes
gauloises, de médailles, de pierres funéraires, de fragments d'architecture et d'inscription. Dans cette dernière catégorie se trouve, sur un petit pyramidion, l'é-
pitaphe d'une *Appia Augusta,*[*] en caractères grossiers,
dont la décadence contraste fortement avec l'antiquité
et l'éclat de ces deux noms. Celui d'Appia, qui est parfaitement distinct, ne figure sur aucune liste d'impé-
ratrices romaines, et le monument est si humble, qu'il
faut se résigner à laisser à quelque obscure bourgeoise
du castrum dijonnais cette double et illustre homony-
nie. La chose paraîtra moins singulière à ceux qui ont
vu dans Gruter deux inscriptions d'un *Appius Augus-
tus* trouvées à Payerne en Suisse.[*]

[*] Au musée de la Commiss. d'Antiq.

[*] Au musée de la Comm. d'Antiq.

En 1834, 37 et 38, ce fut à la porte Saint-Bernard,
dans la cour Saint-Vincent, sur la place Saint-Jean,
près du coin du Miroir, dans la rue du Bourg, dans la
maison Mouginot (à l'est de l'Evêché actuel) et dans
les sablières de Montmusard que se firent les découvertes. Les traces de voies romaines à la porte Guil-

laume et dans la rue Vauban furent reconnues en 1839 et 1840. On trouva en même temps dans cette rue, sous le chantier de M. Theurot, qui occupe une partie de l'emplacement de l'ancien hospice Saint-Fiacre, cette tête colossale de taureau ou d'urochs, si remarquable dans le Musée lapidaire de la Commission d'Antiquités. Cette année 1840 produisit d'ailleurs, avec les suivantes, jusqu'en 1847, une abondante récolte : dans la rue Rameau, la Cour-de-Bar, la maison Ganiare sur la place d'Armes, les rues Musette et des Godrans ; celle de Saint-Etienne, aujourd'hui partie septentrionale de la rue Chabot-Charny ; chez M. Lagier, rue Saint-Michel ; à la ferme de La Noue, de l'autre côté du Parc, au Cours-Fleury, aux Allées-de-la-Retraite, dans le lit du Suzon, à la porte Saint-Nicolas, enfin derrière le chœur de Saint-Etienne, du côté méridional. Les beaux fragments qu'on y a trouvés sont ceux qu'on voit rangés dans le passage entre la Cour-de-Bar et la cour d'honneur de la Mairie (1).

14. *Appréciation générale des monuments dijonnais.*

Le lecteur le plus étranger à la ville de Dijon a pu comprendre par cet exposé succinct qu'il n'est peut-être pas une ville de France, entre toutes celles dont les auteurs classiques ont passé les noms sous le silence, qui offre autant de débris d'une splendeur ignorée. Partout où on les a fouillées, les fondations du Castrum ont présenté, pêle-mêle, des débris de monuments antérieurs employés comme matériaux, et, s'il était possible de les exhumer entièrement du sol où elles sont enfouies, quels trésors d'archéologie on retirerait d'une mine qui s'est montrée jusqu'à présent si féconde ! Il me

(1) Voir les comptes-rendus successifs de la Commission d'Antiquités du département, dans ses Mémoires publiés depuis 1831, d'abord in-8°, deux volumes, puis in-4°, premier et deuxième volumes. Il faut compléter ces comptes-rendus avec les procès-verbaux des séances, conservés dans les registres de la Commission.

paraît assez superflu d'observer, comme M. Girault, qu'une telle réunion de fragments antiques et de débris de tous genres dans une même localité démontre péremptoirement que ces monuments lui avaient appartenu. Dijon étant entouré de carrières, on n'y a certainement pas, dit-il, transporté ces débris comme matériaux; on a voulu au contraire épargner jusqu'aux moindres frais de transport. *

Nous verrons ce qu'il faut en penser. Ce qui est plus certain, ce sont les traces flagrantes d'incendies qu'on a reconnues sur plusieurs points : dans les fouilles de la Sainte-Chapelle, * dans celles de la rue Chabot-Charny, ** etc. C'est du reste le cachet de destruction empreint sur presque toutes nos cités gallo-romaines, * que les flammes parcoururent depuis les bords du Rhin jusqu'aux Pyrénées. C'est sur le nouveau sol, exhaussé et formé de leurs propres débris, qu'elles se sont relevées, et Dijon repose, comme elles, sur un lit de ruines.

Un grand nombre de nos morceaux d'architecture révèlent par leurs proportions des édifices de premier ordre, des temples, des palais qu'on est tout surpris de découvrir dans une bourgade inconnue des Gaules. La beauté de l'art s'y joint souvent à la grandeur, et, à défaut de dates connues, revendique au moins, pour quelques-uns de ces monuments, l'époque où il florissait encore dans tout son éclat, c'est-à-dire le 2e siècle de notre ère, si ce n'est le premier. Des surprises du même genre accompagnent l'antiquaire sur bien des points de notre département : à Mâlain, à Gissey-sur-Ouche, à Mirebeau, aux sources de la Seine, à Pontailler, à *Landunum*, à Essarois, et dans d'autres lieux, où des ruines de cités perdues, de temples ou de villas superbes, d'étuves luxueuses, ont surgi tout-à-coup pour attester à quel degré, inconnu jusqu'ici,

* Mém. de l'Acad., 1820, p. cxi.

* Observ. de M. Baudot, p. 113, 144.
** Mém. de la Comm. d'Antiquités, 1841, p. lviii.
* Cours d'antiq., t. 2, p. 246, etc.

— 99 —

de civilisation et de prospérité, la domination romaine avait élevé ce beau pays sous l'heureux gouvernement des Antonins (1).

SIXIÈME QUESTION.

La construction des murs où l'on a trouvé toutes ces antiquités peut-elle être encore attribuée à Aurélien?

Nous avons vu cette question posée par Grégoire de Tours, mais d'une manière à peu près affirmative, d'après le témoignage des anciens; *nam veteres ferunt.* Ces anciens étaient-ils des historiens généraux ou simplement quelque auteur des Actes des martyrs de Dijon, de Langres ou d'Autun? ou bien ces termes n'indiquaient-ils qu'une tradition locale? C'est ce que le laconisme de Grégoire, désolant dans cette circonstance, nous a condamnés pour toujours à ignorer. Quoi qu'il en soit, son affirmation, qui n'était pas absolue, devint un fait indubitable pour les premiers hagiographes du cycle de S. Bénigne. Le poète et le chroniqueur dont j'ai indiqué les rectifications chronologiques n'empêchèrent point cette opinion de prévaloir dans le moyen-âge, et je crois avoir démontré d'autre part l'impossibilité du système moderne, qui substituait Marc-Aurèle à l'Aurélien de Grégoire de Tours. Celui-ci resterait donc maître du champ de bataille, si la construction même de ces murailles ne protestait aujourd'hui contre une assertion aussi ancienne, et non moins difficile à soutenir désormais pour cet empereur que pour Marc-Aurèle.

1. Monuments du culte païen enfouis dans les fondations du castrum dijonnais.

Guénebauld observa le premier que, « des antiquités « tirées des fondements d'une vieille tour fort peu « éloignée du collége des Godrans, partie se voyait

2. Observations de Guénebauld et de Courtépée à ce sujet.

(1) On peut faire la même observation en Franche-Comté et dans d'autres provinces. Voyez M. Clerc, *La Fr.-Comté à l'époq. rom.*, etc.

« encore entière et l'autre mutilée et tronquée en di-
« vers endroits. Ce que l'on estime avoir été fait ex-
« pressément par les premiers chrétiens, pour ensevé-
« lir l'idolâtrie dans le creux de la terre. Ce qui con-
« firme cette opinion, est que toutes ces statues ont
« été trouvées confuses, sans aucun ordre, dans les
« fondements.* » Cette remarque si importante resta
sans conclusion et même sans écho, si je ne me trompe,
pendant près de deux siècles, et il faut sauter à Courtépée pour retrouver ce trait de lumière réfléchi par
la critique moderne. Fr. Baudot tirait même de ce
fait une conséquence fort opposée aux nôtres, et la
tour qu'on dit avoir servi de prison à S. Bénigne
prouvait à ses yeux que la destruction des monuments
de Dijon avait eu lieu *bien auparavant que S. Bénigne*
fût martyrisé, sous le règne de Marc-Aurèle.* Je ne
m'arrêterai pas à la contradiction qui existe entre ce
passage et celui que j'ai cité dans ma première Question. * Je laisserai répondre pour moi notre Pausanias
bourguignon : « Il n'est pas à présumer, dit-il,** que
« les murs construits par ce prince (ou par Aurélien)
« soient les mêmes que ceux décrits par le père de
« notre histoire, ni que la ville dont il parle soit la
« même qui subsistait du temps de cet empereur; la
« petite étendue qu'il donne à Dijon (étendue circons-
« crite par les limites de la paroisse Saint-Médard)
« n'annonce point une place aussi considérable que
« l'attestent les débris de nos monuments trouvés sous
« les murs de la dernière enceinte, à la vue desquels
« on juge aisément qu'elle devait avoir été plus éten-
« due et plus peuplée sous les empereurs que celle
« qu'il décrit. D'ailleurs, Marc-Aurèle ni Aurélien,
« qui avaient tous deux un grand zèle pour le culte
« des Dieux et pour la gloire de l'empire, n'au-
« raient pas souffert qu'en leur présence on eût

* Réveil de
Chynd., p. 37.

* Lett., etc.,
p. 75, 76, 78.

* P. 26 et 27.
** T. 2, nouv.
éd., p. 21 et 22.

« profané les images des idoles qu'ils honoraient.
« Auraient-ils permis que les débris des temples et
« les restes précieux de ces tombeaux si respectés
« des anciens fussent employés en matériaux bruts
« à faire les fondations des murs et des tours? On
« pourrait croire par l'examen de ces vieux murs
« qu'ils sont un ouvrage des Barbares, qui ont voulu
« fortifier ce poste après l'expulsion des Romains;
« ou, s'ils sont des Romains eux-mêmes, ce ne peut
« être que dans un temps où les arts en décadence
« annonçaient la chute de leur empire, lorsque le
« siège en eut été transféré de Rome à Byzance. Le
« mauvais goût de la plupart de ces statues, l'écriture
« dégénérée des inscriptions pyramidales qu'on trouve
« dans le Recueil de M. Legouz semblent prouver
« que la construction des murs décrits par Grégoire
« de Tours, et dans lesquels ces figures ont servi de
« matériaux, est bien postérieure à Marc–Aurèle et à
« Aurélien. Les restes de temples et de tombeaux mar-
« quent en même temps que les murs où ils furent em-
« ployés n'ont pu être construits que dans un temps
« où la religion chrétienne a été dominante en cette
« ville, et lorsque les païens ont été dépouillés de
« toute administration dans cette province, temps
« qu'on ne peut fixer par conséquent qu'après la con-
« version du grand Constantin, au 4ᵉ siècle. »

La question est parfaitement posée; Courtépée s'inspirait sans doute en ce moment du célèbre abbé Lebeuf, qui avait tiré la même conclusion des débris païens pareillement enfouis dans les murailles
d'Auxerre et de Périgueux (1). Malheureusement il
ajoute ensuite : «Les fréquentes incursions que faisaient

---

(1) Voyez l'*Histoire d'Auxerre* et le 23ᵉ v. des *Mémoires de l'Acad. des Inscrip.*, 1ʳᵉ partie, p. 20.

— 102 —

3. Les fortifications de Dijon peuvent-elles être attribuées à Constantin?

« en ce temps-là les Germains, les Francs et les Bour-
« guignons dans nos provinces, obligèrent Constantin
« de fortifier les places les plus importantes des Gaules,
« pour s'opposer à leurs courses continuelles. Dijon,
« où il passa en 311 et 319, était une de ces places
« frontières renversées par les Barbares, qu'il fallait
« absolument rétablir; et il est à croire que lors de
« ces nouvelles constructions on resserra beaucoup
« l'enceinte de Dijon, détruite par les ennemis, pour
« en faire une forteresse telle qu'elle subsistait encore
« du temps de Grégoire de Tours. » Toutes les assertions de ce paragraphe sont fausses ou hasardées; les
Bourguignons ne figurent dans aucune invasion de ce
siècle; il est ridicule de dire qu'une ville située en arrière de la Saône fût du temps de Constantin une
place frontière de l'empire, et c'est une exagération
énorme que de prétendre qu'il fallait absolument la
rétablir, surtout pour donner à cette forteresse d'aussi
petites proportions. En 3ᵉ lieu, il ne résulte pas bien
clairement de la description de Grégoire de Tours
qu'il enfermât Dijon tout entier dans l'étroite enceinte
du Castrum. Ce n'est pas pour un fort de 350 mètres
en longueur et en largeur qu'il eût réclamé le titre de
cité. Il faut observer qu'il comprend dans l'espace occupé par cette ville des sources abondantes (1), dont
il n'existe, je l'ai déjà dit, aucun vestige dans tout le
terrain qu'enfermait l'enceinte qui nous occupe. Les
sources étaient au dehors, comme ces églises extra-
murales que Grégoire de Tours nomme à diverses reprises, S.-Bénigne, S.-Jean, Ste-Paschasie, qui n'é-
taient certainement pas isolées de toute habitation. Le
château de Dijon ne formait donc pas, à l'époque où il

(1) Habet in circuitu pretiosos fontes. (III-19, Hist.) L'ensemble de
cette description me paraît donner au mot *circuitus* son sens le plus
étroit.

écrivait, la ville tout entière, et peut-être aurons-nous quelque raison de penser qu'une partie de ses anciens monuments gisaient encore sur le sol, autour du fort gallo-romain.

Quant aux deux passages de Constantin par Dijon, en 311 et 319, nous avons vu que le premier était réellement indiqué par le voyage qu'il fit de Trèves à Autun, dans la 5ᵉ année de son règne (1); l'autre n'est qu'une supposition démentie par le Code Théodosien, qui nous montre les lois de ce prince en 319, datées de Rome, de Milan, d'Aquilée (2) et de diverses villes d'Illyrie. Il faut donc renoncer à faire de Constantin le second ou le troisième constructeur des murailles de Dijon. Le savant ouvrage de M. Beugnot, que j'ai déjà cité, démontre avec la dernière évidence que le christianisme fut encore près d'un siècle après la conversion de cet empereur sans acquérir la puissance de faire disparaître les temples de l'ancien culte et les tombeaux païens. Constantin, pas plus qu'Aurélien, n'a voulu et n'a pu prostituer à un vil usage des débris aussi sacrés pour le plus grand nombre de ses sujets, et sa piété, comme celle de ses successeurs, se soumit à tous les ménagements politiques exigés par la religion de la grande majorité des citoyens.

Aussi M. Baudot-Lambert a-t-il renvoyé au règne d'Honorius la conséquence des raisonnements de Courtépée. Après avoir remarqué, d'une part, dans les bas-reliefs et dans les inscriptions de Dijon, cette grande variété de goût et d'exécution qui nous reporte pour

4. *Observations de M. Baudot, qui les renvoie au règne d'Honorius.*

(1) Voyez Eumènes, *Panegyr. Flaviens. nomine*, 7. Ce serait encore près de Dijon, entre Autun et Saint-Jean-de-Lône, s'il faut en croire J.-J. Chifflet, M. Girault et d'autres auteurs bourguignons, que le Labarum apparut à Constantin.

(2) Voyez Godefroid, tom. 1 Chronol.; Cod., p. v, xv et xvi, et Tillemont, Hist. d. Emp., t. 4, p. 173 et suiv., et 632, où il prouve qu'il faut lire dans la date *Aquileiæ* au lieu d'*Agrippinæ*, Cologne.

quelques-uns de ces monuments vers le siècle d'Auguste, et nous renvoie pour les autres aux temps qui suivirent Caracalla; [*] après avoir répété, pour son compte, qu'Aurélien n'avait pu s'emparer, pour fortifier cette ville, des tombes consacrées par l'affection ou par le respect religieux des habitants pour la sépulture de leurs ancêtres, [*] il recourt au Code Théodosien et cite les lois d'Honorius qui ordonnèrent, en 396 et 397, la destruction des temples du paganisme. La première de ces lois, dit-il, [*] ne concerne que ceux des campagnes, épargnant encore, comme œuvres d'art, les beaux édifices des villes; mais la seconde les fit abattre tous, sans distinction, prescrivant cette fois d'employer les pierres de ces démolitions à réparer les ponts, les grands chemins, les aqueducs et les murailles des cités. M. Baudot conclut que Dijon fut fortifié à cette époque, où il devenait si urgent de se défendre contre les invasions réitérées des Barbares. MM. Vallot et Garnier, dans leur *Rapport sur le cours du Suzon depuis les Romains jusqu'à nos jours,* ont adopté cette opinion, en remontant, sur la foi de Baronius, jusqu'à un édit antérieur rendu par le grand Théodose, en 389. [*] Mais s'il est vrai que Théodose fit ou laissa ruiner dans cette année les temples de l'Egypte, il ne l'est pas qu'il ait donné un pareil ordre pour ceux de l'Occident. M. Beugnot a fort bien démontré toute la différence politique que la force des choses avait imposée, sous le rapport religieux, entre les deux empires. Le pagánisme mourait en Orient, mais il avait conservé en Italie et dans les Gaules, sous la protection directe de la ville éternelle, une puissance avec laquelle les empereurs étaient sans cesse obligés de compter. L'édit même dont nous parlons, soit de 389, soit de 391 (suivant l'opinion du très-savant commentateur du Code Théodosien [*]), ne fait point partie de ce re-

[*] Observ., p. 30 et 100.

[*] Id., p. 102.

[*] Id., p. 31.

[*] Mém. de la Comm. d'Antiquités, t. 1er, in-4°, p. 183.

5. *Lois des empereurs romains contre les temples et les idoles païennes.*

[*] Voyez Tillem., Hist. des Emp., t. 5, p. 756.

— 105 —

cueil (1), où il est facile de voir par les lois postérieures que les temples étaient restés debout dans presque tout l'empire.

C'est aux fils de Théodose qu'il faut laisser, dans tous les cas, l'honneur d'avoir généralisé ces édits de destruction. Toutefois, je n'ai pu retrouver dans le Code ces lois de 396, dont M. Baudot me paraît avoir cité les dispositions d'après les Mémoires des Gaules par Duplex, et qui ont sans doute échappé à M. Beugnot comme à moi, car il n'en parle pas. J'ai vu seulement, en 399, un édit d'Arcadius pour la destruction des temples dans les campagnes; il est fort court, et ne contient aucune autre prescription. * La loi de 397, qui se trouve non au titre *De Paganis,* mais à celui *De Operibus publicis,* n'est pas encore d'Honorius, mais de son frère, et elle est adressée au comte d'Orient Astérius (2). On peut croire néanmoins qu'à l'époque où elle fut rendue elle devint également obligatoire pour l'Occident, les deux empereurs montrant le même zèle soit pour l'extinction du paganisme, soit pour la réparation des murailles des villes et de tous les édifices publics. * Mais une remarque importante qu'on aurait dû faire, c'est le soin avec lequel ces successeurs d'Auguste défendent, à diverses reprises, nonseulement d'enlever des bâtiments publics les marbres, l'airain et même toute espèce d'images (3), mais en-

* Voyez Godefr., t. VI, p. 283.

* Lois de 395, 396, t. V, p. 307, 309.

(1) Il est probable, dit M. Beugnot, que cette loi, malgré l'assertion de Théodoret, n'a jamais été rendue. Voyez les puissantes raisons qu'il en donne, Hist. de la Destr. du Pag., t. 1, p. 361.

(2) Asterio Com. Orientis : Quoniam vias, pontes per quos itinera celebrantur, adque aquæductus, muros quin etiam juvari provisis sumptibus oportere signasti, cunctam materiam quæ ordinata dicitur, ex demolitione templorum, demoratis necessitatibus deputari censemus quo ad perfectionem cuncta perveniant. (Cod. Theodos., éd. de Godefroid, t. V, p. 310.)

(3) ...Ex diversis operibus æramen aut marmora vel quamlibet speciem quæ fuisse in usu vel ornatu probabitur civitatis eripere, etc.

— 106 —

core d'abattre les temples dépouillés de tout ce qui a appartenu au culte proscrit. Les idoles mêmes ne devaient pas être brisées, mais séquestrées (1). Une troisième loi, de l'an 408, en ordonnant la destruction des autels, ne prescrit encore que l'enlèvement des statues des dieux, et réserve les temples des villes et même des bourgs pour le service public (2). On voit par ces prescriptions contradictoires combien le paganisme offrait encore de résistance et reprenait quelquefois une partie du terrain qu'il avait perdu. Ce n'est qu'en 426 que l'arrêt de proscription fut enfin lancé contre toute espèce de temples, de chapelles ou d'édifices consacrés aux faux dieux. * Encore Godefroid observe-t-il que le mot *destrui* peut ne s'entendre ici que de l'abolition du culte auquel ils étaient consacrés, puisque l'édit ajoute qu'on doit les purifier en y arborant la croix de Jésus-Christ (3).

Id., t. VI, p. 296.

6. *Objection tirée de la construction des murs d'Athènes, par Grosley.*

Toutes ces considérations, tirées à la fois de l'état religieux des esprits sous le règne d'Aurélien et des lois rendues par les premiers empereurs chrétiens, me paraissent convaincantes. Les premières, ai-je dit, avaient suffi à l'abbé Lebeuf pour rapporter au 4e siècle la construction des murailles d'Auxerre et de Périgueux;

(Loi de 398, t. v, p. 311.) — Sicut sacrificia prohibemus, ita volumus publicorum operum ornamenta servari. (Loi de 399, t. vi, p. 280.)

(1) Ædes in licitis rebus vacuas, nostrarum beneficio sanctionum, ne quis conetur evertere. Decernimus ut ædificiorum quidem sit integer status.... depositis sub officio idolis, disceptatione habita, quibus etiamnum patuerit cultum vanæ superstitionis impendi. (Loi de 399, t. vi, p. 287.)

(2) Simulacra, si qua etiam nunc in templis, etc.; suis sedibus evellantur.... Ædificia ipsa templorum quæ in civitatibus vel in oppidis, vel extra oppida sunt, ad usum publicum vindicentur, etc. (Id., t. vi, p. 288.)

(3) Les plus éclairés des chrétiens s'efforçaient de conserver les édifices et les chefs-d'œuvre de l'art, dont leur culte pouvait sans scrupule s'approprier l'usage. *Quæ transfugio meruere sacrari*, dit le poète chrétien Prudence. Voyez M. Beugnot, déjà cité, t. 1, p. 361.

mais le savant Grosley ne voulut point admettre cette conclusion pour l'enceinte gallo-romaine de Troyes. Il opposa au célèbre abbé les murs d'Athènes construits pareillement avec les pierres des monuments et des tombeaux saccagés par les Perses,[*] et attribua la ruine des anciens édifices de sa ville natale à la terrible invasion de Chrocus,[*] qui, suivant Grégoire de Tours, renversa jusque dans leurs fondements les villes de la Gaule (1). Ce fut après le passage de ce fléau, continue Grosley, que Lollien, élu empereur en 267, entreprit à la hâte d'en fortifier un certain nombre : Auxerre, Périgueux, Langres, Dijon.[*] Cet exemple, déjà donné par Gallien dans l'Orient, fut suivi par Aurélien, et quand les Bagaudes se soulevèrent[*] ils trouvèrent les villes en état de leur résister, comme Autun, pendant sept mois (2). M. Girault s'est emparé de ces deux arguments de Chrocus et des murs d'Athènes;[*] mais le passage de Thùcydide que Grosley avait rapporté tout simplement en français, il le cite en latin pour y insérer, au risque de faire soupçonner sa bonne foi, un mot fort important, dont la pensée n'existe pas dans le grec. C'est le mot *sacellis* (3), petits temples. Trucydide ne parle que de colonnes funéraires et de pierres sculptées ; ce qui laisse en dehors de son texte les édifices consacrés aux Dieux, pour n'y comprendre que des œuvres d'art et des tombeaux, que le culte hellé-

[*] Éphémér., t. Ier, p. 34, éd. 1811.

[*] Id., p. 36 et suiv.

[*] Id., p. 38.

[*] Id., p. 42.

[*] Essais, p. 330, 332.

---

(1) Hic autem Chrocus..... universas Gallias pervagatur, cunctasque ædes quæ antiquitus fabricatæ fuerant a fundamentis subvertit. (Hist., I-30.) Quant à Lollien, voyez Treb. Pollion, trig. Tyr. 4.

(2) En 270; mais Tillemont attribue avec raison ce siége à Tetricus. (Hist. d. Emp., t. 3, p. 494.) Voyez Panegyr. vet. Eumen. *Flam. nom.* 4, et *Pro scholis*, 4.

(3) Quo fit (dit M. Girault) ut muri Atheniensium ex *sacellis* sepulchrisque constarent. (Essais, p. 332.) Grosley a traduit : On y voit encore des colonnes sépulchrales et des blocs anciennement ornés de sculptures (*Ephémér.*, t. 1, p. 34). Le texte porte : Πολλαὶ τε στῆλαι ἀπὸ σημάτων καὶ λίθοι εἰργασμένοι ἐγκατελέγησαν (I, 93).

— 108 —

nique environnait d'une piété beaucoup moins forma-
liste que le paganisme romain. C'est déjà une différence dont il faut tenir compte, en comparant la restauration des murs d'Athènes avec celle de nos enceintes gallo-romaines. Une bien plus grande encore
consiste dans l'extrême promptitude que la ville de
Minerve dut apporter à la construction de ses remparts,
pour prévenir la mauvaise volonté de Sparte. Il est

7. Opinion générale de M. de Caumont.

vrai qu'un autre antiquaire célèbre, M. de Caumont,
veut que les fortifications de la plupart des anciennes
villes des Gaules, Tours, Bordeaux, Saintes, Orléans, etc., où l'on retrouve entassés les débris de
leurs temples et de leurs tombeaux, aient été élevées
avec la même précipitation, dans des moments de
danger qui ont fait sacrifier tant de morceaux pré-

** Cours d'An-
tiq. monum., t.
2, p. 363.*

cieux pour se procurer des matériaux.* C'est ce qu'avait
déjà dit Grosley; mais si les pierres manquaient dans
d'autres villes, ce n'est certainement pas à Dijon, qui
est entouré de carrières.

M. de Caumont pense que les habitations menacées
par les invasions réitérées des Barbares se concen-
trèrent sur les points les plus favorables pour la défense, en détruisant tous les édifices restés en dehors
des nouveaux murs, non-seulement pour en utiliser
immédiatement les débris, mais pour éviter en outre

* Id., p. 364.

qu'ils ne servissent de retraite aux ennemis.* Besoin
de matériaux, précautions militaires, précipitation
urgente, toutes ces causes, qui ont pu exister séparément ou réunies dans d'autres localités, furent
étrangères à l'enfouissement des œuvres d'art ou

*8. Arrange-
ment particu-
lier des monu-
ments païens
dans les murs
de Dijon.*

du culte païen dans les murs de Dijon et des villes où le même soin présida, comme à Auxerre, à
l'arrangement de ces pierres proscrites. Nous en
avons la preuve péremptoire dans la description
technique que M. Fremiet a faite à l'Académie de

Dijon (1), des démolitions de la tour de S.-Bénigne :
« Les fondations, dit-il, * sont, comme dans toute   * P. 50, 51.
« l'ancienne enceinte, composées de pierres de taille
« tirées d'édifices démolis. Ces matériaux portent
« presque tous la marque des crampons de métal
« qui servaient à les relier...... Quoique ces pierres
« fussent sculptées et inscrites, la masse de la fon-
« dation ne présentait dans tous les sens que des pa-
« rements unis, et toutes les sculptures se trouvaient
« en regard dans les joints. De cette disposition sin-
« gulière et générale résulte l'intention bien évidente
« de cacher les figures représentées sur ces pierres.
« L'enfouissement suffisait cependant pour les dérober
« à la vue et en faire oublier l'existence. Cette atten-
« tion scrupuleuse peut servir à confirmer les conjec-
« tures que d'autres circonstances font naître sur la
« cause et l'époque de ces démolitions antérieures à
« la construction des anciens murs de Dijon. D'après
« ces observations, on peut penser qu'elles sont dues
« au zèle religieux qui, sous les faibles successeurs de
« Constantin, porta les chrétiens à l'anéantissement
« de tous les monuments du paganisme. »

Cette *attention scrupuleuse* exclut nécessairement
toute idée de précipitation, de même qu'elle constate
le triomphe absolu du christianisme et la participa-
tion des autorités locales aux actes que lui inspirait sa
haine contre le culte déchu.

M. Girault a protesté contre les conclusions de
M. Fremiet. Ce rapporteur avait regretté * que les   * P. 55.
fouilles de la tour de S.-Bénigne n'eussent pas été
poussées jusqu'aux dernières assises; « on n'a par con-
« séquent pu voir ce que ces fondations recélaient

---

(1) Au nom d'une commission composée de Devosges, de l'ingénieur
Antoine et de M. Fremiet lui-même. (Séance publ. de 1810, p. 41.)

« dans leur plus basse profondeur, s'écrie M. Gi-
« rault, * » dans l'espoir qu'on n'y retrouverait plus
ces débris religieux qui condamnent son système. Il
oubliait que l'expérience avait été faite sous les yeux de
M. Baudot-Lambert *, et les études de M. Sagot, architecte chargé par la Commission d'antiquités du département de suivre, en 1842, les fouilles de l'angle
nord-est du Théâtre, ont prouvé de nouveau que ces
*débris de constructions gallo-romaines antérieures au
Castrum* constituaient tout le massif des fondations,
sauf un lit de maçonnerie en hérisson posé sur le
sable, et qui n'avait pas plus de 40 centimètres de hauteur (1). M. de Caumont reconnaît que le christianisme, dont l'empire commençait à s'étendre dans les
villes des Gaules, encouragea les destructions qui
anéantissaient les monuments païens; il ne croit point
d'ailleurs à la simultanéité de tous ces travaux, et pense
que ces villes furent fortifiées, les unes dès la fin du 3e
siècle, sous Dioclétien, d'autres sous Constantin et ses
successeurs, les dernières après le règne de Gratien. *
Ceci nous met déjà fort à l'aise pour les murs mêmes
de Dijon; mais j'insiste, en thèse générale, sur les
conséquences que j'ai tirées du livre de M. Beugnot et
du Code Théodosien, et je répète que le christianisme
n'a pu avoir qu'une action fort tardive sur toutes ces
contructions d'enceintes gallo-romaines.

Un dernier argument, étranger à la rivalité des
deux cultes, pourrait avoir, par cela même, une portée beaucoup plus grande. C'est celui que M. Caumont
a puisé dans Gutherius, pour expliquer la profanation
de tant de tombeaux. « Aux termes de la loi romaine,
« dit-il, la ville une fois prise par l'ennemi, les mo-

_____

(1) V. aux Arch. de la Comm. le dessin colorié des fondations du
mur d'enceinte, avec notes de M. Sagot. J'y reviendrai dans la Question suivante.

« numents sacrés cessaient de l'être, et l'on pouvait
« en employer les pierres à toute espèce d'usages.
« L'enceinte murale était d'ailleurs un objet sacré ; elle
« pouvait recevoir des monuments funéraires. » —
Cette dernière observation me paraît très-peu satisfaisante. Elle a d'abord contre elle un sénatusconsulte
cité par Ulpien, où tout changement de destination des
monuments sépulchraux est défendu comme une profanation (1) ; en second lieu, les manes et les familles
des morts devaient être, ce me semble, fort mal édifiés de voir leur pierres sacrées et les noms de leurs
ancêtres disparaître sans retour, confondus avec les
plus vils matériaux. Mais l'objection tirée de la loi romaine m'a fait recourir au livre même de Gutherius,
et j'y ai vu que notre célèbre antiquaire n'avait pas
porté son attention sur le passage entier de son auteur,
qui ajoute formellement que, délivrés dè la présence
de l'ennemi, les monuments religieux étaient immédiatement rendus à leur destination primitive, après
avoir été purifiés et consacrés de nouveau par des cérémonies expiatoires (2). Gutherius cite l'exemple de
Camille après la retraite des Gaulois ;* mais le Digeste,
sur lequel il s'appuie, n'exige aucune formalité (3).

* Tite-Live, V-50.

(1) Senatusconsulto cavetur ne usus sepulchrorum permutationibus polluatur, id est ne sepulchrum aliæ conversationis usum accipiat. (*Corp. Juris civilis* de Gallisset, 2ᵉ édit.; Digest., liv. XI-7, *De religiosis*, l. **12.**)

(2) Voici le passage entier de Gutherius, *De Jure Manium*, III, ch. **8** :
Cum loca ab hostibus capta sunt, desinunt omnia religiosa esse, quia
et sepulchra hostium nobis religiosa non sunt, nec nostra eis, ideoque lapides inde sublatos in usum quemlibet convertere possumus.
Quod si ab hac calamitate fuerint loca liberata, quasi quodam postliminio reversa pristino statui restituuntur, quo modo captivi uxor, etc.
Et un peu plus loin : Sed cum jure postliminii religiosa loca pristinum statum recepissent, non dubium est quin expiarentur illa et purgarentur.

(3) Voici le texte tiré de Pomponius, liv. **26** : Cum loca capta sunt
ab hostibus, desinunt religiosa vel sacra esse ; sicut homines liberi in

J'observe d'ailleurs que cette liberté d'employer les pierres funéraires ne concerne point dans ce Recueil les tombes nationales momentanément souillées par la présence de l'ennemi, mais les siennes, ce qui pose la question d'une manière toute différente (1). L'argument que nous avons tiré de celles qu'on trouve enfouies dans les murs de Dijon a donc conservé toute sa valeur ; la vérification des textes avec lesquels Gutherius avait induit M. de Caumont en erreur l'a même fortifiée, et nous restons armé de cette *sentence* du fameux jurisconsulte Julius Paulus, qui décidait, au commencement du 3e siècle, qu'effacer l'inscription d'un monument sépulchral, en renverser la statue ou en enlever quelque partie, comme une pierre ou une colonne, c'était violer la sainteté des tombeaux (2).

Je ne chicanerai pas Grosley sur son Chrocus, dont l'époque est néanmoins si incertaine; à défaut de ce barbare, bien d'autres sont venus dévaster la malheureuse Gaule dans les années qui précédèrent l'avènement d'Aurélien. Mais Grosley n'oppose, après tout, qu'une simple conjecture aux raisonnements tirés à la fois du caractère de ce prince, des croyances religieuses de son temps et d'arrangements matériels qui devaient être, pour le troisième siècle, autant de sacriléges ou de profanations. Quant à l'observation de M. Girault, qu'Aurélien fit employer les débris et les mutilations

---

servitutem perveniunt. Quod si ab hac calamitate fuerint liberata, quasi [quodam] postiliminio reversa, pristino statui restituuntur. (Digest., XI-7, *De religiosis*, l. 36.)

(1) Voici le texte tiré de Paulus, liv. 27 : Sepulchra hostium religiosa nobis non sunt; ideoque lapides inde sublatos in quemlibet usum convertere possumus; non sepulchri violati actio competit. (Dig. XLVII-12, *De sepulc. viol.*, l. 4.)

(2) Qui monumento inscriptos titulos eraserit, vel statuam everterit, vel quid ex eodem traxerit, lapidem columnamve sustulerit, sepulchrum violasse videtur. (Pauli Sent. tit. 21, *De sepulc.* — Corp. Jur. civ. de Galisset.)

— 113 —

laissés par les Vandales de Chrocus, tant pour les utiliser que pour les soustraire à la vue des peuples, auxquels ces ruines ne pouvaient présenter que des objets
pénibles et désagréables, * ce n'est, à mon avis, qu'une
puérilité.

Essais, p. 331; 335. Hist. de la Gaule rom., t. Ier, p. 260; Id., p. 429.

Nous examinerons dans la Question suivante vers
quelle époque cette haine destructive des chrétiens a
pu se déchaîner réellement, et si les fondations de nos
anciens murs doivent effectivement dater du règne
d'Honorius. Mais il devient impossible, ce me semble,
après tout ce qui précède, de rapporter encore à un
siècle où le christianisme était proscrit la construction
d'une muraille dont chaque pierre rend témoignage
de sa victoire définitive sur le culte ennemi qui l'avait
si longtemps persécuté. Il faut absolument renoncer à
voir dans ces fondations l'œuvre d'Aurélien. Il est impossible, je le répète, qu'un prince païen, un empereur
romain du troisième siècle, religieux et magnifique tel
que lui, ait fait sans nécessité enfouir comme de vils
matériaux, non-seulement les plus beaux morceaux
d'architecture et de sculpture, mais des tombes restées
intactes, des images encore entières de ses dieux; qu'il
les ait fait disposer au sein de la terre de manière à
cacher honteusement leurs faces et leurs noms ! Cette
impossibilité deviendrait encore plus flagrante si l'on
parvenait à prouver qu'une de ces figures les plus remarquables a été consacrée par cet empereur même.

10. Aurélien ne peut être le fondateur des murs de Dijon.

Mais il faudrait pour cela rétablir l'authenticité de
cette inscription grecque dont j'ai déjà dit quelques mots.
C'est l'épisode le plus curieux de nos fastes archéologiques. Il s'agit de l'Archer avec son armure, signalé
en 1710 par Fr. Baudot * dans la cour du conseiller
Dumay. Il est étrange que ni Fyot, ni lui, qui rapportait un assez grand nombre d'inscriptions dans sa Lettre sur l'origine de Dijon, n'aient pas relevé sur ce

11. Inscrip- tion grecque d'Aurélien et de Térence décla- rée fausse par Montfaucon.

Lettres, etc., p. 102.

8

— 114 —

monument une dédicace aussi imposante pour leur sujet que celle qui donnait les noms de Térence et d'Aurélien. Cependant Reinesius, comme je l'ai dit, l'avait publiée, dès 1682, mais sans figure, sur la foi de Langermann, antiquaire oublié dans toutes nos biographies. Voici la manière dont cette inscription est présentée dans son Recueil :

Divione in œdibus Petri Du May senatoris, in limbo Statuœ militis sagittarii, è Schedis Langermanni.

ΤΩ ΜΙΤΡΑ ΓΕΝΕΘ

Ο ΑΥΡΕΛ........... ΣΤΟΣ

ΤΩ ΤΕΡΕΝΤΙΩ ΥΠΗΡΕΤΗ.

Montfaucon reproduisit cette inscription en 1719, dans le 1ᵉʳ volume de son *Antiquité expliquée,* mais avec des différences considérables, comme le lecteur va juger : Ο ΑΥΡΕΛΙΑΝΟΣ ΣΕΒΑΣΤΟΣ ΤΩ ΜΙΤΡΑ ΓΕΝΕΤΗ ΤΩ ΤΕΡΕΝΤΙΩ ΥΠΕΡΕΘΕ; c'est-à-dire : *Aurélien Auguste au père Mitra, au ministre Térence.*

Il est évident que, si cette inscription est authentique, ce n'est pas Aurélien qui aura fait jeter dans les fondations du Castrum un monument dédié par lui-même, et je ne comprends pas que les partisans de cette authenticité n'aient pas vu sur-le-champ que les murs de Dijon ne pouvaient dès-lors plus être l'œuvre de ce prince. Mais ce grec parut du premier coup presque aussi suspect à l'illustre antiquaire que l'épitaphe de Chyndonax qu'il venait de condamner. L'espèce de réserve qu'il gardait encore dans le premier volume se changea dans le quatrième en réprobation formelle de cette inscription, dont il repoussait le fond et la forme en relevant toutes les fautes grammaticales du texte grec. « Le faux Chyndonax, qui a trompé « tant de gens, concluait le célèbre bénédictin, *nous « est venu de Dijon; gardons-nous de ce faux Té- « rence. Un très-habile homme de ce pays-là croit que « l'inscription est fausse. Il n'en est pas de même de « la figure qui a été trouvée en terre. Comme je n'ai « jamais vu cette pierre en original, je n'oserais dire « si le bâton augural et le bonnet qu'on voit à l'un « des côtés, et le serpent répété à l'autre ont été « faits anciennement, au même temps que le soldat, « ou s'ils ont été ajoutés dans ces bas temps, lorsqu'on « a mis l'inscription. »

*P. 38.

C'était là un terrible arrêt, non-seulement pour les deux inscriptions grecques, mais encore pour les anti- quaires dijonnais (1). Aussi Legouz-de-Gerland protesta- t-il contre la sentence du maître. « Cette figure, répon- « dit-il, * mal donnée dans les Antiquités de P. de « Montfaucon et par d'autres antiquaires, a été tirée « depuis longtemps des démolitions des murs de Di- « jon. La pierre sur laquelle elle est inscrite a servi « de banc dans la maison d'un particulier, sans qu'il « se soit trouvé une personne assez curieuse pour lui « donner une place où elle pût être conservée; enfin, « la maison ayant changé plusieurs fois de maître, le « dernier possesseur l'a fait employer à quelque bâti- « ment. Il y a environ quarante ans (donc vers 1730) « que M. Du Tilliot, qui formait un cabinet et cher- « chait ce qu'il y avait de plus curieux, fit dessiner « cette figure sous ses yeux, avec toute l'exactitude

* Dissert., p. 130.

12. *Réponse de Legouz-de- Gerland. Opi- nion des sa- vants bourgui- gnons.*

_____
(1) Qu'aurait dit Monfaucon de l'urne et de l'inscription de *Forum Divio?*

— 116 —

*C'est-à-dire la pl. XXI de sa Dissert.

« possible ; c'est sur ses dessins qu'on copie cette es-
« tampe. * Reinesius est celui qui nous a donné le grec
« le plus exactement. »

Le texte produit par Legouz-de-Gerland ne diffère
en effet de celui de 1682 que sur ces deux points :
1° Τερενιω au lieu de Τερεντιω ; 2° la partie gauche de l'inscription, qui concerne Mithras, se lit en montant et non
en descendant, comme dans Reinesius. Mais le dessin
offre avec Montfaucon des différences plus considérables que le texte. L'Archer bénédictin a la barbe et les
cheveux longs ; celui de Legouz les a courts, et point
de barbe ; les chaussures ne sont pas du tout sembla-
bles ; le *lituus,* que Montfauçon a représenté dans le
chambranle de droite, au-dessus du bonnet, devient
dans Legouz-de-Gerland une plume attachée à une sorte
de casque, etc. Legouz fait ensuite de cette figure un
chasseur de troupes légères gauloises. * « Vainement,
« dit-il, ** a-t-on pensé qu'il était parlé d'Aurélien ;
« vainement aussi a-t-on voulu prouver la fondation
« de Dijon par ce prince, en disant que cette repré-
« sentation était d'un valet qui était chargé de lui por-
« ter son arc et ses flèches ; qui étant mort dans cette
« ville pendant le séjour d'Aurélien, qui l'aimait beau-
« coup, il lui avait fait élever un monument qu'il avait
« consacré au dieu Mithra. Il paraît que M. de La Mon-
« noie était tombé dans la même erreur, par une lettre
« qu'il écrivit à l'abbé Nicaise. Il avait été trompé sur
« un faux rapport de l'inscription, etc. » (1). Legouz
lisait, en conséquence, au lieu d'*Aurélien Auguste,*
les noms d'Αυρελιος Φαυστος, et traduisait* : *Aurélien Fauste*

*P. 132.

**P. 131.

*P. 132.

(1) Il est évident que La Monnoie a parlé de ce monument d'après
le dessin de Montfaucon. Il atténuait les fautes du grec et expliquait
ingénieusement la présence du serpent, non par le culte de Mithras,
mais par le présage que Vopiscus rapporte dans la vie d'Aurélien, c. 4.
(Œuv. choisies, t. 2, p. 303.)

a fait cette inscription pour Terentius l'archer, fils de Mithras. — M. Baudot-Lambert dit au contraire que « les savants qui ont examiné, et contradictoire- « ment expliqué ce monument, ainsi que son inscrip- « tion, MM. de Chevannes, Nicaise, Moreau de Mau- « tour, François Baudot, Dumay et de La Monnoie, « ont généralement pensé que cette pierre tumulaire « avait pu faire partie du tombeau d'un militaire nommé « Térence, valet d'Aurélien, etc. »

* Observ., p. 26 et 27.

Ce serait renouveler l'histoire de la Dent-d'Or, que de discuter cette interprétation de Legouz-de-Gerland. Ce monument avait déjà disparu quand il tentait de l'expliquer, en 1771, puisqu'il n'en parle que d'après les dessins de Du Tilliot. Il est donc impossible aujourd'hui de vérifier son authenticité. Pour moi, je me rangerai du côté de Montfaucon, et je crois l'inscription fausse, non-seulement pour les fautes de grec qu'il a relevées sur un monument qui, érigé sous les yeux d'un em- pepeur, devait être achevé avec plus de soin, mais à cause de ce grec même, qui, plus ou moins pur, m'est toujours fort suspect. Je ne puis admettre, pour mon compte, qu'Aurélien ait dédié au sein des Gaules un tombeau dans une langue étrangère à ces provinces, et qui n'était ni la sienne ni celle du serviteur qu'il honorait de cette preuve d'affection ; car les noms de *Terentius* et d'*Aurelianus* sont une forte présomption d'origine latine, et, soit qu'on fasse naître ce prince à Syrmium, ou dans la Dacie ripuaire, ou dans la Mœ- sie, * il est fort peu probable que le grec ait été sa lan- gue maternelle.

13. *Invrai- semblance d'u- ne inscription grecque d'Au- rélien dans les Gaules.*

* Vopisc., in Aurel., 3.

Ce n'est pas tout. Ce monument, perdu dans le siè- cle dernier, nous le possédons peut-être, mais sans au- cune trace d'inscription grecque. Millin l'avait reconnu sur-le-champ parmi les morceaux réunis dans le jar- din de M. ·de Vesvrotte ; seulement il avait eu le tort

14. *Erreur attribuée à Mil- lin ; est - elle réelle ?*

d'accuser à la fois d'infidélité Du Tilliot et Legouz–de-Gerland, dans la copie de l'inscription et de leur chasseur, qu'il changeait en Diane. * M. Baudot-Lambert lui fit à ce sujet une vive querelle, l'accusant ** d'avoir confondu un monument connu depuis *cinquante ans* avec un morceau découvert seulement en 1781, comme l'atteste l'inscription de M. de Vesvrotte publiée par M. Millin lui-même. * Il ajoute que le premier était anciennement placé dans la cour de M. Dutartre. J'ignore si ce renseignement est exact, puisqu'il y avait au moins cent vingt-cinq ans que Langermann avait vu cette pierre chez M. Dumay. J'ai, pour mon compte, vérifié, la gravure de Legouz-de-Gerland à la main, l'entière similitude de son dessin avec le bas–relief de M. de Vesvrotte. Il n'y a d'autre différence que l'interversion de la pose, défaut que j'ai reproché au dessinateur dijonnais, et la fâcheuse aggravation des outrages du temps. L'Archer ou la Diane a perdu le haut de la tête et une jambe, et il est impossible de reconnaître aujourd'hui si cette figure était imberbe ou pourvue de la forte barbe que lui donne Mautfaucon. Quant à l'inscription, une partie des chambranles manque ou a été couverte par le crépissage, mais il en reste assez pour qu'on puisse affirmer que jamais caractères quelconques n'en ont entamé la surface parfaitement unie, ou qu'ils ont été effacés avec le plus grand soin, en repolissant la pierre d'un bout à l'autre. Le serpent et le casque ou bonnet ont également disparu. Il ne serait pas impossible que, la fausseté de l'inscription définitivement reconnue par son propriétaire, il ait voulu effacer cette œuvre honteuse et devenue trop difficile à défendre. Quoi qu'il en soit, à moins de supposer qu'il existait dans l'ancien Castrum deux bas-reliefs absolument pareils, il faut se rendre à l'évidence et penser que ce monument, retrouvé d'une

* Voyage, t. Ier, p. 266.
** Observat., p. 26.

* P. 265.

— 119 —

manière quelconque par M. de Vesvrotte, a été réuni dans son jardin à ceux qu'on avait découverts en 1781. Mais, dans l'un ou l'autre cas, on ne peut plus rien faire d'une inscription aujourd'hui perdue et aussi décriée.

J'avais pensé de prime-abord que c'était elle qui avait fourni aux hagiographes de S.-Bénigne le nom de Térence, et donné peut-être naissance à la tradition qui attribuait à Aurélien la construction du Castrum dijonnais; mais je suis actuellement convaincu que ce sont, au contraire, les Actes de ce martyr qui ont inspiré cette imposture lapidaire. Quant au nom de Mithra, Guénebauld s'en était emparé une première fois, comme nous le verrons; et l'affection bien connue d'Aurélien pour le culte du soleil, dont sa mère était prêtresse,* indiquait naturellement cette divinité à l'auteur de cette fausse dédicace. Nous en reparlerons plus loin.

> 15. Cette inscription a été forgée d'après les Actes de S. Bénigne.

> * Vopisc., 4, et pass. Chroniq. S. Jérôme, an 275.

Ce monument n'ajoute donc rien aux raisons pour lesquelles nous refusons de croire que ce prince ait construit les murs de Dijon, mais elles suffisent et au-delà, je le pense, avec celles que nous produirons encore dans la question suivante, pour démontrer, aussi bien pour Aurélien que pour Marc-Aurèle, la fausseté de l'opinion relative à l'un ou l'autre de ces empereurs. Reste néanmoins un dernier et le plus fort argument de M. Girault, savoir le témoignage de Grégoire de Tours, qui connaissait parfaitement, comme il le dit fort bien : « Dijon où son bizaïeul était enterré, et qui « ne peut avoir entendu par ces mots : *Veteres ferunt,* « que ses propres ancêtres, habitants de ce Castrum.* » Mais cette interprétation du mot *veteres* est tout-à-fait arbitraire, pour ne pas dire insolite; et je ne nie point qu'Aurélien ait, le premier, fortifié cette ville; c'est même fort probable d'après la tradition rappor-

> 16. Appréciation du témoignage de Grég. de Tours. Interruption ou destruction probable de l'enceinte d'Aurélien.

> * Essais, p. 329.

tée par Grégoire de Tours ; mais les murs qu'il a construits ne sont assurément pas ceux où l'on a trouvé pêle-mêle ses idoles les plus chères (1) et des tombes juives. L'œuvre qu'il avait commencée a été interrompue ou n'a eu qu'une courte durée ; les suites déplorables que sa mort amena pour les Gaules autorisent également l'une ou l'autre supposition. Ce n'est pas en 273, année si remplie d'événements et de courses militaires d'une incroyable rapidité, qu'il a pu s'occuper de rebâtir des villes comme Orléans ou l'enceinte de Dijon. Ce ne fut que dans le cours de l'été suivant, quand il revint dans les Gaules, et il fut tué au plus tard dès le mois de mars 275. Les Barbares rentrèrent aussitôt dans nos provinces, et y firent, pendant deux ans, de tels ravages que Probus put écrire (2), après les avoir délivrées, qu'il avait repris soixante et dix villes des Gaules. Restauration éphémère, suivie de nouvelles dévastations ! On peut voir dans les panégyriques d'Eumènes quelle était encore, au commencement du règne de Constantin, la désolation du pays des Eduens,* et le triste expédient auquel son père fut obligé de recourir pour repeupler celui des Lingons avec les Barbares mêmes qui l'avaient changé en désert.* Dijon devint une bourgade Attuarienne (3). Peut-on croire que l'enceinte d'Aurélien ait résisté à tant de chocs réitérés? Je ne le pense pas, et je soupçonne même qu'elle embrassait, si elle a existé, un terrain plus étendu que le Castrum. On a vu que les villes des Gaules, suivant M. de Caumont, resserrèrent leurs

*Flav. nomin., 5, 6. 7.

*Panegir. Constant. dict., 9 et 21.

(1) Des statues d'Apollon et de Diane. Voyez la planche X de Legouz-de-Gerland, et p. 100-101.

(2) Septuaginta urbes nobilissima captivitate hostium vindicatæ, et omnes penitus Galliæ liberatæ. (Vopisc., in Prob. 15.)

(3) Eumène ne nomme pas les Attuariens, mais c'est le nom que porte ce pagus dans les plus anciens documents qui en font mention. J'examinerai ce point dans la Question suivante.

remparts pour mieux se défendre contre les attaques des Barbares, et celle de Saintes nous offre même l'exemple d'un Castrum distinct de l'enceinte qui entourait toute la cité. * Nous ne connaissons, il est vrai, aucune trace de ces premières fortifications de Dijon; c'est pour cela que j'ai dit que l'œuvre d'Aurélien avait été interrompue ou détruite de fond en comble. Cette pensée m'était suggérée d'ailleurs par les prétentions que Grégoire de Tours a montrées pour cette ville, et par des considérations militaires que j'exposerai dans la Question suivante.

*Cours d'Antiq. monum., t. 2, p. 356 et pl. 32.

Au surplus, il ne serait pas si étrange que cet historien, tout en connaissant parfaitement Dijon, se fût trompé sur ce fait. L'archiviste Boudot * n'a pas craint d'écarter entièrement son témoignage pour attribuer aux Bourguignons seuls la construction du Castrum et la destruction des temples de l'ancienne ville. Je n'irai pas aussi loin ; mais il se peut qu'Aurélien ait relevé le premier les ruines du Dijon primitif, ou que son nom soit resté à quelque monument érigé en son honneur, à quelque arc de triomphe, par exemple, comme celui dont nous possédons les débris, et dont la tradition se sera ensuite confondue avec celle des fortifications bâties postérieurement. La chose est d'autant plus possible que cet empereur est signalé dans l'histoire, et particulièrement dans la Chronique de S. Jérôme (1), le manuel historique de nos plus anciens écrivains, comme ayant entouré Rome de nouvelles murailles. *Aurelianum,* d'un autre côté, n'était pas loin. La grande renommée de ce prince dans le pays qu'il avait reconquis et pacifié peut ensuite avoir attaché son nom à tout ce qui s'était fait de réparateur

* Mém. de la Comm. d'Antiq. de la Côte-d'Or, in-8°, t. Ier, p. 37.

---

(1) An 275. — Aurelianus templum Soli ædificat, et Romam firmioribus muris vallat. Primus agon Solis ab Aureliano institutus.

dans ces malheureuses provinces (1), que sa mort livra à de nouvelles dévastations ; et c'est ainsi que les anciens, *veteres ferunt*, l'auront transmis peut-être à Grégoire de Tours. Des écrivains Bourguignons ne s'en sont-ils pas encore emparé, sans aucune autorité, pour en décorer l'origine de Beaune ?*

Il est un dernier argument auquel M. Girault n'a pas songé, quoiqu'il ait admis dans ses Essais * que l'église primitive de Saint-Etienne remonte à l'an 343. C'est une objection que je veux prévenir, pour n'en laisser aucune derrière moi, et qu'on pourrait tirer du texte de ces lettres patentes de Philippe-le-Bon que j'ai citées dans la Question précédente. On y a vu que les religieux de cette abbaye prétendaient, en 1443, que *de très-grande ancienneté, du temps d'environ unze cents ans,* l'église, le monastère et tout son *pourpris furent construits, situés, assis et édifiés dedans, dehors, dessus et parmi les murs et tours du vieil chastel,* etc. Ce qui revenait à dire que dès 343 les murs de Dijon étaient déjà tellement renversés, qu'on avait pu construire sur leurs ruines une église et une abbaye tout entières. Cette date se trouve effectivement portée en toutes lettres dans une autre pièce de Philippe, du 1ᵉʳ février 1462, * et le chiffre CCCIII donné par M. J. Bard est une erreur ou une faute typographique.** Ces murs ne seraient donc pas ceux d'Aurélien, puisque Grégoire de Tours les décrit, au 6ᵉ siècle, comme existant dans leur intégrité. Ceci justifierait ma pensée, que le Castrum de Dijon peut avoir eu successive-

Marginal notes:
* Voy. entre autres Gandelot, Hist. de Beaune, p. 7, et pass.

17. *Prétendue fondation de l'abbaye de S.-Etienne en 343.*
* P. 415.

*Fyot, Preuves, p. 21.
** Dijon, Hist. et Tabl., p. 15.

---

(1) Je ne vois point toutefois qu'il ait reçu le titre de *restaurateur des Gaules,* comme l'a prétendu le P. Chifflet, pour lui attribuer l'arc de triomphe de Besançon. Les inscriptions ou médailles qu'il cite lui-même portent : *Restitutor Urbis,* et non pas *Galliarum.* Voyez *Vesuntio,* pars I, cap. 41 et 42. — M. Coste, dans les *Mém. de l'Acad. de Besançon,* 1818.

ment deux enceintes différentes, mais je ne puis m'arrêter à cette observation, puisqu'une partie des monuments païens que j'oppose à l'opinion reçue provient justement des démolitions de cette abbaye. Il est très-possible qu'on ait fondé, en 343, contre l'enceinte même du Castrum, une église plus ou moins grande; mais pour le monastère du moyen-âge avec ses dépendances, c'est bien différent, d'autant plus qu'on n'en connaît aucun abbé avant le règne de Charlemagne, * fait qui dément ces hautes prétentions d'antiquité. Nous avons toutefois la certitude qu'il existait des clercs de Saint-Etienne du temps du pape Jean III, vers 560. J'en parlerai plus loin.

* Fyot, Hist. de S.-Etienne.

SEPTIÈME QUESTION.

Ces mêmes murs sont-ils ceux dont parle Grégoire de Tours?

Personne, à ma connaissance, n'a encore soulevé cette question, à laquelle je suis conduit par l'étude de la précédente, et devenue difficile à résoudre par les éléments contradictoires qui la compliquent aujourd'hui. En opposition aux faits sur lesquels était fondée la croyance établie jusqu'à ce jour, d'autres se sont révélés récemment qui combattent cette identité. Ainsi, l'on a trouvé dans les fondations du Castrum des tombes juives étrangement mêlées aux monuments du paganisme, et le nom de *Murailles des Sarrasins* donné à une partie de son enceinte. D'un autre côté, ce qui reste de ces murs ne ressemble point à la description que nous a laissée Grégoire de Tours. Cette question se subdivise donc en trois points principaux : 1° A quelle époque peuvent remonter au plus haut les constructions du Castrum que nous connaissons? 2° Ce que dit notre

1. *Division de cette question en trois points. Première date où l'existence de ces murs soit constatée.*

historien peut-il s'appliquer aux ruines qui nous en sont restées? 3° Faut-il enfin rapporter ces constructions à un temps postérieur à Grégoire de Tours?

Ier *Point*. — Nous sommes certains que l'enceinte qu'il a décrite existait vers la fin du 5e siècle, puisque le dijonnais Aprunculus, évêque de Langres, devenu suspect aux Bourguignons, se fit descendre pendant la nuit, du haut de ses murs, pour se sauver en Auvergne. On a rattaché ce fait à la conversion de Clovis, mais bien à tort, Aprunculus étant mort avant le mariage même de Clotilde. * Grégoire de Tours raconte sa fuite sous le règne de Childéric, avant de parler des conquêtes d'Euric, roi des Wisigoths, dans les Gaules, et de la persécution qu'il y alluma, ce qui remonterait audelà de 470. Mais les Francs qu'Aprunculus était soupçonné de favoriser (1) ne s'approchèrent des Bourguignons qu'après la défaite de Syagrius, en 486. On ne peut donc, malgré l'ordre qu'il a suivi dans sa narration, assigner une date plus ancienne à ce fait, le premier qui constate l'existence des murs de Dijon.

* Grég. de Tours, Hist., II-36 et III-2. Conf.

Voyons maintenant le témoignage que cette œuvre rend d'elle-même, c'est-à-dire le tracé de ses murs et le caractère de leur maçonnerie. L'un et l'autre sont-ils de main romaine? Et dans ce cas, est-ce une œuvre du bon temps ou de la décadence de l'art et des principes de la défense militaire? Ce sont deux faces de la question générale qu'on a trop négligées, et qui renfermaient pourtant les éléments principaux de la solution, du moins par rapport à Aurélien. M. Fremiet était le seul

2. *Conclusions du Rapport de M. Fremiet sur la maçonnerie de la tour de S.-Bénigne.*

(1) Interea, cum jam terror Francorum resonaret in his partibus, et omnes eos amore desiderabili cuperent regnare, etc. (Greg. Tur. Hist. II-23.) Je ne sais comment l'archiviste Boudot a vu dans ce texte que Grég. de Tours fixait à l'an 451 l'épiscopat d'Aprunculus. (Mém. de la Comm. d'Ant., t. 1, in-8°, p. 35.) En revanche, M. J. Bard (p. 17) ressuscite cet évêque plusieurs années après sa mort.

— 125 —

jusqu'à ces derniers temps (1) qui eût fait une étude spéciale du genre de construction des anciens murs de Dijon, dans le Rapport que j'ai déjà cité, sur les fouilles de la tour de Saint-Bénigne, en 1809. Il est résulté de cette étude :

« 1° Que cette tour, * dépouillée de ses revêtements, « ne présentait ni lézardes ni désunions. La maçonne-« rie dont elle était construite paraissait ne former « qu'une seule masse. Les entailles, les excavations « qu'on a pratiquées dans ce massif n'ont occasionné « aucun éboulement, pas même le déplacement ni l'é-« branlement du plus léger moëllon.   * P. 44.

« 2° Que les moëllons * ou blocages n'étaient pas « arrangés irrégulièrement, mais d'après un système « suivi, posés par bandes ou par lits dans une quan-« tité à peu près égale de mortier; aucun ne touchait « les autres à cru. C'était, autant qu'on pouvait l'esti-« mer à la seule inspection, * un cinquième de mor-« tier sur la masse, proportion qui n'est pas celle des « bonnes constructions antiques à bain de mortier, « où les moëllons n'entrent que pour moitié dans la « masse.   * P. 45.
                                                        * P. 46.

« 3° Que la maçonnerie * de la tour de Saint-Bénigne « présente dans la disposition des blocages un arran-« gement qui tient au procédé le plus parfait des cons-« tructions à bains de mortier, celui de former la ma-« çonnerie par encaissement entre des planches com-« posant un moule mobile comme ceux du pisé. C'est « de là que proviennent les trous de la maçonnerie, « qui ne sont pas des trous de boulins, mais ceux des « clefs de ces caisses de planche. Dans les murs ro-« mains d'Italie et du midi de la France, aujourd'hui   * P. 48.

(1) La description de M. Baudot-Lambert (Observ., p. 61) n'est point technique.

— 126 —

« dépouillés de leurs parements, on reconnaît le même
« encaissement, * mais avec plus de soin et une mé-
« thode plus parfaite. A Dijon, il n'y a pas eu d'arra-
« sements généraux, de battues pour chaque lit pour
« empêcher les tassements et les irrégularités, etc.

*P. 49.

« 4° Qu'enfin la disposition* des pierres sculptées
« dont on a parlé plus haut, et qui cachait leurs bas-re-
« liefs dans les joints, empêchait ces parties de se tou-
« cher par toutes leurs surfaces, et il est étonnant
« qu'il n'en soit résulté aucune désunion dans la ma-
« çonnerie supérieure, sous le poids que portaient des
« pierres mal liées. Il est vrai que, si la saillie des sculp-
« tures empêchait la jonction parfaite des faces laté-
« rales, les lits étaient dressés avec un soin et une pré-
« cision qu'on ne retrouve que dans les constructions
« antiques des meilleurs temps. »

*P. 52.

Le rapporteur, M. Fremiet, conclut de ces observations assez contradictoires, que « ces fortifications,
« faites dans les temps qui annonçaient la décadence
« de l'art, présentent à la vérité l'emploi des princi-
« paux procédés de bonne construction, mais ne les
« présentent pas tous et dans toute leur perfection.* »
Il n'indique pas l'époque à laquelle on doit rapporter
cette décadence; mais elle a naturellement précédé la
perte totale des bonnes traditions, que remplacèrent
les procédés hâtifs et grossiers des Barbares, quoiqu'on
puisse remarquer dans quelques restes d'architecture
du 7e ou du 8e siècle une main-d'œuvre et une solidité dignes des maçons romains. Je citerai particulièrement un pan de mur encore debout du château-bas
d'Egesheim, près de Colmar, bâti vers l'an 720, par
Eberhard-l'Ancien (1), petit-fils du fameux duc Atticus.
Mais ce sont de rares exceptions qui n'empêcheraient

*P. 47.

3. *Observa-
tions sur ce
rapport. Cons-
truction des
murailles mili-
taires d'après
Végèce.*

(1) Topolog. Novientens. Schœpflin, Alsat. illust., t. 2, p. 72.

pas de penser, d'après ce qui précède, que la partie méridionale des murs de Dijon est antérieure à Grégoire de Tours.

Le Rapport de M. Fremiet confirme d'ailleurs nos premières conclusions sur l'époque tardive de leur construction, évidemment postérieure aux temps où les administrations impériales avaient encore le pouvoir d'exiger, dans les travaux publics, une exécution entièrement conforme aux principes de l'architecture romaine. Je n'observerai point que M. Fremiet ne parle d'aucun des appareils sous lesquels M. de Caumont a classé les grandes bâtisses qu'elle nous a laissées, parce que les débris de différentes grandeurs empruntés aux ruines de Dijon, pour le revêtement de ses murailles, peuvent être regardés comme constituant ce que l'auteur du *Cours d'antiquités* nomme l'*appareil moyen.* [*] T. 2, p. 165. On peut remarquer seulement que ni ces murs ni leurs tours n'ont jamais présenté aucun vestige de ces zônes de briques qui distinguent ordinairement les enceintes militaires du 4ᵉ et du 5ᵉ siècles. [*] Végèce nous [*] Id., p. 160, 162. fournit une observation plus importante. « Les fortifi- « cations romaines, dit cet auteur, qui écrivait à la fin « du 4ᵉ siècle, se composent de deux murs parallèles, « laissant entre eux un intervalle de 20 pieds, qu'on « remplit de terre battue avec force, parce qu'un mur « soutenu par des terres ne peut être entamé par le « bélier, et, quand cette machine parviendrait à en « détacher quelques pierres, la terre foulée résiste en- « core à tous ses coups (1). » Les ingénieurs du Cas-

(1) Murus autem ut nunquam possit elidi hac ratione perficitur. Intervallo vicenum pedum interposito, duo intrinsecus parietes fabricantur. Deinde terra quæ de fossis fuerit egesta, inter illos mittitur, vectibusque densatur..... Quia nec murus ullis potest arietibus rumpi, quem terra confirmat, et quovis casu destructis lapidibus ea quæ inter parietes densa fuerit, ad muri vicem ingruentibus moles obsistit. (Instit. rei milit. IV-3.)

trum n'ont pas employé ce procédé si judicieux conservé dans la fortification moderne ; leurs murs sont entièrement faits de moëllons, et n'offraient par conséquent pas aux chocs du bélier la même résistance que ceux de Végèce. Il faut dire aussi qu'une fois entamés ces derniers devaient être beaucoup plus vite démolis par la main des hommes ou par l'action du temps, et qu'il serait moins étonnant que l'enceinte d'Aurélien, si elle était construite de cette manière, eût complètement disparu.

Si nous passons de la maçonnerie de ces murs au plan général du Castrum, cette ignorance ou cet abandon de l'art romain nous frapperont encore davantage.

4. Autre principe de Végèce sur le tracé des remparts.

Les auteurs qui ont voulu que ce fort dût son origine à un camp légionnaire se sont longuement étendus sur la forme et les dispositions intérieures de ces stations d'une nuit, de quelques jours ou d'une saison, au lieu de s'occuper d'une étude beaucoup plus importante pour leur sujet, celle des principes d'après lesquels étaient construites les forteresses permanentes comme celle de Dijon. Il est vrai que c'était une recherche beaucoup plus difficile que l'autre, et, tout en signalant cette lacune, je ne prétends pas la combler. Les documents nous manquent, Juste-Lipse nous apprend fort peu de chose, * et Végèce lui-même a traité cette partie avec une brièveté désespérante. Tout ce qu'il en dit consiste dans le titre d'un chapitre et une seule phrase dont se compose ce chapitre tout entier. Mais c'en est assez pour enlever encore aux fortifications de Dijon une partie de l'antiquité qu'on lui attribuait jusqu'à ce jour.

* De Milit. rom.

Les fondations qui existent donnent à cette enceinte une forme carrée, à grandes lignes droites, et dont les quatre angles étaient seulement arrondis. Ces lignes sont précisément défendues par Végèce, qui recom-

— 129 —

mande de les briser à la façon de nos redans modernes.
« Les anciens, dit-il (1), ne voulaient point de lignes
« droites dans leurs fortifications, parce qu'elles sont
« trop exposées aux coups du bélier ; ils enfermaient
« leurs villes dans des enceintes à lignes brisées et
« sinueuses, dont les angles étaient défendus par de
« nombreuses tours, de manière que l'ennemi, s'il
« tentait une attaque avec ses machines ou avec des
« échelles, se trouvant combattu non-seulement de front,
« mais sur ses flancs et pris même presque à dos, fût
« comme enfermé dans une gorge où il était écrasé. »

Je crois avoir exactement rendu la pensé de Végèce,
quoique, me hâterai-je de dire, presque toutes les
fortifications gallo-romaines dont nous pouvons rétablir le tracé aient formellement dérogé à ces premiers
principes de la défense militaire. Celles de Beaune
étaient presque ovales, * et celles de Châlon-sur-Saône
figuraient une demi–ellipse. ** Tours, Orléans, Ju-
blains, Auxerre, le Mans ne présentent, comme notre
Castrum, dans l'Atlas de M. de Caumont, * que des enceintes quadrangulaires ou pentagonales, à longues
lignes droites ; et ce n'est pas des pauvres petites tours
dont la saillie dépasse à peine ces lignes qu'on peut
dire qu'elles voyaient presque l'assaillant par derrière
et l'enfermaient comme dans une enceinte de coups (2).
La ville de Saintes offre seule, dans cet Atlas, des
angles assez multipliés et garnis de tours, à peu près

* Voyez le
plan de Gan-
delot.
** Mém. de
la Société de
Châlon, 1847,
pl. 4.
* Pl. 32.

(1) Végèce, *Institut. rei milit.*, lib. IV, cap. 2 : Non directos, sed
angulosos muros faciendos : — Ambitum muri directum veteres duci
noluerunt, ne ad ictus arietum esset dispositus, sed *sinuosis anfractibus*, jactis fundamentis, clausere urbes, *crebrioresque turres in ipsis
angulis* ediderunt ; propterea, quia, si quis ad murum tali ordina-
tione constructum, vel scalas vel machinas voluerit admovere, non
solum a fronte, sed etiam a lateribus et prope a tergo, veluti in sinum
circumclusus, opprimitur (Edit. Nisard).

(2) C'est cependant ainsi, je dois le dire, que Bourdon de Sigrais
et d'autres traducteurs ou commentateurs ont entendu le texte de Vé-

9

— 130 —

tels que les demandaient Végèce. J'ignore si cette exception est due à l'art, ou seulement à la disposition des lieux; mais j'observerai, autant que le permet la petitesse du plan, que les lignes d'un angle à l'autre sont généralement courtes; quelques-unes n'ont pas 200 mètres. Au surplus, l'*Alsatia illustrata* de Schœpflin nous offre un spécimen bien plus caractérisé du système de Végèce; c'est un pan des fortifications d'*Augusta Rauracorum,* qui montrait encore de son temps l'application exacte du système de cet auteur (1).

5. Les murs de Dijon n'ont point été bâtis d'après ces principes.

Je n'ai point à discuter si, malgré les démonstrations précédentes, quelques-unes de ces villes peuvent réclamer pour leurs fortifications une antiquité plus haute que le commencement du 5ᵉ siècle. Je me borne à répéter que celles de Dijon sont l'œuvre d'une population chrétienne qui n'a pu l'accomplir avant la fin du quatrième, conclusion que confirment les deux passages de Végèce que je viens de citer. Cette époque satisfait à toutes les premières données du problème : emploi des pierres sacrées du paganisme, négligence de la maçonnerie, abandon des véritables principes de l'architecture et de la défense militaires, enfin nécessité peut-être d'économiser, dans ces temps de calamités, la fatigue et les dépenses des populations pauvres et décimées par les Barbares.

gèce, sans faire aucune attention au titre du chapitre et aux termes de *sinuosis anfractibus,* et *crebriores turres in angulis.* Surpris de voir encore M. Léop. Niepce s'appuyer sur ce même texte, au sujet de la demi-ellipse que formait l'enceinte de Châlon-sur-Saône (Mém. de la Soc. de Châlon, 1847, p. 7), j'ai consulté plusieurs humanistes, qui ont compris ces termes comme moi et ont partagé mon étonnement.

(1) Voyez les pl. A et B de la p. 161, t. 1, et ce texte de la p. 163 : Parastatis hinc inde murus ille infractus est, sed et instructus semiorbiculatis turriculis, ita quidem confectis ut pars earum concava interius inspicientibus intuenda se præbeat, vel ut arietum impulsibus magis quam convexa resisteret, vel ut terræ in vallem vicinam ibi præcipiti, eo fortius resisteret.

Je dois prévenir une objection qui peut naître du rapport de M. Fremiet. Ce rapport, s'il constate une décadence, atteste aussi que l'art avait conservé quelques-unes de ses meilleures traditions. On reconnaît encore dans ces fortifications dijonnaises une architecture romaine. Or, vous avez admis vous-même, * pourrait-on me dire, que les Attuariens occupaient déjà ce pays du temps de Constance Chlore; ces fortifications doivent être par conséquent antérieures au règne de ce prince, mort en 306 de notre ère. Je réponds : 1° que l'époque de cet établissement des Attuariens n'est point un de ces faits certains devant lesquels il faut absolument battre en retraite. C'est, d'après Valois, * une grande probabilité, mais rien de plus. Eumènes, qui nous apprend, en 296, que Constance avait repeuplé avec des prisonniers barbares le territoire de Langres, ne nomme pas les Attuariens, mais il avait déjà cité les Chamaves et les Frisiens parmi ces captifs dont il avait vu les bandes remplir les portiques d'Autun, en attendant qu'on les envoyât cultiver les solitudes qu'ils avaient faites (1). Les Frisiens se sont perdus; mais nous retrouvons les Chamaves dans la Grande-Séquanie, où ils formèrent autour de Dole, du temps des Mérovingiens, le *pagus Chamavorum*. C'est précisément dans leur voisinage que se montrent, à la même époque, les Attuariens, qui étaient comme eux une peuplade franke. Il est donc très-naturel de penser que ce fut le même prince qui les établit dans le pays de Di-

6. *De la Colonie Attuarienne établie à Dijon.*

* Voyez ci-dessus.

* Not. Gall. Attuarii.

(1) *Paneg. Constantio dictus*, cap. 8.... Ad loca olim deserta transirent, ut quæ fortasse ipsi quondam deprædando vastaverant, culta redderent serviendo. — 9. Quod nunc vidi et videmus totis porticibus civitatum sedere captiva agmina barbarorum... donec ad destinatos sibi cultus solitudinum ducerentur..... Arat ergo nunc mihi Chamavus et Frisius, etc., — 21... Ita nunc per victorias tuas, Constanti Cæsar invicte, quidquid infrequens Ambiano, et Bellovaco, et Tricassino solo, Lingonicoque restabat, barbaro cultore revirescit.

jon, dont la ruine première remonterait alors aux dévastations qui signalèrent les règnes de Probus et de
Maximien. L'archiviste Boudot n'admettait même pas
que Dijon eût existé antérieurement, et attribuait uni-
quement à ces Barbares l'honneur de sa fondation.*
Mais il est possible néanmoins que leur colonisation soit
postérieure à Constance Chlore, et qu'elle ne date que des
conquêtes des Francs. Je dis : 2° qu'en maintenant ce
que j'ai admis à leur sujet, cela ne serait pas incompatible
avec le caractère encore romain des fortifications dijonnaises, car, sans être architecte le moins du monde,
il me semble qu'il y a une grande différence entre la
partie artistique et les procédés du métier. L'une doit
dégénérer beaucoup plus rapidement que l'autre, et
elle peut avoir perdu tout caractère longtemps avant
que la routine des maçons ait oublié les principes
transmis d'apprentissage en apprentissage. Les Attuariens restèrent pendant plus d'un siècle soumis à
la domination romaine ; ils ont certainement appris les
métiers de leurs maîtres ; et ne serait-il pas tout simple dès lors que leurs œuvres rappelassent la manière
de ces derniers, tout en révélant une grande infério-
rité ?

Quoi qu'il en soit, le rapport de M. Fremiet établit
au moins, pour la partie méridionale de l'ancienne enceinte de Dijon, une première présomption de son identité avec les murs du haut desquels on descendit Aprunculus à la fin du 5ᵉ siècle, et qu'a décrits Grégoire de
Tours. Passons au deuxième point.

2ᵉ *Point.* — Commençons par réunir tout ce que
notre historien dit de ces murs. Nous avons vu qu'ils
étaient bâtis en pierres carrées ou de taille jusqu'à la
hauteur de vingt pieds, puis en petites pierres jusqu'à
leur faîte, ce qui leur donnait en tout trente pieds d'é-
lévation sur quinze d'épaisseur. Ils étaient entourés par

les eaux rapides d'une petite rivière qui traversait
aussi le Castrum, où l'on entrait par quatre portes opposées aux quatre points cardinaux (1). Saint Grégoire
de Langres y avait choisi, pour sa demeure habituelle
(vers l'an 507), une maison adhérente à un baptis-
tère (2), que Ruinart prétend être l'église de Saint-
Jean, et Fyot, ainsi que Legouz–de–Gerland, celle de
Saint-Vincent. Cette dernière, aujourd'hui détruite,
touchait presque à Saint-Etienne, et s'appuyait, comme
cette basilique, sur l'enceinte même que nous connaissons. Mais il faut observer, indépendamment des nombreuses reliques qui désignent plutôt Saint–Jean, que
Dijon n'avait encore, à la mort de l'illustre évêque,
qu'une seule église intra-murale, * où l'on déposa son   * Greg. Tur.,
corps avant de le transporter dans celle de l'Evangé-   Vit. Patr., VII.
liste, et qui était, suivant toute probabilité, l'église
même de Saint-Etienne, plus ancienne que Saint-Vincent. Cette relation prouve du moins que Saint-Jean se
trouvait en dehors du Castrum, et par conséquent aussi
Saint-Bénigne, qui est encore plus à l'ouest (3). Aussi
pense-t-on que ce fut dans ces deux basiliques que
Chramne fut reçu par saint Tétricus, en 556, quand   * Greg. Tur.,
on lui refusa l'entrée du fort de Dijon. * Les murailles Hist., IV-16.

(1) Est autem castrum firmissimis muris, in media planitie.... Ab
aquilone vero alius fluviolus venit qui per portam ingrediens ac sub
pontem decurrens, per aliam rursus portam egreditur, totum muni-
tionis locum rapida unda circumfluens; ante portam autem molendi-
nas mira velocitate divertit. Quatuor portæ a quatuor plagis mundi
positæ; totumque ædificium triginta tres turres exornant, murus vero
illius de *quadris lapidibus* usque in viginti pedes, desuper a *minuto
lapide* ædificatus habetur, habens in altum pedes triginta, in latum
pedes quindecim. — Ces *quadri* et *minuti lapides* nous représentent bien le *grand* et le *petit appareil* de M. de Caumont.

(2) Nam cum apud Divionense castrum moraretur assidue, et domus ejus baptisterio adhæreret, in quo multorum sanctorum reliquiæ
tenebantur, etc. (Greg. Tur., Vitæ Patr., VII-2.)

(3) Ecclesia S. Benigni in suburbano Divionensi, dit d'ailleurs le
dernier continuateur de Frédégaire, chron. 90.

du Castrum s'élevaient donc entre ces deux églises et Saint-Etienne, comme celles dont les fondations existent encore aujourd'hui ; deuxième présomption d'identité des deux enceintes. C'est la seule que nous fournisse Grégoire de Tours, car on ne peut rien conclure de ce qu'il dit du Suzon, les Dijonnais ayant tant de fois changé depuis les Romains le cours de cette petite rivière, que les traces des différents lits qu'ils lui ont creusés ne prouvent plus rien pour ou contre cette identité.

Il n'en est peut-être pas de même de son cours naturel, que MM. Vallot et Garnier placent dans celui de ces lits qui est le plus occidental (1). Il en est question dans une bulle du pape Sergius Ier, qui termina, en 697, le différend élevé, dès le temps du pape Jean III, vers 560,* entre les *clercs* de S.-Etienne et les moines de S.-Bénigne, au sujet du vaste cimetière qui s'étendait depuis les murs de Dijon jusqu'au cloître de cette dernière église. On y voit que le Suzon coulait alors entre cette abbaye et le Castrum (2), qu'il laissait par conséquent à gauche, de même que les fondations qui nous occupent, et dont le côté occidental est à peu près parallèle à cet ancien lit, devenu le grand égout de la ville. La distance entre eux est d'environ 90 mètres. Nous ne pouvons plus nous rendre compte aujourd'hui des motifs, tirés soit de la nature du sol, soit de toute autre circonstance, qui ont empêché les constructeurs de cette enceinte de la pousser, à une si petite distance et sur un terrain aussi uni, jusqu'au bord même de cette rivière des eaux de laquelle ils voulaient s'entourer, comme on le voit dans Grégoire de Tours. Mais cette

Marginal notes:

8. *Le côté occidental du Castrum existait entre S.-Etienne et S.-Jean, parallèlement au cours naturel du Suzon, et sur sa rive gauche.*

* Voy. Fyot, Hist. de S.-Estienne. — Chroniq. de S.-Bénigne.

---

(1) Rapport sur le cours de Suzon, etc., depuis les Romains jusqu'à nos jours ; Mém. de la Commis. d'Antiq. de la Côte-d'Or, t. 1, in-4°, avec plan figuratif.

(2) A torrente qui utrumque burgum dividit. (Fyot, Hist. de S.-Est. pr., p. 16, d'après le Spicil. d'Achery.)

— 135 —

proximité même et l'absence de tout vestige d'une seconde enceinte dans cet étroit espace fortifient la présomption qui existe pour ce côté comme pour la face méridionale.

Nous manquons de tous renseignements sur les deux autres; l'analogie nous conduirait promptement à les assimiler aux deux précédentes, et à conclure en conséquence pour le quadrilatère entier conformément à la croyance établie, que nos murs sont bien ceux du Castrum de Grégoire de Tours, auquel ses quatre portes semblent assigner naturellement, par la position que leur attribue notre auteur, une forme carrée ; mais voici venir les objections. C'est d'abord le plan, que j'ai déjà cité, d'une portion de ces murs découverte en 1842, pour l'établissement des fontaines de la ville, à l'angle nord – est du Théâtre. Ce dessin, commandé à M. l'architecte Sagot par la Commission d'Antiquités de la Côte-d'Or, et déposé dans ses archives, donne à la partie septentrionale de cette enceinte un aspect et des proportions qui diffèrent grandement de la description de Grégoire de Tours. Ses 15 pieds d'épaisseur (pieds romains, sans doute), qui en font à peu près 14 des nôtres, moins 4 pouces (1), ou environ 4 mètres 44 centimètres, se trouvent réduits à 1 mètre 90 centim. C'est une différence de plus de moitié. Aussi l'architecte, voulant dans son dessin restituer le mur entier, a-t-il craint de lui donner les 30 pieds d'élévation indiqués par l'historien. Il a compris dans cette mesure les fondations avec la partie extérieure ; cela me paraît complètement faux par rapport à la pensée de Grégoire de Tours, qui parle évidemment de la hauteur des murs visibles au-dessus du sol. C'est d'autant

9. Plan d'une portion des anciens murs fait par M. Sagot.

(1) Le pied romain, d'après l'évaluation adoptée par M. Walckenaër et nos géographes actuels, n'avait à peu près que 10 pouces 11 lignes, ou 296 millimètres.

— 136 —

plus étrange de la part de M. Sagot, qu'il n'a donné dans son plan aucune place au fossé, et que les fondations qu'il dessine avec trois lits en escalier, du côté de la campagne comme du côté de la ville, ne permettent pas de croire qu'il en ait jamais existé au pied d'une muraille assise d'une pareille manière. Ce ne serait pas, du reste, une chose particulière au Castrum dijonnais (1).

Mais, à côté de cette restitution plus ou moins heureuse, se trouve la représentation exacte des débris qui subsistaient encore. C'était un pan de mur dont on rencontrait la crête au-dessous du pavé de la ville, et que supportait un triple lit de fondations, dont je reproduis ici la disposition générale, avec les mesures et les indications de M. Sagot.

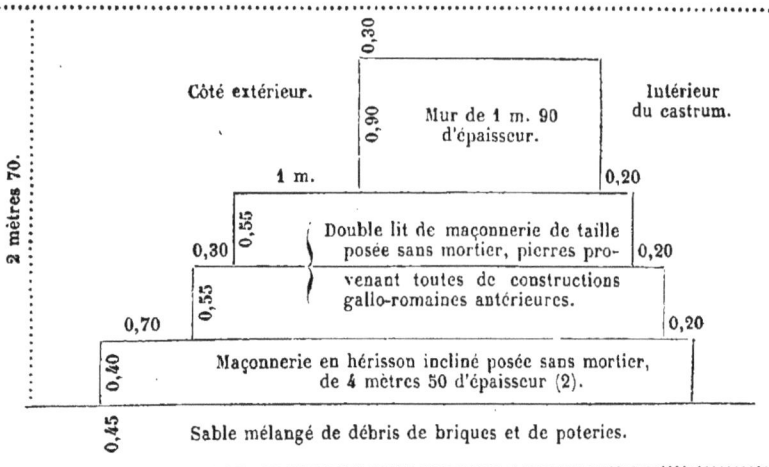

(1) Celui de Châlon-sur-Saône et Autun n'avaient point de fossés, quoique ce fût une prescription de Végèce, IV-5. Voyez dans les Mém. de la Soc. de Châlon, 1847, le travail de M. Niepce sur les diverses fortifications de cette ville, p. 18.

(2) Cette maçonnerie à hérisson vue de face présentait, suivant

— 137 —

Le mot *mélangé* se dit ordinairement des prépara-
tions artificielles, et l'attention qu'a eue M. Sagot de
coter l'épaisseur de cette couche de sable ferait croire
que ces débris de poteries et de briques ne se trouvaient pas, dans son opinion, *mêlés* par un simple
hasard à cette partie du sol. Quoi qu'il en soit, il résulte de ce plan que la profondeur des fondations proprement dites ne dépassait pas 1 m. 50, et que le mur
même, dont ce pan a conservé 90 cent. de hauteur,
n'en avait que 190 d'épaisseur. Il était construit *de blocages entre deux parements de moëllons équarris, et d'un
mortier composé de chaux en très-grande quantité,
sable et ciment.* Les pierres de ces parements avaient
de 10 à 15 centimètres de hauteur, sur une longueur
de 20 à 30, dans le profil du mur, que M. Sagot n'a
pas représenté de face; mais ces dimensions indiquent
suffisamment le petit appareil qui revêtait l'enceinte
de Châlon-sur-Saône, celles de Beauvais, de Tours,
du Mans, du *Castrum Rauracense* (1), etc. Ce mur
avait d'ailleurs conservé trop peu d'élévation pour
qu'on ait pu juger s'il était orné ou non des zones de
briques dont j'ai parlé.

Nous sommes loin, comme on le voit, des grandes
pierres de taille (2) de Grégoire de Tours, qui mon- 10. *Différence
de ce plan avec
la description*

M. Sagot, une disposition dont je ne me rends pas nettement compte,
et que je laisse apprécier au lecteur telle qu'il l'a dessinée à côté du
profil, qui ne montre que deux rangées de blocs rectangulaires et
d'inégales longueurs.

(1) Les murs de ce castrum', qu'il ne faut pas confondre avec ceux
d'*Augusta Rauracorum*, offraient précisément les mêmes dimensions
pour les pierres de l'appareil, et 1 mèt. 66 d'épaisseur, suivant les études de M. Schmidt, cité par M. Clerc., *La Fr.-Comté à l'épop. rom.*,
p. 87.

(2) Il ne faut pas perdre de vue, dans son texte, l'opposition des
quadri et *minuti lapides*.

de Grégoire de Tours. taient jusqu'à la hauteur de 20 pieds romains. Ses murs en avaient 15 d'épaisseur; celui de M. Sagot n'en a pas 6 et demi. Enfin, ils étaient entourés par les eaux du Suzon, ce qu'on ne peut supposer sur le dessin de cet architecte, d'après les retraites successives que présentent les trois lits des fondations, retraites qui eussent servi d'escalier à l'ennemi pour monter à l'assaut. Penser, d'après cela, que la rivière cotoyait peut-être à une petite distance le pied de la muraille, je ne le puis ; aucun ingénieur militaire a-t-il jamais laissé entre un de ses remparts et le cours d'eau dont il voulait le couvrir un espace où l'ennemi pût prendre pied?

11. *Autre description de M. Baudot; alternatives qui résultent de ces différences.* Il est très-fâcheux que M. Fremiet n'ait indiqué ni l'épaisseur des murs, ni la profondeur des fondations de la tour de S.-Bénigne. Nous aurions confronté de la même manière son rapport avec le texte de notre historien, puis avec le dessin et les notes de M. Sagot. Mais nous trouvons dans une description, sinon technique, au moins suffisante, de M. Baudot-Lambert, [*] la

Observ., p. 61, 62. confirmation du principal fait reconnu par cet architecte, le peu d'épaisseur des murailles qui nous restent. La partie décrite par M. Baudot, et dont il aurait dû indiquer la situation, lui semblait : par sa dégradation extérieure, avoir été revêtue en dehors de l'enceinte de pierres blanches taillées pareilles à celles de l'édifice découvert sous les constructions de la Sainte-Chapelle (c'est-à-dire longues de 18 pouces sur 5 et demi de hauteur et 3 pouces 4 lignes d'é-

Id., p. 111. paisseur) [*]. Ceci n'est qu'une supposition de M. Baudot, et elle s'évanouit devant le *petit appareil* dont nous avons parlé; mais le mur, tel qu'il le mesura, n'avait que 7 pieds 4 pouces d'épaisseur aux fondations, et 7 pieds 2 pouces seulement au-dessus de la

Mesure française. retraite, au lieu des 14 [*] de Grégoire de Tours. D'aussi grandes différences permettent-elles encore, malgré les présomptions que nous avons reconnues, d'identifier ces fortifications avec celles dont parle notre historien? Forcé de me prononcer négativement, je ne puis que soumettre au lecteur les alternatives suivantes :

1° Ou Grégoire de Tours a fait des murs de Dijon une description mensongère, ce qui est tout-à-fait invraisemblable ;

2° Ou M. Sagot a pris pour une portion de l'ancienne enceinte un mur qui appartenait à quelque autre construction, ce qui n'est pas probable, puisqu'il était pareillement bâti avec des ruines d'édifices détruits, et que nous avons la certitude que cette enceinte passait sur ce point même ;

3° Ou bien il est faux que les restes de cette enceinte soient ceux des murs décrits par Grégoire de Tours ; — Comment se fait-il alors qu'on n'ait jamais trouvé aucun vestige de ces derniers sur tout le sol de Dijon?

4° Ou enfin les murs de ce Castrum ont été renversés depuis Grégoire de Tours, et relevés plus tard sur les mêmes fondations, mais avec des proportions moindres et un appareil tout différent. Ainsi, les remparts du *Castrum Rauracense* ne présentent point l'appareil qui revêtait l'enceinte d'*Augusta Rauracorum* (1). Nous voyons en outre dans la portion de tour qui subsiste encore rue de La Monnoye, tout près du mur dessiné par M. Sagot, une bâtisse si vulgaire et

12. *La tour de la rue de La Monnoye n'est point romaine.*

_____

(1) Comparez, avec les petites pierres de revêtement signalées par M. Schmidt, la description que Schœpflin nous fait de la muraille d'*Augusta*. — Lapides quadriformes, mediocris magnitudinis, affabre junctos et elegauter concinnatos spectator miratur. Murum intersecat laterum rubrorum series, veluti fascia, etc. (Als. ill., t. 1, pag. **163.**)

— 140 —

une épaisseur tellement réduite (moins de 50 centimètres), qu'il est impossible de la prendre pour une
des constructions romaines du Castrum. J'observe d'un
autre côté que le premier lit des fondations de ce même
mur a précisément 4 mètres 50 d'épaisseur, ce qui revient, avec 3 pouces de plus, aux 15 pieds de Grégoire
de Tours ; mais où coulaient dans ce cas les eaux du
Suzon qui entouraient l'enceinte qu'il a décrite? Voyons
cependant si notre troisième point donnera à cette dernière conclusion plus de probabilité qu'aux précédentes.

13. Tombes juives trouvées dans les murs du Castrum.

3e *Point*. — Nous avons d'abord à nous rendre
compte des tombes juives trouvées, comme je l'ai dit,
dans les fouilles de la Ste-Chapelle, quand on voulut
jeter les premières fondations du nouveau Théâtre.
Rectifions premièrement une inexactitude de Millin.
Ce n'est pas sous les murs de cette église, mais dans
ceux de l'ancienne enceinte qui traversait le même terrain, que furent trouvés les morceaux d'antiquité dont
il parle dans son voyage, et parmi lesquels se ren-
contrèrent des inscriptions hébraïques. C'est ce qu'affirme M. Baudot-Lambert, dans une note manuscrite
mise en marge de l'exemplaire de cet ouvrage qui fait
encore partie de la bibliothèque de M. Henri, son fils.
Ces inscriptions furent découvertes en 1806, avec des
restes d'architecture romaine qui avaient appartenu, sui-

* Observ., p. 111.

vant M. Baudot-Lambert, à un temple ou au forum situé
dans le *Castrum Divionense*. « Cet édifice, qui avait,
« dit-il, la forme d'un carré long, se prolongeait sous
« les bâtiments du palais impérial (la Mairie ac-
« tuelle).......; il avait dans œuvre environ 76 pieds
« de largeur; l'épaisseur des murs était de 18 pouces
« et celle des fondations de deux pieds. Presqu'au mi-

* Id., p. 113.

« lieu de l'extrémité orientale de cet édifice antique, *
« (c'est-à-dire à peu près sous l'emplacement même
« du Théâtre), on voyait les restes d'une enceinte

« carrée, de 40 pieds de large et 45 de long dans
« œuvre; les murs de cette seconde enceinte avaient
« 18 pouces d'épaisseur, et de leur maçonnerie on
« tira des pierres funéraires sur lesquelles on lit
« des inscriptions hébraïques, ainsi que l'on en avait
« tiré de la portion de l'enceinte du Castrum qui
« passait dans ce lieu. » M. Baudot décrit ensuite * la   * P. 114, 115.
maçonnerie dont était faite l'aire de cette espèce de
cour, à une profondeur d'environ 15 pieds plus bas
que le sol de la Ste-Chapelle. « Cet arrangement de
« pierrailles et de mortier, ajoute-t-il, était absolu-
« ment conforme à ce qu'on voyait dans la construc-
« tion du mur du Castrum, immédiatement au-dessus
« des gros moëllons de pierres blanches, sur lesquels
« étaient aussi placées des tombes juives. Ces tombes,
« qui toutes portent des inscriptions funéraires en
« beaux caractères sans ponctuation, et placées dans
« le mur de l'enceinte du *Castrum Divionense,* ainsi
« que dans la maçonnerie sans moëllons de cet édifice
« pavé par cette espèce d'aire, indiquent que ces deux
« constructions furent faites à la même époque; » c'est-
à-dire en 397, suivant notre auteur. *   * P. 33, 118.

Autour de ce temple, dont il a parlé plus haut,
M. Baudot place, * dans la partie orientale du Castrum,   * P. 143.
l'Elysée ou cimetière commun du *pagus Divionensis.*
Il n'explique point sur quels indices il fondait l'existence de cet Elysée, qui doit avoir été, dans tous les cas,
fort courte, puisque, si les inhumations furent enfin,
comme il le prétend, * tolérées dans l'intérieur des   * P. 32.
villes romaines, ce ne fut qu'après le règne de Dioclétien. Cet empereur renouvela expressément, en 290,
une prohibition qui remontait à la loi des XII Tables,
et qu'avaient maintenus les édits de ses prédécesseurs (1).

(1) Voyez le Digeste, liv. XLVII, tit. II-3, De sep. viol.; — J. Capi-

* P. 33, 145.

* P. 116.

14. *Interprétation et antiquité des inscriptions qu'elles portaient.*

M. Baudot ajoute * que les pierres blanches des murs de cet Elysée ayant été employées dans ceux du Castrum, avec les débris du temple, la démolition de ce cimetière date assurément de la même époque que la destruction de ce dernier monument (1). Les pierres funéraires comprises dans cette double enceinte furent entassées par la suite, sans distinction et sans ordre, dans la maçonnerie du Castrum et du petit édifice carré. Les tombes juives qu'on y trouva étaient au nombre de trente environ ; elles avaient toutes, sur une largeur d'à peu près 19 pouces, une hauteur de 2 à 3 pieds ; leur extrémité supérieure était pointue, et l'extrémité inférieure brute. * Je ne suivrai point M. Baudot dans l'examen de ces inscriptions, dont on lui avait donné une traduction peu exacte. Le rabbin de la synagogue de Dijon, M. Charleville, et M. Rossignol ont copié et interprété celles dont nous avons pu approcher, c'est-à-dire une dixaine (2). Elles ne nous ont offert que des

tol. in Ant. Pio, 12. — *Intra muros civitatis corpus sepulturæ dari non potest, vel ustrina fieri*, dit Paulus dans ses Sentences, liv. Ier, tit. xxi-3. — L'édit de Dioclétien, qui fait partie du *Codex*, liv. III, tit. xLIV-12, s'exprime ainsi : Mortuorum reliquias, ne sanctum municipiorum jus polluatur, intra civitatem condi jampridem vetitum est.

(1) La fondation de ce temple formée de distance en distance, dit M. Baudot, p. 143, par de petits arceaux, posait sur un gravier mêlé de chaux à 20 ou 22 pieds plus bas que le sol de la Sainte-Chapelle, et placé lui-même sur un terrain de glaise. Les différentes couches d'élévation du sol présentaient les traces très apparentes d'un ou de plusieurs incendies considérables, etc. Ces restes, qui subsistent encore, sont seulement recouverts de décombres. Il est bien à désirer que l'administration municipale, qui veut terminer, dit-on, l'aile orientale du Palais où elle s'est fixée, profite de cette occasion pour faire compléter l'étude de cette partie si curieuse de l'ancien sol de Dijon.

(2) Ces traductions intéresseraient peu les lecteurs qui ne s'occupent point de la langue hébraïque. Je transcrirai seulement l'épitaphe qui est au bas de l'escalier du Musée, où elle frappe les yeux de tous les visiteurs de ce bel établissement. Voici ce qu'elle porte : M [*orath*]

noms de rabbins ou de femmes, qui paraissent avoir composé trois familles, celles de R. Samson, fils de R. Samuel, de R. Isaac, fils d'Aaron, et de R. Abraham. Elles ne portent aucune espèce de date, mais la beauté du ciseau et la profondeur avec laquelle les lettres sont fouillées, comme on en peut juger par le magnifique échantillon qui se trouve au bas de l'escalier du Musée, font penser à M. Charleville qu'elles ne peuvent être que très-anciennes.

C'est effectivement ce qui doit être pour qu'on les ait trouvées enfouies dans nos vieilles murailles avec les monuments du paganisme (1). Mais qu'elles aient appartenu à un cimetière commun du *pagus Divionensis,* et que les Juifs aient par conséquent mêlé leurs tombeaux à ceux des païens, au milieu des cérémonies et des emblêmes de l'idolâtrie, c'est ce qui me paraît bien invraisemblable. Je ne m'arrêterai pas à cette question étrangère à mon sujet, et je passe au point chronologique, qui me touche de beaucoup plus près.

15. *A quelle époque remontent les Juifs des Gaules?*

Peut-on admettre qu'il existait des tombes juives à Dijon avant l'an 397? A quelle époque peuvent remonter, au plus haut, celles qu'on a découvertes dans les ruines du Castrum? N'est-il pas étrange que M. Girault, qui n'a pu ignorer un fait aussi remarquable, n'en ait pas dit un seul mot dans les *Essais sur Dijon?* Il est vrai que cela pouvait renvoyer bien loin son Marc-Aurèle

TSIRNA DATH H [agatsin] R [abbi] SHMOUEL, c'est-à-dire : Madame Tsirna, fille du vénérable rabbin Samuël. Ce nom de *Tsirna*, qui paraît à M. Charleville n'avoir plus d'affinité qu'avec le dialecte juif de Pologne, n'a, m'a-t-il dit, aucun sens hébraïque; mais on le rencontre sous la forme de Tsirnil dans le Code Thalmudique, 3e vol., traité du Divorce, chap. 129, comment. 3e.

(1) Il en existait encore, sans qu'on le sût, quatre autres dans les caves de l'ancien hôpital Saint-Fiacre, rue Vauban, près de la place où fut trouvée la tête de Taureau. C'étaient de grandes pierres, que les ouvriers qui creusaient un puits perdu dans la maison Theurot ont détruites cet été dernier.

et son Aurélien. Le premier Juif gaulois connu dans l'histoire est, suivant Basnage (1), qui cite Xiphilin, un orateur que Tibère fit jeter dans le Tibre pour lui avoir parlé insolemment. Ce savant célèbre observe à ce sujet qu'on n'entend néanmoins parler que beaucoup plus tard des Juifs fixés dans les Gaules. Il ajoute plus loin qu'ils étaient peu nombreux et presque inconnus en France avant le milieu du 5ᵉ siècle. * En 1821, l'Académie des Inscriptions et Belles-Lettres posa ainsi l'une des questions qu'elle mit au concours : *Examiner quel fut en France, en Espagne et en Italie l'état des Juifs, etc., depuis le commencement du 5ᵉ siècle jusqu'à la fin du 16ᵉ.* C'était dire, si j'ose interpréter sa pensée, que leur existence dans les Gaules ne lui était pas connue avant ce point de départ. M. Léon Halévy, après avoir répété dans son *Résumé,* où il a suivi M. Beugnot, l'un des vainqueurs de ce concours (2), que l'époque de l'établissement des Juifs dans notre pays est incertaine, commence leur histoire française par une citation de la loi Gombette (3), qui nous ramène au même siècle que Basnage. S'il en est ainsi, on ne peut attribuer évidemment ni aux Barbares la destruction du cimetière juif de Dijon, ni aux contemporains d'Honorius la profanation des pierres sépulcrales de deux ou trois générations, qui feraient remonter pour

* Liv. VII, ch. 10, p. 293.

(1) Histoire et religion des Juifs depuis J.-C., 1716, livre VII, chap. 10, p. 276. Je n'ai pu retrouver dans Xiphilin le fait que cite Basnage.

(2) Les Juifs d'Occident, par M. Arth. Beugnot. Je n'ai pu consulter cet ouvrage, qui est épuisé. — Résumé de l'histoire des Juifs modernes, par Léon Halévy, 1828.

(3) C'est aussi le point de départ du *Mémoire sur l'établissement des Juifs en France et en Bourgogne,* inséré dans l'Almanach de Frantin, année 1773. L'article 15 du 1ᵉʳ supplément de cette loi punit de mort le Juif qui aura frappé ou pris aux cheveux un prêtre, et de mutilation celui qui fait le même traitement à un chrétien.

— 145 —

le moins au milieu du 4e siècle cette colonie israélite.

Cependant la chose n'est pas tout-à-fait impossible. Basnage affirme lui-même qu'il y avait des Juifs à Trèves et à Cologne dès le temps d'Adrien ; * il n'en donne aucune preuve ; mais le Code Théodosien nous en fournit, pour cette dernière ville, une incontestable, qui se rapporte à l'an 321 (1). Leur savant historien ajoute * que ceux des Gaules disparaissent ensuite dans une profonde obscurité, dont ils ne sortent que par une prescription du concile de Vannes, * qui se tint vers 465. Ce n'est toutefois qu'au siècle suivant que l'histoire commence à signaler leur présence, en corps de population, dans quelques provinces des Gaules. Il est donc fort peu probable qu'ils se soient répandus jusque dans les petites villes de cette vaste contrée avant les invasions des Barbares. Il faut dès lors chercher au double fait qui nous occupe une cause postérieure, et un temps où la haine des chrétiens ait pu envelopper les monuments israélites dans la même proscription que ceux du paganisme, c'est-à-dire une époque de persécution. Nous n'en connaissons point, sauf quelques accès individuels ou locaux d'un fanatisme qui commençait à s'éveiller, et les livres des Juifs eux-mêmes n'en signalent aucune en France avant le règne de Dagobert Ier, au 7e siècle. Jusque-là nous les voyons déjà nombreux en Bourgogne, sous le règne de Gondebaud, jouir généralement de la même tranquillité sous la domination franke, acquérir de grandes richesses, pénétrer à la cour des rois,* et posséder même, au grand scandale des papes, ** des esclaves chrétiens. La fantaisie qu'eut Chilpéric de les convertir en 582 * ne fut qu'un orage passager. Il y en avait beaucoup

* Id., p. 260. et al.

* Id., p. 267, M. Halévy, p. 138.

* Basnage, p. 290.

16. *Leur première persécution ne date que du 7e siècle.*

* Greg. Tur., Hist., passim.
** Lettr. de Grégoire le-Gr. D. Bouq., t. IV, p. 26 et 27.
* Id., VI-17.

(1) Liv. XVI, tit. 8, *De Judœis*, 3e loi de Constantin. *Decurionibus Agrippiniensibus.*

10

dans les Etats de Gontran, à Orléans et en Bourgogne, où le gouvernement de ce prince continua de les tolérer. Mais, en 629, la persécution dont les frappa Dagobert, à la sollicitation de l'empereur Héraclius, * ne leur laissa le choix qu'entre la conversion, la fuite ou la mort. L'auteur d'une *Chronique juive des rois de France* (1), R. José Cohen, dit que plusieurs de ses co-religionnaires se convertirent, mais que le grand nombre préféra la mort et périt. Ce serait donc après cette époque qu'il faudrait placer la destruction du cimetière juif de Dijon, puisque nous ne connaissons point d'émeute locale qui ait renversé auparavant la synagogue de cette ville, comme cela eut lieu à Clermont en 576, et à Orléans quelques années plus tard. L'enceinte dont parle Grégoire de Tours était construite depuis longtemps, et avait par conséquent précédé tous ces mouvements populaires et ces persécutions ignorées avant le règne de Chilpéric. La partie des murs de Dijon où l'on a trouvé des tombes juives devient ainsi postérieure à notre historien, soit qu'elle ait fait partie d'une enceinte différente, soit qu'elle ait été rebâtie sur les mêmes fondations. Il faudrait, pour se prononcer plus catégoriquement, savoir si ces tombes ont été découvertes pêle-mêle avec les monuments païens, ou si on les a rencontrées dans la partie supérieure des fondations, avant d'arriver à ces derniers. M. Baudot-Lambert dit bien qu'elles étaient placées au-dessus des gros moëllons de pierres blanches, mais c'est un fait qu'il faudrait observer de nouveau pour l'apprécier d'une manière parfaitement sûre. Démêler, d'un autre côté, au milieu de toutes les guerres et des différentes invasions que souffrit la Bourgogne pendant

Frédég., Chron., 65.

17. *Les derniers murs du Castrum ne peuvent être antérieurs à cette époque.*

(1) *Dibré hiamim l'Malké Sarphat* (petit in-12 ; Amsterdam, 1733), p. 5.

le 7ᵉ siècle, si les murs de Dijon ont été réellement renversés, quand et comment a pu arriver leur destruction, c'est une chose également impossible. Tout ce que je puis dire, c'est que les tombes juives du Castrum renvoient pour le moins au siècle que je viens de citer la dernière construction de ses murs, et que le nom de *Muraille des Sarrazins* leur enlève peut-être encore cent ans d'antiquité.

On lit, dans une Notice sur les palais des rois et des ducs de Bourgogne, et sur les deux premiers hôtels-de-ville de Dijon (1), que l'ancienne demeure des rois s'étendait le long des murs du *vieux Chastel*, depuis la rue du *Grand-Potet*, jusques et y compris les bâtiments de la Madeleine. La rue du Grand-Potet est aujourd'hui la rue Buffon. Ce palais s'appuyait donc sur la partie méridionale de l'enceinte du Castrum (2); il comprenait l'emplacement du collége des Godrans, où furent trouvées en si grand nombre les premières antiquités de Dijon, et aboutissait, ou peu s'en fallait, à cette tour de S.-Bénigne que nous avons reconnue pour une œuvre romaine du temps de la décadence. L'auteur de cette Notice, alors conservateur des archives départementales, M. Boudot, ajoute « qu'une « partie de ce terrain fut possédée par les Vicomtes « de Dijon et par la maison de La Trémouille, *qui* « *y avaient leurs hôtels sur la fondation des vieilles*

18. Une partie de leur enceinte nommée Muraille aux Sarrazins.

___

(1) Mémoires de la Commission d'Antiquités de la Côte-d'Or, t. 1ᵉʳ, in-8°, p. 88.

(2) C'est dans ce palais, dit M. Boudot, que le roi Lothaire, en 950, donna le diplôme en faveur du prieuré de Nantua, *Actum Divionensi in palatio*. Il fut encore habité par les Ducs héréditaires. Robert Iᵉʳ, en 1054, y donna une charte, *in domo mea propriá*. Hugues III, fondateur de la Sainte-Chapelle, en 1178, fut le premier duc qui l'abandonna, ayant fait plusieurs acquisitions dans le local où est placé aujourd'hui le *Logis-du-Roi* (Ibid., p. 89). C'est la Mairie actuelle.

« murailles dites et appelées du Vieil-Chastel, ou la
«Muraille-des-Sarrazins (1). En 1535, il y eut des
« contestations entre les héritiers de La Trémouille
« et les co-possesseurs de l'emplacement de ce palais.
« *Ils posèrent en fait que les murs qu'on appelait com-*
« *munément les Murailles-aux-Sarrazins étaient une*
« *propriété de la maison de La Trémouille...., en la-*
« *quelle propriété est une muraille vulgairement ap-*
« *pelée la Muraille du Vieux-Châtaulx, et se prend*
« *depuis la maison ancienne appelée des Prisons, pos-*
« *sédée par M. le Conseiller de Xaintonge, jusqu'à*
« *celle de M. Etienne Millot.* »

Il est très-fâcheux que M. Boudot ait négligé d'indiquer les pièces d'où il avait tiré ces curieuses citations.
Je n'ai pu les retrouver ; mais ce n'est pas une raison
pour les révoquer en doute, quand nous voyons des murs
de Langres et diverses ruines de la Franche-Comté dé-
signés de la même manière par les historiens de cette
ville (2) et sur la carte de cette province (3). C'est une
chose presqu'incroyable que l'audace avec laquelle les
Sarrazins s'avancèrent jusque dans le nord de la
France. Pendant sept années, depuis l'an 725, ils dé-
solèrent par leurs incursions réitérées les bords du
Rhône et de la Saône. On voit dans la Chronique de
Bèze qu'ils saccagèrent en 731 cette abbaye et la ville
d'Autun (4). M. Migneret dit néanmoins, dans son His-

(1) L'hôtel de La Trémouille occupait une partie de l'École-de-
Droit, et celui des Vicomtes aboutissait à la Madeleine et à la rue
de la Conciergerie (Girault, *Essais sur Dijon*, p. 442 et 479).

(2) Gaultherot et le chanoine Tabourot (inédit), cités par M. Luquet dans ses *Antiquités de Langres*, p. 231 et 232.

(3) Voyez M. Ed. Clerc, *Essai sur l'histoire de la Fr.-Comté*,
t. Ier, supplément du livre 3e et cartes.

(4) L'abbaye fut ruinée, dit le Chroniqueur. — Tertia vice Sarracenis
quando Augustodunum civitatem destruxerunt, anno ab incarnatione
DCCCXXXI (sic). On ramène cette date à l'an 725 (Spicil. de D'Ach.,
t. 2, fol., p. 411).

— 149 —

toire de Langres, *que la tradition de leur passage ＊ P. 59.
dans nos contrées est peu établie. Il me semble qu'elle
est on ne peut plus fortement confirmée par le diplôme
que Louis-le-Pieux adressa en 814 à l'évêque Betto, et
dans lequel il répète, d'après les actes de ses prédécesseurs, que les chartes de l'évêché avaient toutes péri
dans l'invasion des Sarrazins (1). Aussi le savant historien de leurs expéditions de France, M. Reynaud,
s'il nie qu'ils aient poussé jusqu'à Sens et jusqu'à Besançon, reconnaît positivement qu'ils atteignirent Autun, Beaune et Dijon. Ces faits étant bien établis,
comme on ne peut supposer que l'ignorance populaire ait substitué, ainsi qu'il est arrivé dans d'autres
circonstances, le nom de ces Barbares à celui des
Romains dans les souvenirs qui s'attachaient à notre
Castrum, il faut absolument que la partie méridio- 19. *Conclu-*
nale de son enceinte ait été reconstruite à l'époque de *sion.*
leur invasion, soit pour se défendre contre eux, soit
pour réparer la brèche qu'ils y avaient faite. Ainsi,
les tombes juives trouvées dans le rempart du nord,
et le nom de *Muraille-aux-Sarrazins* donné à celui
du midi, établissent d'une part, que les derniers murs
de ce Castrum sont postérieurs à Grégoire de Tours,
tandis que le plan de M. Sagot et le témoignage de
M. Baudot-Lambert constatent, d'un autre côté, qu'ils
ne sont point ceux dont notre Hérodote gallo-romain
nous a laissé la description.

(1) Betto.... obtulit nobis auctoritatem antecessorum nostrorum
regum, in quibus incertum reprimas quod olim, propter occupatio-
nem Sarracenorum, instrumenta cartarum, vel etiam immunitates
regum quæ ibidem erant, perdita vel dirupta fuissent, etc. — L'empereur y confirme, entre autres, à l'évêque la possession du *Castrum
Divionense* (D. Bouquet, t. VI, p. 461).

HUITIÈME QUESTION.

Les anciens monuments de Dijon donnent-ils à cette ville
une origine celtique?

1. *Prétendu arc de triomphe de Bellovèse.*

Nous avons reconnu que le nom de *Divio*, et par conséquent Dijon même avaient, suivant toute probabilité, une origine gauloise; mais il faut avouer, en dépit de toutes les assertions contraires, qu'aucun des monuments découverts jusqu'à ce jour n'a fortifié cette présomption. Le prétendu arc de triomphe que l'ingénieur Antoine érigeait à Bellovèse avec des artistes étrusques, emmenés par ce conquérant pour décorer Dijon, sa ville natale (1), 560 ans avant J.-C., est une folie repoussée doucement par son ami Millin,[*] au nom de l'histoire même de l'art, et réfutée par M. Baudot–Lambert qui change en monument funéraire ces sculptures triomphales.[*] L'abbé Mangin avait préludé à ces absurdités dans son Histoire de Langres,[**] mais je ne connais, parmi nos contemporains, que M. Girault qui ait maintenu, *dès les temps celtiques, sans oser toutefois répéter le nom de Bellovèse, l'existence de ce beau monument au confluent de l'Ouche et du Suzon.*[*] C'est ce que nous aurons le temps de discuter quand les dolmens et les menhirs gaulois seront métamorphosés en bas-reliefs romains.

[Voyage dans le Midi, t. Ier, p. 268.]*

[Observat., etc., p. 34 et suiv.
** T. Ier, p. 24 et 25.]*

[Essais sur Dijon, p. 165.]*

2. *Fameux tombeau de Chyndonax. Le culte de Mithra tout-à-fait étranger aux Druides.*

Ce qui ne fut pas une folie, mais, suivant toute apparence, une coupable imposture, c'est la fameuse inscription grecque de Chyndonax et de Mithra, que Guénebauld prétendit avoir trouvée dans sa vigne des Poussots, à la porte de Dijon. Sans renouveler la discus-

---

(1) Observez que les Lingons, auxquels appartenait le territoire de Dijon, ne firent pas même partie de l'expédition de Bellovèse, et que ce prince était neveu du roi des *Bituriges* de Bourges. Tite-Live ne lui donne point d'autre patrie ni d'autre parenté (V-34 et 35).

sion sur un monument aujourd'hui perdu, * et honteusement condamné par Montfaucon (1), je prendrai
l'inscription telle que Guénebauld l'a produite au jour,
et je me demande comment lui-même, et divers savants après lui, ont pu y voir une preuve de l'antiquité celtique de Dijon. Que disait en effet cette épitaphe, d'après la traduction même de cet écrivain :
*Dans le bocage de Mithra, ce tombeau couvre le corps
de Chyndonax, grand-prêtre; arrière, impie! car les
Dieux sauveurs gardent mes cendres* (2). Comment,
dès le principe, le bon sens de Saumaise et de Casau-
bon n'a-t-il pas été choqué de cette injonction religieuse adressée à des Gaulois, dans une langue et avec
des caractères qu'ils ne pouvaient ni lire ni comprendre? César dit, à la vérité, que les Druides et
même les généraux se servaient de lettres grecques; *
mais cela ne signifie pas qu'ils connussent cette langue,
puisqu'il eut besoin d'interprètes dans ses conférences
avec l'un des premiers personnages des Gaules, le
druide éduen Divitiacus (3). Cela signifie encore moins

* Voy. Cour-
tépée, n. éd.,
t. 2, p. 21.

* Bell. Gall.,
VI-14 et I-29.

(1) Antiq. expliq., t. 2, p. 429. Cette inscription pourrait bien
avoir été forgée par J. Guénebauld, dit le célèbre bénédictin. Casau-
bon et Saumaise la firent passer ; mais d'autres bien moins savants,
mais qui peut-être connaissaient mieux Guénebauld, la regardèrent
comme fabriquée par celui même qui la publie. Montfaucon fait ensuite l'examen détaillé de cette inscription, qu'il déclare indigne de
confiance, p. 432. — Voyez aussi Legouz, *Dissert.*, p. 25 et 55.

(2) Voici le texte donné par Guénebauld, dans son *Réveil de Chyndonax*, p. 7 : Μιθρης εν οργαδ. χωμα το σωμα καλυπτει Χυνδονα-
κτος ιερεων αρχηγου δυσεб. απεχου λυσιοι κον. ορωσι. Gruter l'a donné
peu exactement et en caractères carrés, dans son Recueil, p. 1159,
sous le titre fautif d'Autun. Legouz-de-Gerland l'a aussi répété dans
un coin de son Plan scénographique des environs de Dijon, en tête de
son livre.

(3) Divitiacum ad se vocari jubet, et quotidianis interpretibus remo-
tis, per C. Valerium Procillum, principem Galliæ provinciæ.... cum
eo colloquitur (Bell. Gall., Ier-19). Voyez sur ce druide, qui fut l'hôte
de Cicéron, le Traité de la Divination de ce dernier, Ier-41.

que le peuple sût lire ces caractères, car César dit aussi qu'il s'en servait dans sa correspondance avec ses lieutenants, pour dérober à ceux qui pouvaient intercepter ses lettres la connaissance de leur contenu (1). Comment, en second lieu, Guénebauld et les auteurs bourguignons, qui l'ont suivi pour la plupart sur ce mauvais terrain, n'ont-ils pas réfléchi à l'énorme différence qui devait exister entre le Druidisme primitif et la religion des Perses, et ont-ils pu reconnaître dans Mithra l'Apollon des Gaules, et pour chef des Druides un grand-prêtre de cette divinité asiatique?* Ils prétendent que le Druidisme, déjà persécuté par Auguste, fut aboli par Tibère et définitivement proscrit par Claude, et que Chyndonax vécut par conséquent avant la domination romaine. Mais comment ont-ils oublié (et oublie-t-on encore (2) de nos jours), que le culte de Mithra ne fut connu dans l'Occident qu'après la destruction des pirates de Cilicie par Pompée, * et qu'il ne s'introduisit à Rome que peu d'années avant la conquête des Gaules par César? Et quand on aurait même fait dire à Plutarque plus que ses paroles ne signifient, l'incontestable remarque de M. Beugnot subsiste toujours, et l'introduction de ce mythe persan dans le polythéisme romain « ne peut pas être « fixée à une époque antérieure à celle où des rela- « tions directes et suivies s'établirent entre les Ro- « mains et les peuples de l'intérieur de l'Asie. * » —

* Le Réveil de Chynd., p. 14, 24, 31, etc.

* Plutarq., Pomp., 24. Did.

* Hist. de la destruction du Pagan., t. Ier, p. 156.

(1) Hanc [epistolam] græcis conscriptam litteris mittit, ne intercepta epistola, nostra ab hostibus consilia cognoscantur (Bell. Gall., V-48). Quant aux contrats en langue grecque dont parle Strabon, liv. IV, p. 181 (édit. 1620), il n'est évidemment question dans son texte que des Gaulois voisins de Marseille.

(2) M. De Lacuisine, Esquiss. Dijonn., p. 22, ajoute aux billevesées qu'il répète la faute de citer à leur sujet le président De Villeneuve, qui a bien assez de ses propres péchés, sans qu'on le charge encore de ceux qui furent commis longtemps après sa mort.

— 153 —

Aussi l'illustre Fréret a-t-il observé que ce culte se développa fort lentement; il n'obtint quelque vogue qu'après le règne de Trajan, [*] et l'on peut voir, dans l'*Histoire de la destruction du Paganisme occidental*, [**] que cette vogue grandit avec les progrès du christianisme, auquel l'obstination païenne cherchait à opposer des dieux moins usés que leur ancien Apollon.

[*] Mém. de l'Acad. d. Inscrip., t. 16, p. 272.
[**] Voyez le t. Ier, p. 157 et suiv.

En admettant donc qu'il a existé un Chyndonax, grand-prêtre de Mithra, enterré à Dijon, et que son épitaphe ne soit point une fraude archéologique, ce personnage n'a jamais été Druide, n'a pu vivre antérieurement à la conquête de César, et doit être au moins renvoyé au 2e ou au 3e siècle de notre ère. Les écrivains qui ont répété avec emphase que Dijon était le séjour du Grand-Prêtre des Druides oubliaient d'ailleurs que, d'après un passage de César, [*] ce chef suprême de nos aïeux résidait très-probablement chez les Carnutes, au bord de la Loire. Toutes les conséquences qu'on a tirées de la découverte de ce tombeau pour l'antiquité de Dijon s'écroulent donc en même temps; et il ne reste de tout le bruit qu'on a fait pour ce monument qu'une auréole poétique qui entoure le *Creux-d'Enfer* et les beaux arbres qu'on a décorés du titre de *Bocage de Mithra*.

[*] Gall., VI-13.

3. *Bocage et lac sacré de Mithra, etc.*

Je ne discuterai pas toutes les rêveries qu'on a débitées sur ce bocage, et sur le lac sacré, et sur les *Roches-aux-Fées;* les Muses romaines et les *Mallus* germaniques se rencontrant chez les Druides, pour expliquer les noms de *Montmusard* et de *Champmaillot;* celui d'une maison voisine, les *Argentières*, devenant, grâce à la langue celtique, tantôt la *Maison-du-Trésor*, tantôt la *Cabane de celui qui veille sur la Rivière*, dans une position où il n'y a pas de rivière (1). J'accorderai

(1) Voyez les *Observations* de M. Baudot-Lambert, p. 37, 96 et

— 154 —

volontiers que la dénomination de *Creux-d'Enfer* indique quelque consécration païenne attachée jadis à ce petit lac; aussi le Bocage de Mithra a-t-il quitté les Poussots où l'avait placé Guénebauld son inventeur; nos auteurs modernes lui ont fait gravir les collines orientales pour aller rejoindre le *lac sacré*, et constituer, « dans un même quartier, cette réunion de tant « de monuments celtiques qui complète, suivant « M. Girault,[*] la preuve de l'existence d'une ville de « quelque importance entre l'Ouche et le Suzon, « dans des temps reculés et bien antérieurs à la venue « de César dans ces contrées. » Encore a-t-il été moins hardi qu'un de ses collègues, qui remontait plus haut que l'arrivée des Phocéens et la fondation de Marseille.[*] Toute cette archéologie fantastique ne mérite pas qu'on y arrête un seul instant le lecteur, à qui je dirai, comme le Dante : *Non ragioniam di lor, ma guarda e passa.*

Je ferai cependant une exception pour l'*Histoire des Villes de France* publiée par M. Arist. Guilbert, et dans laquelle on trouve sur Dijon une courte Notice dont je n'ai rien dit jusqu'à présent. L'auteur de ce travail, M. Em. Jolibois, a tout simplement répété[*] ce que Fyot et M. Girault avaient avancé sur le passage de Marc-Aurèle à Dijon en 173, sur le martyre de S. Bénigne à cette époque, sur le camp établi par César, etc. Mais il se présente ici avec une idée qui lui appartient, et dont je dois lui tenir compte. Après avoir affirmé qu'on ne savait rien sur l'origine de Dijon, mais qu'il paraissait hors de doute qu'avant l'invasion

[*] Essais sur Dijon, p. 67.

4. *Autres rêveries. Dijon plus ancien que Marseille, etc.*

[*] M. Baudot, Observ., p. 97.

5. *Fautes entassées dans l'Histoire des Villes de France, à l'article Dijon.*

[*] T. 5, p. 25.

suiv.; les *Essais sur Dijon*, de M. Girault, p. 62, 73, 67; *Dijon, Histoire et Tableau*, p. 4, 8, 9, 324. Quant aux Argentières, les auteurs qui citent la *Revue Philosophique*, Paris, 1807, n° Ier, auraient mieux fait de s'en tenir à ce qu'elle dit, p. 9, qu'on appelle *Arjan-teire* dans l'Ardèche les dolmens qu'on y voit encore.

— 155 —

romaine il existait sur l'emplacement actuel de cette ville des constructions importantes, il ajoute* que : « *Divio* était le centre religieux de la population disséminée dans les environs, et qui faisait partie de la cité des *Ædui;* — que ce *lieu saint* appartenait,* selon les traditions ecclésiastiques, aux prêtres païens, qui n'en furent chassés qu'au commencement du 4ᵉ siècle, et que Constantin en fit donation à S. Urbain, 6ᵉ évêque de Langres. » Quel dommage que cette invention d'une petite *Rome Druidique,* trônant à Dijon, soit gâtée par trois grosses fautes en si peu de lignes, savoir : une méprise géographique qui substitue les *Ædui* aux Lingons; — un conte ridicule, la donation de Constantin,* que M. Girault lui-même n'avait pas daigné répéter ; — enfin la curieuse métamorphose des hableries de Guénebauld en *traditions ecclésiastiques.* Mais quelques lignes plus bas, dans la même page, ne lit-t-on pas que Grégoire de Tours habita quelque temps Dijon, tandis que *son parent Grégoire-le-Grand était évêque du diocèse!* Et M. Jolibois est professeur d'histoire!

Je n'ai toutefois aucune raison pour nier, comme l'a fait Legouz-de-Gerland,* qu'il a pu exister une bourgade gauloise sur l'emplacement qu'occupa ensuite le Dijon gallo-romain, ce qui n'a pas empêché cet antiquaire de demander à la langue celtique l'explication du nom que les Gaulois, suivant lui, auraient donné au camp des lieutenants de César (1); mais nous ne

* Ibid.

* Id., p. 26.

* V. Vignier, Chron. Ling., p. 21.

* Dissert., p. IV, 22, 55.

_____

(1) *Le camp choisi,* du celtique *divis,* choix, ou, si l'on veut, *lieu d'écoulement des eaux,* de *divirein,* écouler, ce qui pourrait se rapporter à l'étang des fontaines de *Raine* et des Chartreux (p. 39 et 40). Je n'ai pas compté, dans la deuxième partie, Legouz parmi les étymologistes qui ont cherché l'origine de Dijon, parce que ces bribes celtiques, ramassées dans Bullet, n'en laissaient pas moins son système en dehors de la question étymologique.

savons rien, ni les uns ni les autres, sur l'existence de ce *Divio* primitif, comme en convient l'abbé Richard, tout en pensant que cette bourgade a pu être une place frontière de la cité de Langres.* Je ne repousse donc pas ce fait d'une manière absolue; mais, pour l'affirmer, il faut d'autres raisons que les fantasmagories Druidiques et Mithriaques dont je viens de parler. Ces exagérations en amènent d'autres en sens contraire, comme celle de l'archiviste Boudot, qui, foulant aux pieds tout ce que Dijon possède véritablement de beau en bas-reliefs, en fragments d'architecture, en inscriptions du meilleur caractère, n'y voulait voir qu'une grossière colonie Attuarienne. Ce sont ces monuments qu'il faut enfin interroger à leur tour, pour apprendre d'eux-mêmes leur véritable signification, que nous allons examiner dans la Question suivante.

*Tablett., etc., 1753, p. 64.

NEUVIÈME QUESTION.

A quelle époque les antiquités de Dijon constatent-elles définitivement l'existence de cette ville?

1. *L'existence de Dijon remonte certainement aux deux premiers siècles de notre ère.*

Je laisserai les architectes et les antiquaires de profession discuter les bas-reliefs, les frises, les architraves, les tombeaux; reconstruire à leur gré les temples et les palais, ou les arcs de triomphe et le forum de l'antique *Divio*. Il me suffit de constater de nouveau que la plupart de ces fragments d'architecture attestent par leurs proportions et par leurs ornements la grandeur et l'importance des édifices auxquels ils appartenaient. Ces édifices antérieurs au Castrum décoraient-ils un *vicus* ouvert, un *oppidum* déjà fermé,* un municipe gallo-romain, ou n'étaient-ils que de magnifiques *villas* attirés sur ce point par cette beauté du site et cette ferti-

*Voyez le Cours d'Antiq. de M. de Caumont, t. Ier, p. 169.

lité du sol que vante (1) Grégoire de Tours? Dijon était-il déjà, comme il le devint plus tard pour les évêques de Langres, un séjour de plaisance qu'affectionnaient l'aristocratie lingone ou ces riches nautonniers de la Saône dont nous possédons des tombeaux (2)? Questions auxquelles nous ne pouvons répondre avec assurance, conjectures auxquelles nous ne pouvons rien ajouter. Mais ce qu'on peut affirmer sans hésitation, avec l'assentiment général, non-seulement des antiquaires dijonnais peut-être suspects de quelque partialité, mais des voyageurs les plus éclairés, tel que Millin (3), c'est qu'un certain nombre de ces morceaux, je le répète également, appartiennent par la beauté de leur exécution à la plus belle période de l'art romain, c'est-à-dire au 1er ou au 2e siècle de notre ère. Il est donc incontestable que Dijon date de cette époque ; mais deux siècles c'est un point de départ bien vague pour l'active curiosité des modernes ; leur esprit affirmatif ne s'est pas contenté d'un pareil à peu près, et a promptement demandé à ces mêmes monuments des dates plus précises.

(1) Castrum in media planitie et satis jocunda ; terra valde fertilis et fœcunda, ita ut arvis semel scissis vomere semina jaciantur, et magna fructuum opulentia subsequatur. A meridie habet Oscarum fluvium pascibus valde prædivitem...... Habet in circuitu pretiosos fontes ; a parte autem occidentis montes sunt uberrimi, vineisque repleti, qui tam nobile incolis Falernum porrigunt, etc. (Hist. III-19.)

(2) Voyez le *Nauta Araricus* qui est aux Archives, et les deux bas-reliefs analogues qui se trouvent au bas de l'escalier du Musée et dans la cour de l'ancienne maison Baudot.

(3) Voyez la Lettre de Fr. Baudot sur l'origine de Dijon, p. 70 et suiv., 105 et suiv. — Les *Observations* de M. Baudot-Lambert, déjà citées plus haut. — Le Rapport de M. Fremiet sur les monuments trouvés dans la tour de Saint-Bénigne, dans les Mém. de l'Acad. de Dijon, an. 1813, p. 68 à 71. — La Dissert. de Legouz-de-Gerland, p. 88, 122, 147, etc. — Les Essais de M. Girault, p. 56, etc. — Le *Voyage dans le midi*, de Millin, t. 1, p. 245, 246, 267, 271, où il dit entre autres : «Ces fragments (ceux qu'on avait découverts sous la Sainte-Chapelle en 1803) sont d'un fort bon goût ; ils ne paraissent pas appartenir à un temps plus bas que celui des Antonins. »

— 158 —

Voyons s'ils en ont tiré quelque chose de plus positif, en commençant par les écrivains qui sont restés dans les généralités de la question.

2. Exagéra-tion qui rap-porte ses plus beaux monu-ments au règne même d'Augus-te.

Le premier que nous rencontrons, Fr. Baudot, di-sait, en 1710, des figures et des inscriptions trouvées à Dijon , — qu'il est aisé de conclure des parfaites pro-portions des unes et des beaux caractères des autres , qu'elles ont bien seize à dix-sept cents ans d'ancien-

* Lettre, etc., p. 70 et suiv., 103 et al.

neté, * — c'est-à-dire qu'elles remontaient , suivant lui, au 1er siècle de notre ère. M. Baudot - Lambert observait de son côté « que Dijon possédait des frag-« ments de bas-reliefs dont l'exécution ne pouvait ap-« partenir qu'au temps où les arts florissaient en Ita-« lie ; — que le siècle d'Auguste fut à Rome, et con-« séquemment à peu près à la même époque dans les « provinces qui dépendaient de cette métropole, celui « de la plus haute perfection de l'art ; — qu'on recon-« naît dans les monuments sortis de l'ancienne enceinte « de Dijon des fragments de ce genre ; — et, qu'en « conséquence, si cette ville fut décorée de monuments « somptueux dès le temps d'Auguste, elle n'était sans « doute point alors un simple camp ou château, mais « un lieu assez vaste pour contenir des monuments, et « assez populeux pour que les Romains eussent jugé « nécessaire de flatter ainsi ses habitants par des déco-

* Observ., p. 100 et 101.

« rations si magnifiques. * » Je ne répéterai point que ces conquérants n'ont pas seulement accordé à cette *grande ville,* en fait de flatteries, de faire passer dans ses murs la route de Langres ; on me répondrait que le Dijon gaulois était plus étendu que le Castrum romain, et l'on pourrait faire valoir et le temple, et la mosaï-que, et les médailles de la plaine de Romelet signalés

* Voyez ci-dessus.

par Guénebauld. * Je répondrai seulement qu'enfer-mer dans le règne seul d'Auguste la période entière des beaux temps de l'art, c'est une exagération excessive, contre laquelle proteste l'opinion générale, qui étend cette période jusqu'à la fin du siècle des Antonins. La beauté de quelques monuments dijonnais ne prouve donc point qu'ils appartiennent exclusivement au règne d'Auguste.

M. Baudot-Lambert, du moins, ne faussait point leur témoignage comme M. De Lacuisine, dont les *Esquisses dijonnaises* renferment autant de fautes que de phrases sur l'origine de notre ville. — « Après la « conquête des Romains, dit cet auteur dignement « inspiré par M. Jos. Bard,* les villes qui ne furent point « soumises à l'esclavage conservèrent le droit de vi- « vre selon leurs coutumes et de se choisir des magis- « trats. La ville de Dijon, qui, suivant toute apparence, « fut de ce nombre, obtint, sous la protection des Cé- « sars, des priviléges égaux ; et même de plus consi- « dérables, ainsi qu'on peut le voir par une foule d'ins- « criptions et de bas-reliefs découverts dans ses rui- « nes ;... monuments qui attestent, outre son impor- « tance antérieure, l'élévation de ses habitants à tous « les droits de citoyens, etc..... Cité déjà considéra- « ble sur les débris de laquelle fut établi, depuis, le « *Castrum,* après qu'elle eut été détruite, suivant la « tradition la plus vulgaire, dans une invasion de Bar- « bares, vers le commencement de l'ère chrétienne.* »

M. De Lacuisine est trop modeste ; ce n'est assurément pas une tradition vulgaire, mais une découverte fort curieuse, qu'une invasion de Barbares dans l'intérieur des Gaules sous le règne d'Auguste ou celui de Tibère. Cependant l'intrépidité avec laquelle il affirme, en présence des monuments de Dijon, qu'ils constatent ses priviléges municipaux et les droits civiques de ses habitants sous la domination romaine, paraîtra plus curieuse encore, pusqu'il n'y a pas dans toutes nos inscriptions une seule ligne, un seul mot qui se rapporte

3. *Supposition ridicule d'un municipe romain de Dijon avant l'ère chrétienne.*

* Voyez Dijon, Hist. et Tabl., 1849, p. 11 et 13.

* Esquisses Dijoun., 1850, p. 21 et 22.

à une assertion de ce genre. C'était d'ailleurs une chose impossible si Dijon fut ruiné dès le commencement de notre ère, car tous ces édifices, dont les débris sont parvenus jusqu'à nous, dateraient dans ce cas du triumvirat ou du règne d'Auguste, conséquence doublement absurde au point de vue de l'histoire des Gaules et de l'histoire des arts dans ce pays. D'un autre côté, *Divio* faisait partie de la cité de Langres. Pour l'ériger en municipe, il fallait que César ou Auguste lui-même le détachassent du territoire des Lingons. Pour quel motif? A quelle occasion? Par quelle faveur toute particulière pour une ville qu'ils auraient ainsi enlevée à un peuple que les Commentaires du premier nous montrent constamment fidèle aux Romains [*] et qui en fut récompensé par le titre d'allié, *fœderati.* [**] Il faudrait descendre jusqu'au règne de Galba pour trouver une circonstance qui favorise cette supposition (1), contre laquelle s'élèveraient toujours tous les documents qui représentent Dijon comme une dépendance du territoire et du diocèse de Langres. Mais l'auteur des *Esquisses dijonnaises* s'est-il seulement douté des questions que soulevaient ses téméraires affirmations?

[*] Bell. Gall., VII-63, VIII-11 et al.
[**] Pline, Hist. nat., IV-31, n. éd.

4. *La conquête des Gaules ne fut point terminée par César, mais par Auguste, 24 ans plus tard.*

La plus importante, celle que je dois résoudre sur-le-champ pour éclairer les pages qui vont suivre, c'est l'état politique des Gaules dans les vingt-quatre années qui suivirent le départ de César. La plupart des historiens nous font entendre que l'œuvre de la conquête fut entièrement terminée par le vainqueur d'Alise, et qu'il laissa notre pays complètement subjugué et réduit en province romaine. C'est une grave erreur, dont un passage, entre autres, fort explicite, de Dion Cassius (2) aurait dû les préserver, et qui, néan-

(1) Il paraît, d'après Tacite (Hist. I-8, 53), que Galba confisqua, en 68, une partie du territoire des Trévires et des Lingons.
(2) Ἐς δὶδὴ τάς Γαλατίας ἐλθών, ἐνταυθα διέτριψε (Auguste)··· καὶ

— 161 —

moins, résiste encore à l'imposante autorité de M. Am.
Thierry. * Il est certain que les peuples des Gaules re-
couvrèrent, à la faveur des guerres civiles, une véritable indépendance. On voit dans les Fastes que l'année
même qui suivit la mort de César, * Munatius Plancus,
le fondateur de Lyon, triompha encore *ex Gallia;* mais
quand Auguste, devenu maître de l'Occident, puis de
tout l'empire, voulut changer en assujettissement réel
la soumission nominale de nos ancêtres, il n'en fut pas
moins obligé de recommener par deux fois l'œuvre de
son père. Le rappel subit d'Agrippa fit avorter les vic-
toires *éclatantes* qu'il avait remportées, en 37 avant
Jésus-Christ, sur les Aquitains et les nations voisines
du Rhin. * Auguste ne put reprendre qu'au bout de
huit ans ses projets sur les Gaules, et la révolte em-
brasa immédiatement cette vaste contrée, depuis la
mer du Nord jusqu'aux bords du Rhône, et des rives de
la Moselle et de la Saône au pied des Pyrénées. Ca-
rinas et Nonius Gallus vainquirent les Belges, dont la
double insurrection avait pour chefs les Morins et les
Trévires. * Messala, le héros de Tibulle, dompta les
peuples de la Celtique et de l'Aquitaine (1), et ce ne
fut qu'en 27, dans l'assemblée générale de Narbonne,
présidée par l'empereur lui-même, * que les trois Gaules se soumirent définitivement à la puissance romaine.

* Voy. l'Hist.
des Gaulois, t.
3, p. 269 et
suiv.

* Ad ann.
Cat., 710. —
Voyez aussi V.
Paterc., II-67.

* Dion,
XLVIII, p. 260.
— Appien, Civ.
V-92.

* Dion, LI,
p. 310.

* Dion, LIII,
p. 347. — T.-
Live, Epit. 134.

τὰ τούτων ἀκατάστατα ἔτι, ἅτε τῶν ἐμφυλίων πολέμων εὐθὺς
ἐπὶ τῇ ἁλώσει σφῶν ἐπιγενομένων, ἦν, etc. (Dion., 1548, in-f°, R. Es-
tienne, l. LIII, p. 347). La traduction latine dit : Gallicis rebus, quæ
quia subactis illis statim bella civilia subsecuta fuerant, etiamnum
fluctuabant, — mot qui rend bien faiblement l'ἀκατάστατα du texte
grec, *bouleversés,* conséquence des termes Γαλάτας νεωτερίσαντας
de la page 260.

(1) Appien, Civ., IV-38. Tibull., Elég. 7, liv. 1, n. éd. :
..... Tarbella Pyrene
Testis, et oceani litora Santonici.
Testis Arar, Rhodanusque celer, magnusque Garumna,
Carnuti et flavi cœrula lympha Liger.

11

Encore s'éleva-t-il en 19 des séditions assez graves pour exiger de nouveau la présence d'Agrippa. *

* Dion, LIV, p. 358.

Ce municipe de Dijon, antérieur au commencement de notre ère, n'est donc, avec ses *priviléges* et les *droits civiques* de ses habitants, qu'une hallucination de M. De Lacuisine. Si, dans les siècles suivants, cette supposition perd de son invraisemblance, elle n'y trouve aucune espèce d'appui. C'est sans le moindre fondement que M. Jos. Bard avance qu'Auguste et ses successeurs *furent prodigues de bienfaits envers Dijon; tout fait croire,* ne craint-il pas d'ajouter, *qu'il en obtint le droit de bourgeoisie romaine.* * Rien, au contraire, n'autorise à le penser, jusqu'à l'époque où toutes les populations de l'empire reçurent de Caracalla le titre et les droits de citoyen romain (1).

* Dijon, Hist. et Tabl., p. 13.

Le même écrivain, enchérissant sur une supposition de Legouz-de-Gerland, * amène dans le prétendu camp, *dont César venait de retirer ses légions,* des vétérans de la 22ᵉ, qui, s'y fixant avec les ouvriers et les marchands que le séjour des troupes avait attirés dans ce lieu, *y mirent ainsi le noyau d'une ville.* * Il n'apporte en preuve de ce fait que l'inscription de Restitutus, publiée par Fr. Baudot (2). Elle faisait partie d'un tombeau dont il avait retrouvé ce fragment dans les fon-

* Dissert., p. 10.

* P. 10 et 11.

5. *Monument de Restitutus, vétéran de la* 22ᵉ *légion.*

(1) Galba, disent Tacite (Hist. I-8) et Plutarque (Galb. 18), créa citoyens romains tous les Gaulois du parti de Vindex; et Othon, suivant le premier, accorda le même titre *Lingonibus universis.* Mais on a de fortes raisons pour croire que ce nom est altéré; et Vespasien révoqua sans doute ces concessions, puisque Pline donne encore la qualité de *fœderati* aux Lingons, de même qu'aux Eduens, aux Carnutes, etc. (Hist. nat. IV-31 et 32.)

(2) Lettre, etc., p. 104. Legouz a reproduit (Dissert., p. 10) le dessin de ce monument, qui n'avait pas encore disparu, et l'inscription avec les variantes : Æternæ, PaternE, RestiTItus. Celle de *Paterne* serait importante, parce que l'E ne prit dans les datifs la place de la double lettre Æ qu'à la fin du 2ᵉ siècle et dans le 3ᵉ (M. de Boissieu, Inscript. de Lyon, p. 321). *Sacræ,* qu'on lit dans la copie de M. Bard, est une faute.

dations de sa maison. La corniche et la frise portaient cette dédicace :

ETERNÆ MAINT
ANDIDIÆ PATERNÆ SOCRÆ
.ESTITUTUS VET. LEG. XXII. P.

qu'on interprète unanimement de cette manière : *A la mémoire éternelle d'Andidia Paterna, sa belle-mère, Restitutus, vétéran de la 22ᵉ légion.* Ce numéro est celui que portait la fameuse légion chrétienne martyrisée sous le règne de Maximien. Du reste, point de date; cette preuve n'a donc aucune valeur chronologique, et il est évident par les faits généraux que je viens d'exposer que ce monument était postérieur à l'époque où Dijon n'aurait offert aux vétérans de César qu'une terre étrangère et une retraite bien mal assurée. Je suis étonné qu'on ne l'ait pas transformé à cette occasion en colonie romaine. On était en si beau chemin; et Auguste avait réellement fondé des colonies en si grand nombre dans les Gaules, [*] que cette dernière métamorphose n'eût pas été plus opposée que le camp légionnaire, la grande ville celtique et le municipe de M. De Lacuisine, à l'histoire générale et au silence de toute l'antiquité.

[*] En 15 av. J.-C. Dion, LIV, p. 365.

Les mêmes faits me serviront à démolir l'arc de triomphe qu'on a aussi voulu ériger à Dijon, en l'honneur du second triumvirat. [*] De tous les anciens monuments de cette ville, le plus connu et le plus estimé, avec les deux couples de danseuses qui l'accompagnent, est le bas-relief qu'on admire sur la façade d'une maison du faubourg d'Ouche, [*] et dont le moule en plâtre orne l'escalier du Musée. Il est évidemment imité d'une médaille d'Auguste (1), que Legouz-de-Gerland a fait

6. *Bas-relief du triumvirat imité d'une medaille d'Auguste.*

[*] Legouz, Dissert., p. 147. — M. Girault, Essais, p. 55. — M. J. Bard, etc.

[*] Voyez ci-dessus.

_____

(1) Cæsar Divi F. Imp. Pont. III vir R. P. C. médaille d'or, dit Millin, *Voyage*, etc., t. 1, p. 252.

— 164 —

La XXVIIIᵉ. graver dans sa Dissertation sur la même planche
que ce bas-relief, et dont le revers représente le fils
de César, Antoine et Lépide joignant leurs mains sur
un autel qui porte le globe du monde. Le personnage
du milieu porte un *lituus* ou bâton augural (1) ; à leurs
pieds est assise une femme tenant de sa main droite
une corne d'abondance, et leur présentant de la gauche
le caducée de la paix. Sur leurs têtes on lit ces mots :
*Dissert., p. *Salus generis humani.* Legouz–de-Gerland veut* que
149. le bas-relief qui a reproduit cette scène date du règne
même des triumvirs. Il en donne pour raisons le beau
style du dessin, et « qu'on aurait mal fait sa cour à
« Auguste, si l'on avait représenté plus tard une as-
« sociation dont il avait détruit le pouvoir pour arri-
* Essais sur « ver à la tyrannie. » — M. Girault* et plusieurs sa-
Dijon, p. 55. vants dijonnais ont adopté cette opinion. Est-elle fon--
dée ?

7. *Il est faux* J'observe d'abord qu'il est fort invraisemblable, n'en
que ce bas-re- déplaise à Legouz-de-Gerland,* que les Eduens ou les
lief soit de l'é-
poque même du Lingons aient possédé, aussitôt après la conquête des
triumvirat. Gaules, des artistes capables d'exécuter d'aussi belles
* Dissert., p. sculptures. En second lieu, si la cité de Langres avait
150. élevé un monument aux triumvirs, elle l'aurait érigé
à Langres même, et non dans une de ses bourgades.
Troisièmement, l'état des Gaules, tel que je l'ai démontré après la mort de César, ne permet guère de
supposer ce fait ; et il est encore moins croyable, si ce
bas-relief ornait une maison particulière, qu'un Romain de cette époque ait eu la pensée de se bâtir une

(1) Legouz veut que ce personnage soit Octave, dont le *lituus* désigne la qualité de grand-pontife, p. 151. Cette raison est fausse, puisque le grand-pontife était Lépide, qui conserva cette dignité jusqu'à
sa mort, au 13 av. J.-C. Millin dit, p. 252, que ce *lituus* désigne Antoine, qui était pontife ; mais Octave prend ce même titre sur la médaille,
et c'est à son effigie qu'elle est frappée. C'est donc lui qui doit occuper la place d'honneur.

pareille villa chez les Lingons, ou qu'un Gaulois de *Divio* ait songé, en décorant sa demeure, à flatter de cette manière les maîtres nouveaux et chancelants d'un peuple détesté plus ou moins ouvertement par toutes les races celtiques. Enfin, il ne faut pas perdre de vue que la chute de Lépide, arrivée dès l'an 36 avant notre ère, enfermerait l'exécution de ce monument dans un espace de six ou sept années, pleines de troubles et de discordes entre ces mêmes triumvirs.

Ces faits ainsi rétablis, le raisonnement de Legouz-de-Gerland tourne contre lui-même; ce n'est plus qu'après la mort d'Auguste, et probablement aussi de l'ombrageux Tibère, qu'un particulier, romain ou gaulois, aura pu donner un pareil sujet à l'artiste qu'il employait. Dès lors nous tombons dans le vague, avec M. Baudot-Lambert, dont les conjectures flottent * du proconsulat d'Agrippa dans les Gaules au règne d'Antonin-le-Pieux, dont elles étaient la patrie. Ce bas-relief n'est plus qu'une œuvre de fantaisie ou d'à-propos relative à quelque circonstance particulière. Il présente d'ailleurs, avec la médaille qui a servi de modèle, des différences remarquables et qui me font soupçonner une allusion plus ou moins directe à un événement postérieur ou à une pensée gauloise. L'autel et le bâton augural ont disparu; ce sont les triumvirs qui soutiennent, chacun d'une main, le globe du monde, portant de l'autre un gobelet, particularité caractéristique et bien connue des monuments éduens ou lingons. La femme couchée à leurs pieds n'est plus coiffée de voiles romains, et leur présente, au lieu de caducée, une grenade, symbole de concorde, dit Legouz, * de fidélité, dit M. Baudot-Lambert. ** Le premier veut que cette femme soit la figure de la terre, le second, dont je préférerais le sentiment, la prend pour la Gaule Celtique. Ces différences avaient certai-

* Observ., p. 14.

* Dissert., p. 149.
* Observ., p. 15.

8. *Explications diverses de ce bas-relief; c'est un monument essentiellement gaulois et postérieur à Auguste.*

nement un sens précis qui est perdu pour nous et que je ne prétends pas retrouver. Mais la suppression de l'autel, du lituus et des voiles de la femme couchée enlève évidemment à l'œuvre primitive son caractère romain et religieux, tandis que les gobelets donnent pour ainsi dire à ce bas-relief un cachet national (1). Quelques antiquaires prétendent que ces gobelets ne sont autre chose que les cornets avec lesquels les triumvirs tirèrent au sort les provinces qu'ils s'adjugeaient; mais je ne connais pas un seul ancien qui rapporte cette circonstance, et le continuateur de Rollin, Crévier, l'ignorait certainement, puisqu'il dit*

* Hist. rom., liv. XLIX, 1re sect.

« qu'Octave dut se contenter de son lot peu avanta-
« geux, parce que ses deux associés avaient sur les
« provinces qu'ils s'appropriaient des prétentions plus
« anciennes que l'accord passé avec lui. » — M. Girault substitue aux gobelets des rouleaux de papiers, chaque triumvir tenant à la main une copie du traité qu'ils avaient contracté.* On a déjà répondu que le triple objet figuré par l'artiste ressemblait fort peu à des *volumen* roulés, et, quand M. Girault ajoute (2) que ce bas-relief et celui des danseuses faisaient partie d'un monument particulièrement érigé en l'honneur d'Antoine qui avait eu les Gaules en partage, il oublie que ce lot, bien plus nominal que réel, lui fut promptement enlevé par la défection de l'armée de Fufius Calenus qui se donna au jeune César. *

* Essais sur Dijon, p. 56.

* Dion, XLVIII, p. 245. — Appien, Civ. V-51, 61.

Mais à quel événement ce bas-relief fait-il alors allusion? Serait-ce au triumvirat qui prétendit fonder *l'empire des Gaules*,* quand Sabinus de Langres s'unit avec Classicus et Tutor de Trèves pour se révolter,

* Tac., Hist., IV-59.

(1) C'est l'opinion de Millin, qui dit que cette *singularité remarquable fait de ce bas-relief un monument local.* (Voyage, etc., t. 1, p. 252.)
(2) C'est à tort qu'il attribue cette pensée à Legouz-de-Gerland.

— 167 —

en 70 , contre Rome que déchirait la guerre civile?
Nous savons que Sabinus se présentait, comme avait
fait Octave, pour recueillir le nom et l'héritage de
César (1), mais son règne fut si court qu'il est difficile
de s'arrêter à cette supposition, à moins de donner
sa place au batave Civilis, qui devint le chef de cette
grande insurrection. Ou bien faut-il ne voir dans ce
bas-relief, qui était accompagné de masques et de danseuses, qu'une saillie philosophique d'épicuriens gaulois, parodiant le verre en main cette fameuse alliance
de trois ambitieux, et ne demandant au monde entier qu'à jouir ensemble des vins et des richesses que
leur offrait la terre natale? Quoi qu'il en soit, cette belle
production de l'art gallo-romain est postérieure à Auguste, et ne peut servir à prouver que Dijon existait
sous le règne de ce prince et de ses premiers successeurs.

Un Dijonnais plus illustre que tous ceux que j'ai cités jusqu'ici est aussi entré dans la lice, pour soutenir *l'ancienneté de sa ville natale, dont quelques personnes ont voulu douter.* C'est ainsi que s'exprime le
président Bouhier, dans l'*Explication* qu'il publia en
1733 *de quelques marbres antiques du cabinet de
M. Lebret*, à Aix en Provence. Une des inscriptions
qu'il commentait l'amena * à parler des noms de
quelques familles romaines pris par leurs affranchis, ou
par des étrangers auxquels on accordait le titre de citoyen romain. Il cita, entre autres exemples, le nom
de Jules, qui s'était si fort multiplié dans les Gaules, où
César cherchait à se rendre agréable par cette sorte

9. *Le monu-
ment de Bira-
cattus ne prou-
ve pas davan-
tage que Dijon
existait du
temps d'Augus-
te.*

* P. 34.

(1) Voyez Tacite, Hist. IV-55 et 67 : Interea Julius Sabinus, projec-
tis fœderis romani monumentis, Cæsarem se salutari jubet, etc. J'observe que ce nom et ceux de Sabina et de Sabinianus sont les plus
communs parmi les monuments dijonnais. Voyez le Musée de l'hôtel
de Vesvrotte.

d'adoption. « C'est ce qu'on reconnaît, dit-il, par une infinité d'inscriptions où ce nom se représente, » comme celle qui existait dans son propre cabinet. On ne sait ce qu'elle est devenue. Elle était gravée au-dessus d'une figure de jeune homme, en très-beaux caractères romains, et qui paraissaient être, suivant Bouhier, du siècle d'Auguste. La voici, telle qu'il l'avait transcrite :

DIS MANBVS......VLI BIRACILLI
C. IVL. BIRACATTVS PATER P. C.

« Il y a grande apparence, conclut le président, que « ce Biracattus était un gaulois considérable et accré- « dité, à qui César avait fait accorder le droit de bour- « geoisie romaine, en lui donnant son nom, comme « Josèphe l'obtint avec celui des Flavius. » — C'est une étrange chose que les préoccupations des intérêts ou des amours-propres de clocher ! Voici un de nos savants les plus renommés qui oublie que les noms des familles romaines étaient héréditaires, et qu'il a pu exister, plus d'un siècle après César, un gaulois nommé Julius Biracattus, de même qu'on trouve jusqu'en 70 de notre ère des *Julius,* Indus, Florus, Sacrovir, Tutor, Sabinus, [*] etc. Le père de Biracillus peut donc avoir été séparé de César par sept ou huit générations aussi bien que par une seule, et la beauté de l'épitaphe de ce jeune homme ne prouve pas plus que le bas-relief du triumvirat l'existence de Dijon sous le règne d'Auguste (1).

[*] Tac., Ann., III-40 et 42; Hist., IV-55, etc.

10. *Epitaphe d'Hilarus Drusus C. CÆ...*
Parmi les premières inscriptions découvertes, et rapportées par J. Richard, s'en trouvait une que j'ai déjà

(1) Je ne parle point des médailles de ce prince qu'on a trouvées à Dijon, parce qu'elles étaient mêlées avec d'autres bien postérieures. Ainsi, en 1828 ou 29, on rencontra dans des fouilles de la rue Charrue un Auguste avec un Alexandre Sévère (Mém. de l'Acad. de Dijon, pour ces deux années, p. 233).

— 169 —

citée, et qui aurait peut-être mieux appuyé les prétentions de Bouhier et de Legouz-de-Gerland, si notre antiquaire du 16ᵉ siècle lui avait prêté plus d'attention. Je
suis étonné qu'aucun historien dijonnais ne s'en soit
occupé. Elle était ainsi conçue et disposée, sur une petite pyramide encore entière : *

* Antiq. Di-
vion., fol. 42
recto.

D. M.
HILARUS DR
C. CÆ.

Malheureusement elle est perdue comme toutes celles
de cette époque, et nous ne pouvons nous aider de la
pierre elle-même pour interpréter ces ambitieuses
initiales qui semblent vous jeter aux yeux les noms de
Drusus et de César (1). Le grand dictionnaire des Sigles
de Coletius (2) ne donne pas d'autre explication de ces
lettres (gravées sans point intermédiaire), que le premier de ces noms pour DR, et ceux de *Cæsar* et de
Cæcinna pour CÆ; ce dernier, moins probable que le
précédent, à cause du nom même de Drusus porté par
quatre ou cinq princes de la famille d'Auguste. Mais
quel rapport cet Hilarus, à qui cette inscription le
donne, avait-il avec un *Caius Cæsar,* soit le petit-fils
de cet empereur mort l'an 4 de notre ère, soit plutôt
Caligula dont le grand Drusus était l'aïeul, et qui
passa dans les Gaules une partie de son enfance? La
mutilation de la pierre nous a-t-elle enlevé ce secret,
ou bien le C doit-il se lire *Custos* ou *Curator* *, sur-
veillant du jeune prince ou intendant? C'est ce que l'i-
nattention de Richard nous fait ignorer, et le véritable

* Colet., No-
tæ, etc.

(1) Gruter a reproduit cette inscription, p. 914-3, d'après Richard,
dit-il, mais sans le DR.
(2) Notæ et Siglæ quæ in nummis et lapidibus apud Romanos obti-
nebant explicatæ; par J.-D. Coletius. Venise; in-8°, 1785.

sens de cette inscription me semble trop douteux pour que je cède à la tentation d'en tirer parti.

11. Prétendu temple de la Fortune bâti du temps de Domitien.

Il était beaucoup plus occupé de ses rêveries d'un temple de la Fortune et de son *Flavius Vetus,* prince ou citoyen puissant de Dijon, parti avec des troupes de cette ville pour aller au secours des Romains ou de quelque roi d'Asie (1), et pour l'heureux retour duquel l'intendant dont il le gratifiait, *Carantillus,* avait voué ce temple *Fortunæ reduci.* Posant en fait, d'après L. Giraldi et les médailles du 2e siècle, que le culte de cette divinité prit surtout faveur du temps de Domitien,

Antiq. Division., fol. 29 recto.

Richard en concluait* que Dijon, déjà célèbre, existait au moins à cette époque, si ce n'est bien antérieurement. Il me semble que ce serait plutôt le contraire, et qu'il est plus probable qu'on n'a érigé dans les provinces des temples à la *Fortune qui ramène* qu'après en avoir reçu l'exemple de Rome et de l'Italie. Le raisonnement de Richard n'est donc qu'une idée en l'air, qui n'établit aucun rapport réel entre l'existence de Dijon et le règne de Domitien. Son temple n'était d'ailleurs fondé que sur une seule pierre, cet autel votif dont on a vu qu'il avait faussé l'inscrip-

2e partie.

tion,* et auquel il ralliait tous les autres débris trouvés dans le collége des Godrans.

12. Des trois Tibérius et des Flavius Vétus de Dijon. Projet d'Antistius Vétus pour joindre la Saône à la Moselle.

Je m'arrêterais plutôt à ce nom de Flavius, qui était celui de la famille de Domitien, et que portait également celle qui paraît avoir été la plus importante du Dijon romain. Nous en avons parlé au sujet des ou-

(1) Le texte de Richard est trop curieux pour ne pas le rapporter. Huic Flavio Veteri cujus detruncatam illam imaginem seu statuam esse puto, hujus forte urbis tunc principi aut præpotenti civi, qui Romanis aut asiatico alicui regi suppetias forte ierat, copiasque duxerat, etc. (Antiq. Divion., fol. 40 rect.; voyez aussi 29 rect.). Il avait sans doute imaginé cette extravagance d'après le passage, certainement altéré, ou Frontin rapporte que les Lingons lui fournirent 70,000 hommes contre Civilis. (Stratag., IV-3.)

vriers en fer et en pierres qu'elle patronait dans cette ville , et nous connaissons cinq ou six de ses membres par les trois monuments qui le concernent (1). L'un d'eux nous présente à la fois trois *Tiberius*, probablement frères , et que cette particularité remarquable pour un prénom semblerait rattacher au règne du successeur d'Auguste. Il me semble, en effet, qu'indépendamment du nom de *Julius* commun à toute la famille des Césars, les Gaulois du 1er siècle prenaient ou donnaient volontiers à leurs enfants celui de l'empereur régnant. Nous avons ici trois Tibères ; plusieurs personnages des Gaules, dont Tacite parle dans ses Histoires, ont le prénom de *Claude,* Cossus , Civilis , Labéo , Victor , Claudia Sacrata , etc. * Cette remarque , si elle se confirmait, pourrait devenir fort utile pour l'étude des inscriptions gallo-romaines.

* Ier-69 ; IV-13 , 18, 33 ; V-22.

Nos trois Tibères portent en outre le surnom de *Vetus,* comme s'ils le devaient également au patronage d'un lieutenant de Néron , que ne doit point oublier l'histoire de nos contrées, L. Antistius Vetus, qui avait été consul avec l'empereur en 55, commanda trois ans après l'armée du Haut-Rhin , et conçut le projet de joindre par un canal la Moselle et la Saône , * pour unir ainsi par la navigation la mer du Nord et la Méditerranée. « Ælius Gracilis , lieutenant de la Belgique, fit « avorter ce projet, dit Tacite , à force d'alarmer Ve-

* Tac., Ann., XIII-55, éd. Nisard.

(1) Nous avons discuté dans la 2e partie les deux inscriptions des *Lapidarii* et des *Ferrarii.* La 3e est ainsi donnée par Legouz-de-Gerland, Dissert., pl. XXXII, d'après le ms. de De La Mare: *Honoribus Tib. Cl. et Tib. Fla, et Tib. Jul. Veterum et Cattiæ.* Elle fut aussi trouvée dans le collége des Godrans (Legouz, p. 168). La demeure de cette puissante famille devait donc être située sur cet emplacement, près duquel exista plus tard l'ancien palais des Ducs de Bourgogne. Reinesius a donné cette inscription, p. 461 de son *Syntagma,* avec un petit commentaire, où il dit que ces trois Vetus, de différentes familles, remplirent sans doute les premières magistratures chez les *Eduens Dijonnais.*

« tus sur le danger de porter des légions dans une
« province qui n'était pas la sienne, et de paraître bri-
« guer l'affection des Gaulois, ce dont l'empereur
« prendrait de l'ombrage, considération qui arrête
« souvent des entreprises louables. »

*13. Probabili-
té de l'existence
de Dijon dans
le 1er siècle;
tombeaux attri-
bués aux Drui-
des.*

Tous ces rapprochements de noms ou de circonstances, pris un à un, n'offrent certainement rien de
plus solide que le bas–relief du triumvirat, l'épitaphe
de Biracillus ou les vœux adressés à la Fortune *Redux*.
Mais, en groupant toutes ces particularités, leur accord
produit néanmoins une assez forte impression. On
arrive à penser que l'ancien Dijon, dont il est certain par leur beauté que quelques débris datent au
moins du 2e siècle de notre ère, existait réellement dans
le premier. Cette présomption est fortifiée par les deux

** Pl. 1re et
p. 57 et suiv.*

premières figures du recueil de Legouz-de-Gerland,*
figures gauloises que leurs couronnes de chêne ont fait
prendre pour des Druides représentés sur leurs tombeaux. Il est certain que, si cette conjecture assez plau-

** Voy. Pline,
Hist., XVI-95,
n. éd.*

sible * pouvait se vérifier, ces deux figures, dont une
est fort reconnaissable sous le péristyle des Archives,
prouveraient mieux que tout ce qui précède l'antiquité
que nous sommes tentés d'attribuer à Dijon, puisque

** Suetou,
Claud., 25.*

le Druidisme fut définitivement aboli * par Claude (1),
mort en 54 de notre ère. Mais nous n'avons point,
quoiqu'on l'ait souvent répété, la certitude que ces

** Voy. Pel-
loutier, Hist.
d. Celt., t. 2,
p. 309.*

prêtres se couronnaient de feuilles de chêne, * ou que cet
ornement fût un attribut exclusif de leur ministère. Et,
quand cela serait, les Gaulois ont pu reprendre l'usage
de ces couronnes dans les siècles qui suivirent la proscription de cet ordre religieux. On peut faire valoir,

*14. Médailles
qui s'arrêtaient
à Nerva; co-*

en second lieu, la découverte d'une soixantaine de médailles trouvées en 1841 dans la rue du Bourg, la plu-

---

(1) Ce fait a été contesté; ce qui affaiblirait encore la preuve qu'on
voudrait tirer de ces tombeaux.

part illisibles, mais dont les plus récentes, sauf une *lonnes milliaires de Trajan.* de Crispus, qui peut avoir été mêlée par hasard avec elles, sont de Domitien et de Nerva. * Enfin, cette présomption est encore autorisée par une inscription milliaire de Trajan, dont on a retrouvé un fragment près de cette ville, sur la route qui conduisait à Autun. Legouz-de-Gerland, qui l'a publiée (1), a négligé de nous dire dans quel endroit, tout en faisant des vœux pour qu'on retrouvât le reste de la colonne dont il faisait partie. Ces vœux, bien loin de se réaliser, n'ont pu même assurer la conservation de ce fragment, qui s'est perdu comme tant d'autres antiquités dijonnaises. La distance que devait indiquer cette inscription manquait malheureusement, et ce que nous en connaissons excite d'autant plus de regrets, qu'elle pouvait suffire pour résoudre le problème qui nous occupe. Nous savons que deux branches de la voie romaine de Langres à Châlon s'en détachaient à Dijon, pour gagner Autun, et il est probable que les milles ou les lieues de ces voies secondaires se comptaient depuis le point de séparation. Plusieurs colonnes trouvées dans différentes parties des Gaules prouvent que le gouvernement de Trajan donna un soin particulier aux routes de notre pays. Nous voyons, d'ailleurs, que la haute société romaine s'était déjà répandue dans les provinces de la Saône, puisque Nerva vint habiter la Séquanie pour s'éloigner de Domitien (2).

Voilà tout ce que j'ai pu tirer des antiquités de Dijon relativement à l'existence de cette ville avant le

* Mém. de la Comm. d'Antiq., t. Ier, in-4°, p. LXI.

---

(1) Dissert., pl. XII et p. 104 et 105. Voici ce qui en restait : AESA INER ERVÆ OAVG NTIF OT XX. C'est-à-dire : Cæsari Divi Nervæ... Nervæ Trajano Augusto, pontifici, potestate XX. — La 2e année de la puissance tribunitienne de Trajan tombe en 116 ou 117.

(2) Extrema ætate apud Sequanos, quo tyranni defecit metu, etc. (Aur. Vict., de Cæsar. *Nerva*).

2ᵉ siècle de notre ère. Je ne m'arrêterai pas aux tombes sénatoriales et au monument du *Nauta Araricus,* dont Legouz‑de‑Gerland concluait que Dijon devait remonter *beaucoup plus haut que Marc‑Aurèle.* * Ces inductions ne sont appuyées sur rien de précis ni de caractéristique, et la dernière, particulièrement, repose à la fois sur une fausse citation de César, que j'ai déjà relevée, * et sur une distraction évidente de notre compatriote, qui place le règne de Commode avant celui de son père. * Il est ensuite très‑probable que les Anciens de Dijon n'appartenaient pas plus à la grande famille romaine de ce nom que tous les Jules et tous les Claudes des Gaules à celle des Césars. Cette illustre maison subsista d'ailleurs jusqu'à la fin de l'empire.

Une inscription, dont je parlerai plus loin, constate enfin l'existence de notre ville d'une manière authentique dans la première moitié du troisième siècle. Mais je n'aurais sur le second même rien à ajouter aux preuves artistiques que le lecteur connaît déjà, si je n'avais rencontré, au bas du grand escalier des Archives départementales, un cippe officiellement daté de l'an 150 de Jésus‑Christ. Je puis dire *rencontré ,* puisque personne n'avait encore remarqué l'existence de ce monument, le plus important, sans contredit, que Dijon posséderait sur son origine, si j'avais pu constater qu'il provient de son propre sol. Le lecteur aura peine à croire que je n'aie pu vérifier dans cette ville même, et au sein de la Commission d'Antiquités du département à laquelle ce cippe appartient, une découverte qui ne remonte pas à vingt‑cinq ans. C'est une pierre de Dijon, m'ont dit les uns ; venue de Mâlain, m'ont dit les autres ; trouvée au Mont‑Ardou, près de Pontailler, suivant une troisième opinion. Enfin, l'on n'a gardé de l'acquisition de cette précieuse antiquité ni note caractéristique, ni souvenir distinct,

* Dissert., p. 22, 23, 24.

* P. 40.

* Dissert., p. 23, 107.

15. *Cippe nouvellement découvert de Saturninus, daté de l'an 150 de notre ère.*

— 175 —

reproche que l'archéologie et l'histoire de nos origines seront toujours en droit de faire à ceux que concernait ce devoir.

Ce cippe en pierre blanche est d'une grandeur et
d'une forme ordinaires; ce n'est cependant point un monument funéraire, mais une pierre votive, comme le
prouve l'inscription que voici, en caractères médio-
cres, mais parfaitement lisibles, sauf deux lettres :

L. GENIO^{IO}
Q. FA IVS
SATVRNNVS
BF> CAESERN
STATIANI
CŌS> GALLI
CANO ET VE
TERE CŌS.
V. S. L. M.

L'N de la première ligne est très-reconnaissable; les
deux dernières lettres I O, plus petites que les précédentes, légèrement inclinées et élevées au–dessus de
l'alignement des autres, ont été évidemment ajoutées
après coup, soit par une main oisive, soit pour réparer l'oubli de *Jovi Optimo* (1). L'F de la deuxième ligne pourrait être un T, et la lettre qui manque sera en
conséquence un B ou un second T, de manière à donner les noms de Fabius ou de Tatius; le premier est
toutefois plus probable. Le BF de la quatrième ligne
signifie *Beneficiarius,* * mot susceptible de plusieurs
sens, mais dont l'acception présente est indiquée par
son rapport avec le consul sous lequel avait servi Sa-

* Colet. Notæ
et Siglæ, etc.

(1) On peut s'assurer dans Gruter, p. VIII et IX, etc., que le
Jovi optimo était très-souvent accollé au *Genio loci.*

— 176 —

turninus (1). On nommait *bénéficiaire* d'un chef, tribun ou consul, le soldat qui lui devait son avancement ou qui avait reçu de lui son congé à titre de récompense. C'est à ce dernier sens que je m'arrête, à cause de ce voeu au génie local, qui me semble l'expression de la reconnaissance du soldat congédié dans le lieu même où il consacra ce cippe. L'emblème du génie, le serpent, est gravé en relief sur un des côtés de ce petit monument. Ainsi, l'inscription entière signifie : *Au Génie de ce lieu, Q. Fabius Saturninus, bénéficiaire du consul Cæsernus Statianus, Gallicanus et Vetus étant consuls, accomplit volontiers et justement le voeu qu'il avait fait.* Ce nom de Saturninus se rencontre sur les monuments de Langres,* mais il se présente d'une manière bien plus frappante pour nous dans une inscription lyonnaise anciennement publiée par Ménétrier, et reproduite par M. de Boissieu. Le Saturninus qu'elle nous fait connaître, tribun militaire de la 2ᵉ légion (2), porte le même nom de famille, *Fabius,* et paraît fils d'un *Vetus,* autre nom qui appartenait à notre Dijon gallo-romain. Celui de Cæsernus Statianus, qui ne fut sans doute qu'un consul subrogé, ne se trouve pas dans les Fastes, mais Gallicanus et Vetus marquèrent

* Antiq. de Langres, par M. Luquet, p. 73.

(1) Voici les différentes acceptions militaires du mot *beneficiarius :* — 1º Beneficiarii dicuntur milites qui vacabant muneris beneficio (Festus). — 2º Beneficiarii appellati quod promoventur beneficio Tribunorum (Vegèce, *Instit. mil.*, II-7). — 3º Soldat qui a obtenu son congé à titre de récompense (Paul. Grammat., cité dans le Dict. de M. Quicherat). Ce sens est celui de César, *Civ.*, III-88. Evocatorum circiter duo (millia) quæ ex beneficiariis superiorum exercituum ad eum convenerant. Il est question de Pompée. — 4º Enfin, César dit encore que Petreius accourut cum.... barbaris equitibus paucis, beneficiariis suis, quos suæ custodiæ causa habere consuerat (*Civ.*, 1ᵉʳ-75).

(2) II. VET. FIL. FABIVS SATVRNINVS TRIB. MIL. LEG. II. Ce chiffre II qui termine la ligne n'est pas très-certain; c'était peut-être un III ou un IIII (*Inscript. ant. de Lyon*, p. 312).

— 177 —

par leur consulat l'an 150 de Jésus-Christ, date qui appartient dès lors à l'histoire de la localité où ce cippe a été trouvé. Il constate aussi le véritable nom du collègue de Vetus, sur lequel les différentes collections des Fastes n'étaient point d'accord, Prosper et d'autres auteurs l'ayant nommé Glabrion. *

* V. Tillem., Hist. des Emp., t. 2, p. 548.

J'ai dit que cette découverte ne remontait pas au-delà de vingt-cinq ans. Il n'est question de ce monument ni dans les Descriptions de Legouz-de-Gerland, ni dans celles de MM. Baudot-Lambert et Fremiet; il ne faisait, par conséquent, point partie du Musée lapidaire que le premier avait rassemblé dans l'ancien Jardin botanique, mais il fut compris sous le numéro 34, dans l'arrangement de cette collection et des acquisitions postérieures de la Commission d'Antiquités, au bas de l'escalier des Archives départementales. Ce fut au mois de juin 1835 que la ville céda définitivement à cette Commission les antiquités du Jardin botanique, qui furent transportées où elles sont aujourd'hui. Cette société, qui n'existait que depuis cinq ans, réunit à ce Musée les objets qu'elle avait déjà reçus de Til-Châtel, de Mâlain, de Mêmont, etc.; il s'enrichit rapidement par des acquisitions locales ou des envois du dehors. Ainsi, au mois de février 1837, M. Philippe Floret, associé correspondant, fit présent à la Commission d'*un cénotaphe en pierre blanche avec une inscription,* trouvé dans les démolitions de l'église de Pontailler. * Ce cénotaphe est qualifié de *cippe* dans les notes particulières de M. de Saint-Mesmin, conservateur du Musée de la ville; mais je vois dans les registres des séances de la Commission que le président invita chacun de ses membres à déchiffrer l'inscription que portait ce monument. * Or, celle qui nous occupe est si facile à lire, qu'elle n'a véritablement pu provoquer un appel de ce genre, et la qualification de

16. *Fatale incertitude sur la localité à laquelle appartient ce précieux monument.*

* Mém. de la Comm., in-4°, t. Iᵉʳ, p. 442, liste des dons.

* Séance du 16 févr. 1837.

12

cénotaphe est si mal appliquée à cette pierre, qu'il n'est pas probable, en admettant que M. Floret s'en soit servi, qu'on l'ait maintenue dans le procès-verbal de la Commission. Je lis encore dans ses registres que, le 22 décembre 1840, M. Darbois lui avait offert différents morceaux trouvés dans les fouilles du porche de la tour de Bar; — et que, le 8 juin 1841, M. de Saint-Mesmin lui avait fait remettre, à titre de *dépôt,* plusieurs inscriptions, bas-reliefs, *cippes* et autres monuments provenant soit de l'ancien Jardin botanique, soit des fouilles faites près du chevet de l'église Saint-Etienne, antiquités que l'Académie avait achetées lors de leur découverte en 1829. Mais elle avait fait encore d'autres acquisitions qui durent être comprises dans ce dépôt, et que j'ai reconnues moi-même dans une salle particulière de la Commission, à l'hôtel des Archives. D'un autre côté, l'arrangement du Musée lapidaire qui entoure le grand escalier paraît avoir subi d'assez longs retards. Je vois dans un rapport de M. Chaussier-Morizot, déposé dans les cartons de cette société, que cette opération n'était pas commencée au mois de janvier 1839 (1). Je suis seulement certain qu'elle était terminée au mois d'octobre 1841, quand le conservateur actuel des Archives, M. Rossignol, prit possession de son logement.

Le cippe de Saturninus, ai-je dit, fut compris dans cet arrangement, puisqu'il porte encore son numéro d'ordre en chiffres rouges, comme les autres morceaux de cette collection. J'ai vérifié, dans le rapport de M. Chaussier-Morizot, que ce cippe ne vient ni de Mêmont ni de Mâlain. Est-ce en définitive une des acqui-

---

(1) Rapport du 24 janvier 1839. M. Chaussier demandé en postscriptum qu'on réunisse les antiquités de Mâlain à celles qui se trouvent déjà aux Archives, et l'on voit par les numéros qu'elles portent encore qu'elles ont été effectivement comprises dans l'arrangement du tout.

sitions de l'Académie déposées par M. de Saint-Mesmin et comprise par mégarde dans le Musée général des Archives, ou faut-il le reconnaître pour le *cénotaphe* envoyé par M. Floret? (1) C'est ce que je ne puis décider; et ce monument, qui serait si précieux pour l'histoire d'une de nos villes, perd une grande partie de son importance du moment qu'on ne sait plus avec certitude à laquelle l'attribuer. Dijon a pour lui la possession et l'absence de tout renseignement positif venu du dehors. Je n'ose cependant lui adjuger définitivement cette preuve de son existence en 150 de notre ère, ni en déduire qu'il fut dès cette époque aimé des vieux soldats, en réunissant Saturninus à ce vétéran de la 22e légion dont la piété filiale a fait passer à la postérité le nom de Restitutus (2).

Cette certitude qui nous manque pour le monument de l'an 150, nous l'avons pleinement pour un autre cippe déposé dans une des salles de la Commission, et daté de l'an 249. Celui-ci est une pierre votive à laquelle manque une partie de sa base et de son inscription; mais il en reste assez pour lire, en bons caractères :

17. Cippe de Pudentianus positivement dijonnais, et daté de 249 de J.-C.

IN H. D. D.
I. O. M.
PVDENTIAN'
PVTTI F'
EX VOT
XV KA'
ÆMILI
AQV

C'est-à-dire : *In honorem domus divinæ, Jovi Optimo Maximo, Pudentiani Putti filii ex voto, XV Ka—*

(1) Indication qu'on ne peut rapporter du reste à aucun autre morceau de cette collection.

(2) On a aussi trouvé à Dijon des briques de la VIIIe légion (Legouz, pl. XXXII), dont les cantonnements se sont étendus depuis

— 180 —

lendas........ ou : « En l'honneur de la Maison divine (impériale), à Jupiter, très-bon et très-grand, Pudentianus, fils de Puttus, d'après un vœu, le 15 des Calendes de..... » Les deux moitiés de noms qui suivent ont été reconnues par M. Rossignol* comme désignant les consuls Æmilianus et Aquilinus, qui marquent dans les Fastes l'année 249 (1). Ce monument et un autre pareil, voué par Pudens, fils de Pudentianus, mais sans date (2), ont été trouvés dans la place S.-Etienne, en creusant les canaux des fontaines, au mois de mai 1841. La tranchée portait tout à l'entour des traces d'incendie, et M. Maillard de Chambure ramassa, pour les présenter à la Commission, des restes de bois et de céréales laissés par le feu.

Il importe peu qu'il se soit trompé, comme je le pense, en rapportant ces deux cippes votifs à un monument élevé à la famille de Pudentianus, mais je dois signaler au lecteur une plaisante bévue chronologique de M. J. Bard. Sans dire au public qu'il devait à l'obligeance de M. Rossignol la connaissance de ces noms consulaires, il s'empare de cette découverte pour le deuxième supplément de son *Dijon, Histoire et Tableau,* se rappelle mal les noms qu'on lui a indiqués, oublie l'année à laquelle ils appartenaient, et ses yeux tombant de prime-abord, en cherchant dans les Fastes, sur un Aquilius Sabinus de l'an 214, suivi d'un Æmi-

* Comm. départ. d'Antiq., séance du 16 nov. 1843.

18. Dijon existait donc incontestablement en 249. Nouvelle bévue de M. J. Bard.

l'extrémité septentrionale de l'Alsace jusque dans notre Bourgogne et à Lyon. Voyez Schœpflin, M. de Boissieu, etc.

(1) Cette année est celle ou Dèce enleva à Philippe l'empire et la vie. M. Rossignol pense que c'est à sa maison que se rapporte le vœu de Pudentianus, et rappelle qu'on a trouvé un magnifique médaillon de cet empereur aux sources de la Seine.

(2) Voici l'inscription de celui-ci: *In H. D. D. Deo Marti Cigoelui Pudens Pudentiani Fil.* Ce nom barbare de *Cigoelui* reste à expliquer. Il paraît avoir la même racine que celui de *Segomon* ou *Sigomon,* donné également à Mars par les inscriptions séquanaises.

— 181 —

liús Lætus de l'an 215, il proclame, sans s'arrêter aux années différentes de ces deux consuls, que Dijon *était une grande chose* en 215 de J.-C.* Mais comment M. J. Bard, qui ne se doutait pas, en écrivant son livre, * que la division des Gaules en 17 provinces était postérieure de deux siècles au règne de Marc-Aurèle, aurait-il imaginé que les deux noms dont se compose une date consulaire sont inséparables en chronologie? (1)

* P. 21.

* Dijon, Hist. et Tabl., p. 15.

Et voilà comme on entasse des volumes d'histoire et d'archéologie !!

RÉSUMÉ GÉNÉRAL.

Parvenu à cette date positive et authentique, autour de laquelle devront se ranger désormais toutes les antiquités dijonnaises, j'attacherai ma barque à ce premier anneau de la certitude historique, et je terminerai à cette année 249 les recherches que j'ai soumises au lecteur. Les réponses qu'elles ont faites aux questions que j'avais posées concernent, les unes la ville, les autres le Castrum. La première, par son nom celtique, nous a paru d'origine gauloise, mais rien ne révèle son existence avant la conquête romaine. Il est faux qu'elle doive sa fondation aux légions de César, et aucune preuve n'a pu établir qu'elle remontait au temps d'Auguste et de ses premiers successeurs. D'assez nombreux indices nous ont fait cependant présumer que, dès le premier siècle de notre ère, de riches Gau-

(1) Les noms d'*Aquilius* et d'*Æmilius* sont d'ailleurs fort peu authentiques. Les anciens Fastes ne portent généralement que ceux de Sabinus et de Lætus, et le premier de ces consuls paraît avoir appartenu à la famille *Atia* plutôt qu'aux *Aquilius*. Voyez Tillemont, Hist. des Emp., t. 3, p. 127 et 130 ; l'Art de vérifier les dates, etc.

lois, probablement des navigateurs de la Saône, avaient bâti leurs maisons de plaisance ou fondé quelque exploitation industrielle près des belles fontaines vantées par Grégoire de Tours. Si nous ne pouvons avec assurance adjuger à Dijon le cippe de l'an 150 de J.-C., nous sommes, dans tous les cas, certain que plusieurs antiquités de cette ville datent au moins de ce siècle, et qu'elle existait par conséquent soixante ou quatre-vingts ans avant l'époque incontestable du monument de Pudentianus. Enfin, divers fragments d'architecture révèlent, par leurs proportions et le style de leurs ornements, des édifices de premier ordre, dont la mystérieuse grandeur contraste d'une manière étrange et poétique avec l'obscurité de notre berceau.

Le Castrum romain, bien moins ancien que la ville gauloise, dont il n'eut probablement à protéger que les restes échappés aux flammes et au fer des Barbares, eut probablement aussi beaucoup moins d'étendue. Il est absolument faux que Marc-Aurèle en soit le fondateur; et, s'il est vraisemblable que sa première enceinte fut construite par Aurélien, il est bien plus certain que les fondations qui subsistent encore ne sont point l'œuvre de ce prince. Ces fondations ne peuvent remonter au-delà du 5e siècle. Les ruines de nos belles *villas* gallo-romaines étaient devenues ou devinrent un peu plus tard le foyer d'une colonie d'Attuariens, parmi lesquels les évêques de Langres, et particulièrement les ancêtres paternels de Grégoire de Tours, fixèrent leur résidence ordinaire. Nous sommes assuré que le centre de Dijon était enfermé, avant 486, dans les murs que franchit nuitamment l'évêque Aprunculus; mais ces murs ne sont point, comme on l'a pensé jusqu'à ce jour, ceux dont quelques parties subsistent encore sous le sol actuel, avec leurs revêtements ou leur épaisseur primitive. Les premiers, dé-

truits par une catastrophe dont l'époque et les circonstances sont également ignorées, ont été remplacés par
une seconde ou troisième enceinte, élevée sur les
mêmes fondations, mais très-inférieure en force et en
beauté apparente à celle qu'avait décrite Grégoire de
Tours.

Tels sont les résultats de cette étude, quelquefois sévère et minutieuse, mais dans laquelle je m'étais précisément proposé, en écrivant un traité complet des
Origines Dijonnaises, de faire justice de toutes les
fables dont on berce encore les lecteurs de nos jours.

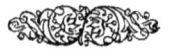

DISSERTATION PARTICULIERE

SUR LES

ACTES ET LA MISSION DE S. BÉNIGNE.

J'ai dit que les Actes de S. Bénigne étaient regardés comme le pivot sur lequel tournaient les origines dijonnaises. Cette opinion générale m'imposait donc l'étude particulière de cette légende et de la Mission de l'apôtre dijonnais. Il fallait déterminer et la valeur historique de ces Actes et le degré de croyance que méritait le fait même de cette Mission. Telles sont les deux questions qui se présentaient à moi, et que j'ai posées dans cette Dissertation.

PREMIÈRE QUESTION.

Quelle valeur historique peut-on attacher aux Actes de S. Bénigne et de ses compagnons?

1. Incertitude du véritable texte de ces Actes. Quoique cette discussion soit ouverte depuis deux siècles, et qu'elle ait été quelquefois poussée avec la chaleur d'une controverse religieuse, elle me paraît n'avoir guère touché le fond des choses et s'être constamment arrêtée aux circonstances accessoires, au lieu d'examiner les faits en eux-mêmes et par rapport à l'histoire générale. Après avoir distingué la Mission de saint Bénigne des Actes de son martyre, il faut d'abord chercher dans ces Actes mêmes leur véritable texte, leur rédaction primitive.

J'ai dit que l'abbé Fyot [*] et tous ceux qui, à ma connaissance (1), excepté Du Saussay, ont discuté ou rapporté depuis Sürius la *Passion* de saint Bénigne, se sont renfermés dans le texte de cet hagiographe, quoique Bollandus, dans son 2ᵉ volume de janvier, [*] eût annoncé pour le 1ᵉʳ novembre une vie de ce martyr, certainement différente de celle qu'avait publiée son devancier. Le travail des Bollandistes s'étant arrêté au mois d'octobre, cette vie pouvait n'être connue que par l'annonce dont je viens de parler ; mais le savant éditeur y signalait d'avance l'étrange chronologie de ce biographe, qui, plaçant la Mission de saint Bénigne sous Marc-Aurèle, retardait son arrivée à Lyon jusqu'au temps de Sévère, et sa mort jusqu'au règne d'Aurélien (2). Or, les Actes de Surius [*] ne commencent qu'à l'intervention de ce dernier empereur, et il est évident qu'il ne connaissait pas toute la partie précédente, puisque, pour effacer l'anachronisme qu'il trouvait dans son manuscrit, il substituait au nom de ce prince, qui ne prit la pourpre qu'en 270, celui de Marc-Aurèle, sous qui l'illustre évêque de Smyrne, dont Bénigne se disait le disciple, fut martyrisé vers l'an 167 de Jésus-Christ. [*] Cette correction ne peut se concilier avec le système que révèle l'annonce de Bollandus ; et celui-ci ajoutait d'ailleurs qu'il était en outre question, dans cette Vie de saint Bénigne, des trois Ju-

[*] Hist. de l'Abb. de S.-Etienn., in-fol., 1696, pr.

[*] 1643, p. 77, n.

2. *Texte annoncé par les Bollandistes différent de celui de Surius.*

[*] De prob. sanctor. vitis, 1ᵉʳ nov., éd. 1618.

[*] Chron. d'Eusèbe, de S. Jérôme, de S. Prosper, etc.

(1) Ism. Bouillauld, François Baudot, Mangin, Legouz-de-Gerland ; MM. Girault, Baudot-Lambert, Vallot, de Missery, etc.

(2) ..... Ab incurioso auctore qui sub Marco Antonino missum a S. Polycarpo in Gallias Benignum cum sociis tradat, Severo in christianos sæviente pervenisse Lugdunum, sed Aureliano tandem martyrio perfunctum. (17 janvier, p. 77.)

— 186 —

meaux de Langres, dont le texte de Surius ne dit pas le moindre mot. L'*Eodem tempore* par lequel débutent les Actes qu'il a publiés démontrait au surplus qu'ils se rattachaient à une narration précédente, dont on aurait dû reconnaître les éléments dans le Martyrologe gallican de Du Saussay (1). Valois citait de son côté, dans sa *Notitia Galliarum,* à l'article *Divio,* un passage qui diffère du commencement de Surius non - seulement par les termes, mais par l'addition d'une phrase entière qui reprend les choses de plus haut.

3. La mission de S. Bénigne centre d'un cycle hagiographique.

Il faut remarquer de plus que la Mission de saint Bénigne a servi comme de centre à un petit cycle hagiographique dont les diverses parties se rattachent à son apostolat dans les Gaules, savoir : les vies des saints Symphorien, Andoche, Tyrse, Félix de Saulieu, Andéol, des trois Jumeaux de Langres, etc. Ces Actes contiennent des faits relatifs à l'apôtre de la Bourgogne qui manquent à sa *Passion* telle qu'on la trouve dans Surius, et que l'abbé Mangin a joints à celle-ci pour nous donner, dans son Histoire ecclésiastique de

* T. 1er, ch. 4 et 5.

Langres et de Dijon, * une vie entière de saint Bénigne. C'est avec les mêmes secours qu'on a complété

* Office propre de S. Bén., lat.-franç.

l'office de ce saint en 1709, * et dans le *Breviarium Divionense* imprimé en 1762 par ordre de l'évêque de

* T. 3, p. 515 et suiv.; 24 nov.

Dijon, M. d'Apchon. * Les deux rédacteurs paraissent, comme Mangin, n'avoir connu que le texte de Surius, et tous les trois rapportent simplement au règne de Marc-Aurèle la mission entière et le martyre de ce héros de la foi. Ces deux écrivains, comme l'abbé Fyot et les autres dont j'ai parlé, auraient donc dû s'enquérir premièrement des Actes annoncés par Bollandus, et s'en rapporter d'autant moins à Surius seul

(1) On y trouve, au 1er nov., l'extrait de l'histoire de saint Bénigne, avec des passages cités en italique, qui sont tirés du texte même que Du Saussay avait sous les yeux.

que cet éditeur les avertissait lui-même qu'il avait fait divers changements au manuscrit fort ancien qu'il avait sous les yeux (1), changements qu'il n'indiquait pas, sauf celui du nom d'*Aurelianus,* mais dont une critique plus exacte se serait fait un devoir de vérifier l'importance et l'étendue. Il est vrai que ni lui, ni Valois, ni Bollandus n'ont dit où se trouvait le manuscrit dont parlait chacun d'eux; mais, sans nommer encore une fois Du Saussay, Baronius avait depuis longtemps cité, dans son Martyrologe romain, à propos de saint Bénigne, un recueil hagiographique plus ancien que celui de Surius (2), et dans lequel se trouvait une version différente des Actes de ce martyr : c'est le *Catalogus Sanctorum* de Pierre de Natalibus, terminé en 1372. Ce qu'il dit de saint Bénigne se rapporte à la vie qu'avait annoncée Bollandus, si ce n'est qu'il rattachait au règne seul d'Aurélien la mission de l'apôtre et sa mort. Les historiens bourguignons avaient encore sous la main, dans la Chronique de l'abbaye de Saint-Bénigne de Dijon, publiée depuis deux siècles,* une quatrième version avec laquelle ils pouvaient contrôler les Actes de Surius. Cette version était fort remarquable, parce qu'elle avait déjà tenté, long-temps avant lui, de rectifier l'anachronisme qu'il prétendait corriger, contrairement à tout ce que l'histoire nous apprend des voyages ou des campagnes de Marc-Aurèle, qui ne mit jamais les pieds dans les Gaules. Elle résumait le système chronologique d'une autre Vie de saint Bénigne en vers, qui existait dans la bibliothèque de cette même abbaye, et dont le manuscrit datait du

4. *Troisième version des Actes de S. Bénigne.*

* Spicil. de d'Achery.

(1) ... Ex quodam sane manuscripto antiquo codice.... mutata non nihil ubi expedire visum est. (Titre de la Passion de saint Bénigne, 1er nov., éd. 1618.)

(2) La 1re éd. de Surius est de 1570. Quant à la fameuse *Légende Dorée* de Jacq. de Voragine, je n'y ai rien trouvé sur S. Bénigne.

— 188 —

5. *Quatrième version dans la Vie de S. Bénigne en vers, et la Chronique de son abbaye à Dijon.*

9ᵉ siècle, suivant le P. Chifflet, qui en fit de sa propre main une copie pour les Bollandistes. L'auteur, pensait-il, d'après le rhythme de ses vers, devait être à peu près de la même époque (1). Le nom d'*Aurelianus,* suivant le poète et le chroniqueur qui écrivait au milieu du 11ᵉ siècle, désigne le successeur de Macrin (2), c'est-à-dire Elagabale, qui monta sur le trône en 218. Cette date, en nous rapprochant de cinquante-deux années de saint Polycarpe, ne présentait plus rien d'impossible ; restait un second anachronisme que le poète a voulu faire également disparaître. Les Actes en prose disent que l'illustre évêque de Lyon, saint Irénée, disciple de saint Polycarpe de Smyrne, apparut à son maître aussitôt après son martyre, pour le prier de sauver l'Eglise des Gaules. Or, saint Irénée ne fut martyrisé qu'en 202 ou 203, dans la persécution suscitée par Septime Sévère, trente-six ans après la mort de saint Polycarpe, auquel le poète imagina, en conséquence, de substituer un autre disciple de saint Jean, Polycrates, métropolitain d'Ephèse, qui aurait, après la mort de son aîné, pris son nom par attachement fraternel et en souvenir de son héroïsme (3). Ce fait n'est pas effectivement sans exemple, et l'on pense

(1) Pervetusta est scriptura hujus codicis, dit Chifflet cité par les Bollandistes, et annos præ se fert fere octingentos. Nec fortasse multo antiquior fuit scriptor ipse, aut etiam a librario diversus, cum præter unum hoc rhythmi istius, sive carminis, exemplar vix aliud uspiam reperire sit. — Les Bollandistes ajoutent : Codex ille consequenter ad sæculum nonum referendus erit. (24 sept., p. 668.)

(2) Severo itaque decimo octavo imperii in Britannia defuncto successit Antoninus Caracalla cognomento filius ejus in imperium, quod tenuit annis septem. Quo mortuo, imperavit Macrinus anno uno. Post quem M. Aurelius Antoninus obtinuit imperium annis quatuor..... Imperator ergo Aurelius, *qui et Aurelianus vulgo dicebatur,* Divion castrum ingressus, etc. (Spicil. d'Ach., t. 2, fol. p. 358.) Ainsi s'exprime le chroniqueur ; j'ai cité les vers du poète dans les *Origines dijonnaises,* p. 19.

(3) Le texte est cité dans les *Origines dijonn.,* 1ʳᵉ question, p. 19.

que le célèbre historien Eusèbe de Césarée dut à une pieuse inspiration de ce genre son surnom de Pamphile. Mais il faut observer que Polycrates, d'après l'histoire ecclésiastique de cet auteur, ne peut avoir été condisciple de saint Polycarpe, puisqu'il n'était pas encore né à la mort de saint Jean. Saint Jérôme le cite parmi les écrivains du temps de Septime Sévère; mais il est fort douteux, malgré l'autorité de deux manuscrits, que l'Eglise l'ait jamais élevé au rang de ses Saints.[*]

[*] Voy. Bolland, 24 sept., p. 670.

Je remarquerai en passant que saint Julien de Baleure doit avoir eu, au 16e siècle, connaissance de ces Actes en vers, car il dit positivement que Bénigne et ses compagnons, Andoche et Tyrse, « furent envoyés par « saint Polycarpe, non celui qui fut auditeur de S. Jean « (comme quelques-uns le pensant se sont trompés), « mais par un autre Polycarpe postérieur de temps. [*] » — Le chroniqueur dijonnais, en donnant, sans entrer dans aucun détail, au Polycarpe dont il parle, le titre de Métropolitain d'Asie (1), avait certainement adopté cette seconde correction, qui s'est glissée d'ailleurs dans un assez grand nombre de manuscrits, où le nom d'Ephèse remplace celui de Smyrne. [*] Peut-être est-elle même plus ancienne que le poète, puisqu'on lit déjà dans les Actes des trois Jumeaux de Langres, par Warnaharius, qui écrivait au commencement du 7e siècle, que Polycarpe était évêque de cette première ville (2).

[*] De l'Orig. des Bourg., p. 204.

[*] Bolland, 24 sept. p. 671, col. b.

(1) Hujus autem servi Dei directio ita est divinitùs jussa atque suasa metropolitano Asiæ Polycarpo episcopo, etc. (Spicil. d'Ach., *ibid.*)

(2) Chap. 1er., Bolland., 17 janv. Bollandus y corrige Ephèse comme une faute; mais, au 24 septembre, ses successeurs font valoir ce nom comme une preuve en faveur de Polycrates; seulement ils renvoient (p. 671) aux *Actes de S. Symphorien*, par Warnahaire, ce qui ne peut être qu'une distraction de leur part, puisqu'ils n'ont pas dit un mot de ces Actes à l'article de ce saint. L'histoire des évêques d'Auxerre, publiée par le P. Labbe, fait aussi Polycarpe évêque d'Ephèse. (Biblioth. nova, t. 1er, p. 412.)

Mais, pour ce qui concerne les empereurs, le poète disant en propres termes qu'il a voulu rectifier la chronique des Actes existant de saint Bénigne, [*] il est incontestable que la version la plus ancienne, comme la plus généralement reçue, est celle qui désignait Aurélien, par le seul nom d'*Aurelianus,* comme l'auteur de son martyre. C'est ce que confirment, comme on l'a vu dans les *Origines dijonnaises,* le cycle entier qui s'est formé autour de sa passion, le témoignage positif de Grégoire de Tours, la tradition primitive de l'Eglise de Langres, l'inscription de l'abbaye même de Saint-Bénigne à Dijon, enfin le *Sanctuarium* de Mombritius et le *Catalogue* de Pierre de Natalibus.

[*] Voyez les Orig. Dijonn., p. 19.

Nous avons donc, pour résumer ce qui précède, quatre versions différentes des Actes de saint Bénigne, et trois époques entre lesquelles flotte, pendant un siècle, le martyre de l'apôtre bourguignon. Ces trois époques sont : 1° celle de Marc - Aurèle, désignée par la mission de saint Polycarpe de Smyrne, et adoptée par Surius, Baronius, le *Breviarium Divionense* et la plupart des modernes, tels que les Bénédictins de l'Art de vérifier les dates, Dom Ruinart et les derniers éditeurs de la *Gallia Christiana;* — 2° celle d'Elagabale avec la substitution de Polycrates ou Polycarpe d'Ephèse, et positivement donnée par les actes en vers et la chronique de saint Bénigne : je ne connais guère que Chasseneuz et Gilles Corrozet qui l'aient adoptée; [*] — 3° enfin, celle d'Aurélien, attestée par les Actes en prose et les Martyrologes. Fleury et les derniers Bollandistes en ont encore greffé un quatrième sur la seconde, en remontant d'Elagabale à Sévère et à Caracalla.[*] On doit comprendre que ces variations affaiblissent singulièrement l'autorité de cette légende et les conclusions qu'on en tire depuis deux siècles pour l'antiquité de Dijon. Il nous reste à comparer entre eux

6. *Trois ou même quatre époques assignées au martyre de S. Bénigne.*

[*] Cathalog. des Villes, etc., 1540, fol. 11.

[*] Voy. les Orig. Dijonn., p. 20 et suiv.

les différents textes en prose, et à chercher du moins quel peut être le plus ancien et celui qui présente le plus de valeur historique. Mais, hélas! que sont devenus les manuscrits de Surius, de Valois, de Bollandus? Ces documents existent-ils encore? Ont-ils échappé à toutes les vicissitudes et aux dispersions qu'ont subies les congrégations religieuses ou les bibliothèques qui les possédaient? Ici même, à Dijon, je n'ai pu avoir, malgré toutes mes recherches, aucune nouvelle de la vie en vers, qui ne m'est connue que par la dissertation des Bollandistes sur le martyre de saint Andoche. Mais, en quêtant de tous côtés ces Actes versifiés, je suis tombé, sinon sur le poème, du moins sur une copie complète des Actes en prose, tels que les avait annoncés Bollandus. Je les ai découverts dans un énorme manuscrit de la Bibliothèque de Dijon, en cinq volumes grand in-folio à trois colonnes, intitulé *Legendæ Sanctorum*, et qui offre ceci de particulier, que les trois premiers volumes, qui contiennent les vies depuis Noël jusqu'au mois d'août, ne sont que du 14ᵉ siècle, tandis que les deux derniers, qui achèvent l'année, datent au moins du 12ᵉ. La vie de saint Bénigne est la cinquante-sixième du tome IV, dont elle occupe six pages et demie, ou vingt colonnes. La partie correspondante au manuscrit de Surius n'en tient que dix; mais on peut juger du premier coup-d'œil que les Actes publiés par ce dernier présentent une rédaction toute différente et quelquefois contradictoire dans les détails, quoique entièrement pareille pour le fond du récit. La narration de Surius, qui me paraît déjà une amplification du texte de Mombritius (1), est écrite, en acceptant même toute l'invraisemblance de cette lutte

7. *Découverte des Actes complets en prose à la Bibliothèque de Dijon.*

8. *La rédaction de ces Actes très-différente de celle de Surius.*

_____

(1) Le *Sanctuarium*, imprimé en 1479, étant devenu extrêmement rare, je n'en puis juger que par les extraits qu'on a eu l'obligeance de m'envoyer de Paris.

d'un pauvre vieillard des Gaules avec la majesté impériale entourée de toute sa puissance, dans un style qu'on
peut trouver trop fleuri, et quelquefois déclamatoire.
C'est bien autre chose dans le manuscrit de Dijon.
Celui-ci est un véritable poème en prose, avec tous les
ornements et les défauts du genre, figures, images,
miracles, harangues à la manière antique et d'une ferveur souvent éloquente; mais aussi abus et répétition
du merveilleux, emphase, tirades déclamatoires et li-
cences chronologiques d'autant plus remarquables, que
l'auteur montre en quelques endroits une connaissance exacte des faits historiques. Voici le sommaire
de cette épopée chrétienne, avec son double anachronisme de saint Polycarpe de Smyrne survivant à saint
Irénée, et, pour ainsi dire, contemporain d'Aurélien.

9. *Sommaire de ces Actes.*

Nos Actes dijonnais commencent à l'exil de S. Jean
l'évangéliste dans l'île de Pathmos, où le relégua Domitien, et à l'édit du *très-pieux* empereur Nerva, qui
lui rendit sa liberté. Fondateur et chef de toutes les
Eglises d'Asie, il eut, entre autres disciples, S. Polycarpe, évêque de Smyrne, illustre par sa science et
par ses miracles, et martyrisé sous le règne de *M. Antoninus Verus*, ou Marc-Aurèle. Polycarpe avait eu
pour élève S. Irénée de Lyon, qui lui apparut tout-à-

* Vie en vers, id. Bolland, 24 sept., p. 669.

coup, au milieu de la nuit, * pour lui annoncer la désolation de l'Eglise des Gaules, où sévissait une persécution terrible qui venait de l'immoler lui-même, et
ne laissait qu'à un bien petit nombre de chrétiens le
courage de confesser leur foi. Il lui recommandait d'y
envoyer sur-le-champ, pour la sauver, les saints prê-

* Vie en vers, ibid.

tres Bénigne et Andoche, et le saint diacre Tyrse * (1).

(1) Du Saussay a supprimé entièrement, dans son *Martyrol. Gallic.*,
l'intervention de S. Irénée. C'est, dit-il, S. Jean l'Evangéliste qui
recommanda en mourant à S. Polycarpe d'avoir un soin paternel
de l'Eglise des Gaules (t. 2, p. 803).

— 193 —

Ceux-ci reçoivent cette mission avec joie, et s'embar-
quent aussitôt pour la Gaule. Leur vaisseau les porte
en Corse, où une effroyable tempête les empêche de
continuer leur route. Etonnés de cet obstacle, ils pas-
sent la nuit en prières, et Irénée, se montrant à Bénigne, lui apprend que c'est la volonté céleste qui
s'oppose à leur départ, afin qu'un nouveau missionnaire que Dieu leur adjoignait, Andéolus, pût les rejoindre dans cette île. A la même heure de la nuit
Irénée apparaissait une seconde fois à S. Polycarpe,
et lui portait l'ordre de faire partir pour les Gaules cet
Andéolus, qui, obéissant aussitôt, fit en trois jours la
traversée de Smyrne en Corse. Ils se rembarquent tous
les quatre pour Marseille et se rendent à Lyon, métropole des Gaules, où éclatait dans toute sa furie la
persécution ordonnée par l'empereur Sévère (1). Ils
y reçoivent, au milieu des tombeaux des martyrs où il
vivait caché, l'hospitalité du prêtre Zacharie (2), chez
qui un ange vient révéler à Andéolus que le but de sa
mission particulière est Carpentras (3). Il quitte ses com-

(1) Je ne sais où G. Paradin (Annal. de Bourgog., p. 17) a pris (en
1566) que l'histoire des apôtres de Bourgogne, Bénigne, Tyrse et Andoche, tesmoigne qu'ils vindrent, envoyez par le *céleste* Polycarpe, régnant à Rome l'empereur Alexandre Sévère, environ l'an de J.-C.
225, etc. C'est contraire à tous nos documents et à l'histoire des persécutions de l'Eglise. La Chronique de S.-Bénigne donne la date 195,
mais par erreur, pour 205, puisqu'il précise la 13e année du règne de
Septime Sévère.

(2) Qui tunc gravissima sub *Severo imperatore* persecutionis pro-
cella detonante, inter martyrum sepulchra delitescens, fluctuanti ecclesiæ divinum advenire præcabatur auxilium. — La Vie en vers dit
de même :

    Lugdunum cito expetunt,
    Quo Zachariam abditum
    Confessorem reperiunt, etc.

(3)   ..... Illos monet Angelus,
    Uti sacer Andeolus
    Carpentoraci gentium
    Mittatur ob remedium.

— 194 —

pagnons avec douleur, mais avec une fervente espérance de retrouver dans le ciel leur vie commune de
prières et de fraternité. Bénigne se dirige de son côté,
avec Andoche et Tyrse, sur Autun (1), où ils sont ac-
cueillis par Faustus, personnage dont l'opulence éga-
lait la haute noblesse, et qui les reçut au milieu d'une
foule d'amis, de serviteurs et d'esclaves. Dévoué au
christianisme, il leur demanda le baptême pour son
fils S. Symphorien (2), encore en bas-âge, et pria
Bénigne d'aller visiter une sœur qu'il avait à Langres,
nommée Léonilla, et non moins riche que lui. C'était
le temps où l'empereur Aurélien venait d'ordonner,
par un édit impérial, une nouvelle persécution contre
les chrétiens. Ce prince, après avoir pris la pourpre à
la mort de Claude assassiné à Syrmium, était venu
combattre Tétricus jusqu'aux extrémités de la Gaule*,
et avait, peu de temps après, déclaré la guerre au nom
chrétien. Bénigne adresse à ses compagnons un dis-
cours qui les remplit de courage, et ils partent pour
Saulieu, où les attendait une mort triomphante. Lui-
même, se rendant à Langres, y baptise les trois petits-
fils jumeaux de la vénérable Léonilla, jeunes hommes

* V. le texte
aux Orig. Di-
jonn., p. 17, n.

(1) L'auteur nous donne en passant une curieuse étymologie du
nom primitif d'*Hedua* : Quod cum primum civitatis ejusdem funda-
mina jacerentur, in ejus medio duo heduli visi sunt, obversis fronti-
bus, illisis inter se validè cornibus obluctari. — C'est du moins plus
supportable que l'antique Besançon sortant des ruines de Chrysopolis,
sous le nom de *Bisuntio,* à cause d'un bison, *vison fera,* qu'on y
trouva paissant, quand on voulut relever ses murailles. (Bolland.,
16 juin ; S. Ferréol et S. Ferrucius, Invent. corpor.)
(2)   Ubi Faustus vir nobilis,
          Christum colens in abditis,
          Hos dum benigne suscepit
          Deicolas intelligit ;
               Quibus offert clarissimum
          Dicandum Deo filium
          Symphorianum, nobilem
          Post consecrandum martyrem.   (Id.)

— 195 —

non moins distingués par leur instruction que par
leur beauté, et qu'il perfectionna pour le martyre. Ils
sont aujourd'hui les protecteurs et les gardiens de leur
pays natal.

Ce fut après ces événements que Bénigne, rempli
de l'Esprit saint, arriva dans un lieu nommé Dijon,
où l'on contruisait alors, par ordre de l'empereur Aurélien, avec la plus grande activité et une foule d'ouvriers, un fort du même nom. Bénigne s'y arrêta pour
prêcher au peuple les vérités qu'il tenait du ciel. Pendant ce temps, Aurélien, qui avait amoncelé les cadavres des martyrs dans toutes les parties de la Gaule
qu'il avait parcourues pour éteindre le christianisme,
arrivait lui-même à Dijon. Plein de joie à l'aspect des
puissantes murailles de cette ville nouvelle, il témoigna sa satisfaction d'un si bel ouvrage, et ordonna de
bâtir sur-le-champ des temples à Jupiter, à Saturne et
à Mercure, en prescrivant surtout de ne souffrir dans
cette enceinte aucun de ces chrétiens qu'il faisait
poursuivre jusque dans les cavernes et les retraites les
plus cachées des forêts (1). Le Comte du lieu, *Comes
loci illius*, Térence, lui répondit qu'il ne connaissait
pas ces ennemis des dieux, mais qu'il avait remarqué

---

(1) Voyez le commencement de ce passage dans les *Origines dijonn.*,
p. 12. Voici la suite : Ædificate nunc templum Jovi, Mercurio et Sa-
turno, nec patiamini ullum qui se christianæ legis affirmat, in locis
istis residere, ne eorum vana religione populus noster evertatur.......
Christianos omnibus in locis persequi, in antris quoque et abditissimis
sylvarum lustris investigari mandavit. Le texte de Mombritius dit simplement (t. 1er, p. 294) : Aurelianus imperator Divionem ingressus ad
dividendos (sic) novos muros ibi constructos, jussit templum ædificari
Mercurio, et ne paterentur ullum christianæ legis professorem in locis illis residere. — On voit que la légende primitive ne parlait que
de Mercure. Le rédacteur de Surius ajoute déjà deux autres dieux,
Jupiter et Saturne, et l'approbation d'Aurélien, que nos *Actes dijonnais* amplifient ensuite jusqu'à la joie, avec un éloge *patriotique* des
remparts de Dijon.

un homme à la tête rasée, qui prêchait des dogmes nouveaux, en faisant une foule de bonnes œuvres et de prodiges, ressuscitant même les morts, etc. C'est un chrétien! s'écrie l'empereur, qui commande aussitôt qu'on lui amène cet homme. On le trouve dans un village voisin de Dijon, nommé *Spaniacum* [*] (Epagny), haranguant le peuple; il est battu, chargé de liens, conduit au prince qui l'interroge. « Seigneur, répondit l'apôtre, mes parents m'ont donné, au nom du Christ, le nom de Bénigne, et je suis venu de l'Orient, envoyé dans les Gaules par le saint évêque Polycarpe, avec d'autres serviteurs de Dieu » [*]. Il fait sa profession de foi. Menaces de l'empereur; Bénigne défie toutes ses tortures. Aurélien stupéfait cherche à le séduire; il lui jure par tous ses dieux de le faire, pour prix de son obéissance, leur grand-prêtre, et de lui donner la première place dans son palais avec un traitement aux frais du Trésor public. Refus de l'apôtre. L'empereur charge le comte Térence de le soumettre à diverses tortures pour vaincre son obstination. Bénigne prie à haute voix au milieu de ces tourments, dont il sort victorieux, mais si cruellement maltraité que ses entrailles paraissaient à découvert. La nuit venue, on le jette dans un cachot infect; un ange qui remplit cette prison d'une odeur d'ambroisie vient guérir toutes ses plaies, au grand étonnement de l'empereur, quand il le fit ramener le lendemain devant son tribunal. Il le traite de magicien; Bénigne repousse avec chaleur une pareille accusation, au nom du Dieu même des chrétiens, et persiste dans son refus de sacrifier aux idoles. Aurélien imagine qu'en le forçant de manger la chair des victimes, la vertu de ces aliments consacrés changera les dispositions impies de ce vieillard, et donne l'ordre de lui en faire avaler de force. Prière du martyr et signe de la croix qui réduisent en poussière les

[*] *Psamatus* dans Mombritius, t. 1er, p. 294.

[*] Mombrit., id.

vases du sacrifice, en fumée ces chairs impures. Les idoles tombent renversées devant lui. Vive douleur du prince, qui en devient presque fou d'étonnement, mais qui, revenant à lui, suppose avec une étrange subtilité que ce prodige est une bonté de ses dieux qui veulent épargner leur ennemi. Bénigne lui reproche sa stupidité, en termes beaucoup plus mesurés, toutefois, que les injures qui émaillent le texte de Surius. Aurélien furieux fait porter dans la prison une cuve de pierre qu'on remplit de plomb liquide, on y plonge les pieds du saint athlète, on lui enfonce des alènes brûlantes dans les doigts des mains ; Bénigne continue à prêcher ses bourreaux (1). Enfin, on l'enferme sans aucune nourriture avec douze chiens féroces et affamés qui devaient faire disparaître jusqu'à la dernière partie de son corps. Mais l'ange revient illuminer ce noir cachot, délivre Bénigne de ses tortures, guérit de nouveau toutes ses plaies, et lui donne à manger un pain céleste, tandis qu'il apaisait la férocité des chiens devenus caressants comme de jeunes agneaux.

Pendant six jours les gardes d'Aurélien veillèrent sur cette prison ; au bout de ce temps l'empereur la fit ouvrir ; ils trouvèrent Bénigne plein de joie et de santé, chantant les louanges du Seigneur. Aurélien refuse de croire à leur rapport ; forcé enfin de se rendre à l'évidence, il fut accablé de honte et de douleur. Une lutte terrible s'établit dans son esprit, mais, après une longue délibération, il donna l'ordre de briser avec une barre de fer la tête du martyr, et de lui percer le corps à coups de lances, ce qui fut exécuté avec tant de rage que les fers de ces lances se croisaient dans ses en-

(1) Filioli mei comites et Tribuni, — leur dit-il, en leur parlant des supplices de l'autre vie : — ubi reorum corpora experiuntur ignem semper ardentem, et vermem semper edentem ; ubi est mors sine morte!

trailles. Une foule de fidèles qu'aucune menace ne pouvait écarter entouraient la prison pour s'associer au courage et au triomphe du saint apôtre (1). Ils en virent tout-à-coup sortir une colombe plus blanche que le lait, qui s'envola vers les cieux, pendant qu'une odeur d'une suavité ineffable les remplissait de joie et de ferveur pour le martyre. L'auteur ne dit pas qu'Aurélien et le comte de Térence aient sévi contre cette foule chrétienne qui apparaît tout-à-coup aux lieux mêmes où se trouve l'empereur, malgré les ordres impitoyables qu'il avait donnés. Il s'éloigna plein de confusion, et la bienheureuse Léonilla, qui était secrètement convertie, recueillit après son départ le corps de Bénigne, lui donna une sépulture convenable dans le lieu où il est actuellement honoré. Ce fut le jour des Kalendes de novembre que ce saint expira.

Le très-impie Aurélien, l'auteur a cru devoir nous en instruire en terminant son œuvre, reçut, après un règne de *cinq ans et six mois*, le châtiment que méritait le massacre de tant de martyrs. Comme il se rendait en toute hâte à *Constantinople*, épouvanté par un coup de tonnerre qui l'avait renversé avec toute sa suite, il fut tué par ses soldats dans un lieu nommé *Cenofrurium*, à moitié chemin entre Héraclée et Byzance. [*]

* Voyez le texte aux Orig. Dijonn., p. 17, n.

10. *Ces Actes ne sont point contemporains de S. Bénigne.*

Le simple résumé que je viens de présenter au lecteur suffit pour démontrer, en premier lieu que c'est incontestablement d'Aurélien et non de Marc-Aurèle que parlent ces Actes, et secondement qu'ils ne peuvent en aucun cas être rangés dans le très-petit nombre de ceux qu'on regarde comme *primigenia* ou *genuina*, c'est-à-dire écrits sur des témoignages oculaires ou du moins contemporains. Le nom seul de

(1) Aderat ibi permaxima fidelium multitudo, quos nullæ persecutorum minæ, nec ipsius postremo metus mortis ab ipsius sancti caritate et obsequio valuerant separare.

Constantinople constate qu'ils sont postérieurs à l'an
330, époque de la fondation de cette ville, et les emprunts évidents faits par l'auteur à la Chronique de
S. Jérôme (1) les renverraient à la fin du 4e siècle.
Mais l'intervention d'un Comte dijonnais, *Comes illius
loci,* leur enlève encore, pour le moins, deux cents ans,
d'après les autorités que j'ai citées, relativement aux
Comtes cantonaux, dans mes *Origines Dijonnaises.*

11. *Les Ro-
mains n'ont ja-
mais eu de com-
tes cantonnaux.*

J'ajouterai que l'établissement d'un Comte titulaire
dans chaque cité ou diocèse appartient entièrement,
ce me semble, au gouvernement des Barbares. Ce
que Godefroid a démontré, dans tous les cas, c'est que
ce titre de *Comes* ne devint une dignité romaine que
sous le règne de Constantin. * La *Notice de l'Empire*

* Code Théo-
dos., t. 2, p.
99 et suiv.

est le plus ancien document qui nous montre des
Comtes provinciaux, mais exclusivement militaires,
comme celui de Strasbourg, *Comes Argentoratensis.*
Aussi Pancirole observe-t-il que les Comtes et les Ducs,
comme les maîtres de la Milice, n'avaient point de
bureaux civils, parce qu'ils n'exerçaient aucune juridiction sur les habitants du pays.* Les premiers Comtes

* Not. dignit.
imp., p. 34.

civils n'apparaissent que dans une loi de l'an 413, où
l'on voit que ce titre était donné comme récompense
toute personnelle à ceux qui l'avaient mérité (2), parmi
les grands fonctionnaires que les lois précédentes nomment *Rectores, Moderatores, Præsides* ou *Judices* des
provinces. Les exemples en sont fort rares sous les empereurs; le plus ancien et pour ainsi dire le seul que je
connaisse est ce Comte de Tours, Avitianus, dont Sulp.

---

(1) Confrontez le texte de nos Actes que j'ai cités dans mes *Origin.
dijon.,* p. 17, avec cette Chroniq., ann. 271 et 276. C'est, entre autres
similitudes, S. Jérôme qui a fourni au biographe le nom de Constantinople.

(2) Cod. Théod., liv. VI, titre 17. — De comitibus qui provincias
regunt. — Voyez ensuite les tit. 7 et 8 du liv. 1er.

margin notes (left):

* 3e Dial., ch. 4 et 8, éd. Panck.

* Cod. Théodos., liv. Ier, tit. 7.
** Hist., X-3.

* Paradin, Ann. de Bourg., p. 18.

* Gautherot, Anast. de Langres, p. 187. — Maugin, t. Ier, p. 84.

Sévère parle au sujet de S. Martin, vers l'an 395. * Mais, dès l'établissement des Wisigoths, des Francs ou des Bourguignons, nous rencontrons des Comtes de Marseille, de Tours, d'Autun, etc. (1). Quant aux administrateurs ou juges cantonaux créés par Julien en 362, ils ne portaient que le titre bien mince de *Judices Pedanei;* * Grégoire de Tours les appelle *Vicaires* des Comtes. ** Le Comte dijonnais Térentius ira donc rejoindre dans le pays des chimères le Comte d'Autun, Faustus, * père de *S. Phorien,* à qui Gaspard de Saulx-Tavannes rapportait modestement l'origine de sa maison (2), et la *Comtesse de Langres* * *Léonilla,* aïeule des trois Jumeaux dont j'ai déjà parlé plusieurs fois. Fyot dit lui-même que les historiens de S. Bénigne n'ont employé le mot *Comes* en place de *Præses* ou de *Procurator* que pour se faire mieux comprendre de leur temps; c'est reconnaître qu'ils écrivaient bien longtemps après les faits qu'ils racontaient.

Ces Actes sont encore évidemment postérieurs à la découverte du tombeau de ce martyr par S. Grégoire de Langres, après l'an 507, telle qu'elle est rapportée par son arrière petit-fils, l'évêque de Tours. En effet, ce tombeau ignoré, et regardé comme celui de quelque païen (3) par les contemporains du premier, était, nous dit le biographe, entouré, à l'époque où il écri-

---

(1) Voy. Sid. Apollin., Epit. VII-2. — Saint Grégoire de Langres, comte d'Autun, vers 467; Agilon, comte de Tours, en 475 (Grég. Tur. Opera, Ruinart, p. 1317 et suiv.). Il en est de même en Italie. Voyez l'Epit. 1re du liv. VII de Cassiodore, avec l'observation que Godefroid fait en la citant au sujet de la loi qu'indique la note précédente. (Cod. Théod., t. 2, p. 107.)

(2) Ainsi que le sobriquet de *Bourguignons salés.* Voyez ses Mémoires (Collect. Petitot, t. 23, p. 139). Marchangy a fait un emploi peu fidèle de ce passage, qu'il cite dans son *Tristan,* t. 5e.

(3) Et quia in magno sarcophago post martyrium conditus fuit, putabant nostri temporis homines, et præsertim beatus Gregorius episcopus, ibi aliquem positum fuisse gentilem. (Glor. mart., 1-51.)

vait, de la vénération et du culte des fidèles, dont les miracles journaliers de l'apôtre dijonnais appelaient le concours et récompensaient la foi (1). Enfin, ces mêmes Actes ne peuvent être ceux dont Grégoire de Tours parle, comme ayant été donnés à son bisaïeul par des voyageurs qui se rendaient en Italie (2), et l'on ne peut attribuer à une interpolation de copiste le passage que je viens de citer, car notre pieux et crédule historien, qui a consacré plusieurs ouvrages à la gloire des martyrs et des confesseurs dont il célèbre le courage et les miracles, n'a jamais eu connaissance de la mission de S. Bénigne et de ses compagnons. Il n'en dit pas un seul mot, il ne prononce pas une seule fois les noms d'Andoche, de Tyrse, de Félix et d'Andéol, quoiqu'il nous parle à diverses reprises de S. Polycarpe et de S. Irénée, et particulièrement de la mission de ce dernier pour la ville de Lyon. * Les trois Jumeaux de Langres et leur aïeule Léonilla lui sont également inconnus, malgré la hardiesse avec laquelle Mangin a cité à faux le chapitre 5 *De Gloria Confessorum* (3). Enfin, il nomme plusieurs fois le grand saint d'Autun, Symphorien, en citant même son histoire, * sans rappeler qu'il dut le baptême au martyr dijonnais. C'est

12. *Ces Actes sont postérieurs à Grégoire de Tours et à Bède.*

* Hist., 1er— 27.

* Glor. Conf., 77.

---

(1) Leonilla..... collegit sacratissimum sancti martyris corpus, et diligentissime conditum aromatibus eo loci ubi nunc dignissimo honore veneratur, onestissimæ tradidit sepulturæ. Ubi etiam assidua miraculorum operatione cotidiana, erga fideliter petentes, beneficiorum exibitione humani generis pietati se commendat et cultui; etc.

(2) Post paucos autem annos ab euntibus in Italiam passionis ejus historiam adlatam beatus confessor accepit. (Glor. mart. 51.) Gaultherot dit que cette vie de S. Bénigne fut écrite par S. Grégoire de Langres lui-même. (Anast. de Lang., p. 192.)

(3) Grégoire de Tours assure, dit Mangin, t. 1er, p. 110, que le baptême des SS. Gemeaux se fit l'an 156, sous le pontificat d'Anicète. Il n'y a pas un mot de cela dans Grégoire de Tours, et le nom d'Anicète ne se trouve même pas dans toutes ses œuvres. C'est encore un mauvais emprunt que Mangin a fait à Gaultherot. (Anast., p. 187.)

— 202 —

Not. Gall. Divio.

donc bien à tort, puis-je dire, que Valois a pensé que Grégoire de Tours avait emprunté à notre biographe la construction des murs de Dijon par Aurélien.

Il y a plus; ces Actes, qu'au moment de leur découverte je regardais comme les véritables Actes de S. Bénigne, parce qu'ils étaient complets et que j'y avais retrouvé littéralement les deux citations de Valois, ne sont pas même ceux dont Bède nous donne l'extrait dans son Martyrologe, composé vers l'an 734. Il est évident, par la confrontation des textes, que le *Vénérable* et Adon après lui (1) avaient sous les yeux celui de Mombritius ou la *Passion* de Surius, dont ils reproduisent des parties de phrase entières, ou des circonstances différentes de notre narration dijonnaise, comme *columba nivea* au lieu de *candidior lacte*, le parfum du Paradis, image étrangère au texte de nos Actes, l'endroit où Léonilla inhuma S. Bénigne (2), etc. Il est vrai que Bède et Adon parlent de S. Andoche et de S. Tyrse, dont il n'est aucunement question dans le récit de Surius; mais ces compagnons de S. Bénigne leur étaient connus par leurs Actes particuliers, et il leur était facile de rappeler leurs noms, de la même manière que Mangin a cousu, ai-je dit plus haut, l'histoire de ces saints et celle des trois Jumeaux de Langres au fragment publié par le prédécesseur des Bol-

(1) Et même la Chronique de S.-Bénigne, p. 358. Voyez le Martyrol. de Bède dans les Bolland., 2e vol. de mars, et celui d'Adon dans la *Biblioth. max. Patr.*, t. 16. L'abbé Fyot a transcrit ces deux passages dans les preuves de son Hist. de S.-Estienne de Dijon, mais son extrait de Bède n'est pas entièrement conforme au texte des Bolland. Quant au Martyrol. romain et à celui d'Usuard qui l'a copié, ils sont trop laconiques pour qu'on en puisse tirer aucune conséquence.

(2) On a vu que nos Actes dijonnais prétendent que Léonilla inhuma S. Bénigne au lieu même où sa tombe est entourée d'un culte, etc. Ceux de Surius disent simplement: *Non longe ab ipso carcere condidit in sepulchro.* — Bède et Adon répètent mot à mot cette indication dans toute sa brièveté.

landistes. Nos Actes dijonnais me paraissent avoir été
fabriqués de la même façon. Si nous les confrontons
avec ceux des trois Jumeaux écrits par Warnaharius,
de S. Andéol et de S. Andoche, nous reconnaîtrons
sans peine une partie de leur généalogie. Un Bollandiste, le P. Suysken, a prouvé, dans une savante et judicieuse dissertation sur la vie de ce dernier, que son
biographe a pris dans l'histoire des trois Jumeaux,
qu'il cite d'ailleurs un peu plus loin, ce qu'il rapporte
de l'envoi de S. Bénigne à Léonilla par son frère Faustus.* Cette histoire nous présente la mission que cet
apôtre et ses deux compagnons reçurent de S. Polycarpe comme une pensée tout-à-fait spontanée de cet
illustre évêque, ému des périls de l'Eglise des Gaules
menacée par un édit terrible d'Aurélien.* Point d'I-
rénée dans son récit, point d'apparition céleste; c'est
le biographe de S. Andoche qui recourt le premier à
cette intervention miraculeuse, et qui ajoute ce déve-
loppement poétique à la simple narration de Warnaharius. Vient ensuite l'historien de S. Andéol,* qui, pour
rattacher son héros à la grande mission de S. Bénigne,
emprunte le commencement de son Ier chapitre à la
passion de S. Andoche, et y ajoute cette seconde et
bien maladroite apparition de S. Irénée, que nous retrouvons dans nos Actes dijonnais. Enfin, cette confrontation nous montre clairement dans ceux-ci une amplification faite après coup des trois textes précédents;
et pour dire tout ce que j'en pense, ces Actes me paraissent une véritable composition littéraire, due à quelque moine qui aura voulu s'exercer sur le texte de Surius, ou composer une sorte d'épopée religieuse, en
réunissant à ce fragment les données éparses dans les
vies de plusieurs martyrs, présentés comme les compagnons ou les cathécumènes de l'apôtre bourguignon.
Pierre de Natalibus a certainement tiré de cette œuvre

13. *Généalo-
gie partielle de
ces Actes.*

* Boll., 24
sept., p. 666,
col. b.

* Id., 17 jan-
vier.

* Id., 1er mai.

son chapitre de S. Bénigne, quoiqu'il en ait corrigé la chronologie en groupant tous ces faits sous le règne d'Aurélien (1).

14. Ils peuvent tout au plus dater de la fin du 8e siècle.

Il résulte donc clairement de tout ce qui précède : 1° que les Actes retrouvés à Dijon sont postérieurs à Grégoire de Tours et à Warnaharius, qui écrivit son histoire des trois Jumeaux pour saint Céraune, évêque de Paris, vers l'an 620 ; — 2° que le fragment de Surius est antérieur au Martyrologe de Bède, ce qui le fait remonter pour le moins au commencement du 8e siècle. Ces Actes n'ajoutent par conséquent rien au témoignage de Grégoire sur l'ancienneté de Dijon, et ne nous servent qu'à démontrer que c'est incontestablement Aurélien, et nullement Marc-Aurèle, que les traditions chrétiennes accusaient de la mort de saint Bénigne. Il est dès lors peu intéressant pour nous de chercher si ces actes sont antérieurs au fragment de Surius ; il est très-probable qu'ils sont postérieurs, non-seulement à ce document, mais encore au Martyrologe de Bède, qui n'a copié que ce dernier. Cette probabilité devient presque une certitude, quand on lit dans cette relation, au sujet de saint Andéol, que la ville de Carpentras n'offrait plus que les vastes ruines d'une cité qu'habitaient jadis trois peuples différents (2). Cet état de choses ne peut être attribué aux Barbares du Nord, puisque cette ville s'était si bien relevée de leurs ravages, qu'on y tint un concile en 527. Sa ruine postérieure, que rien n'autorise à supposer dans les deux siècles suivants, ne peut avoir été que l'œuvre des Sarrazins, qui dévastèrent à différentes

---

(1) Voyez pour S. Bénigne son liv. X, ch. 3 ; et pour les Jumeaux le liv. II, ch. 93.

(2) Hæc civitas per id temporis a tribus permiscuarum incolebatur gentium ; nunc ingentes tantum ruinæ et quædam fundamentorum visuntur indicia.

reprises les provinces du Rhône et de la Saône depuis l'an 725 jusqu'en 736. * Nos Actes dijonnais ne peuvent donc remonter plus haut que leurs invasions. Il est probable qu'ils existaient à la fin du 8ᵉ siècle, puisque les Bollandistes ont admis, ai-je dit plus haut, que le manuscrit de la vie en vers, où il est question de notre biographe, datait du 9ᵉ. Cette époque est préci sément celle où les convulsionnaires de Dijon donnaient une nouvelle célébrité au nom de saint Bénigne, comme on peut le voir dans l'Histoire ecclésiastique de Fleury, * ou dans la Dissertation de Mabillon sur le culte des saints inconnus. **

Nous voici donc forcément ramenés aux Actes de Surius. Est-ce à dire pour cela qu'ils soient plus au thentiques? Certainement non. J'observe d'abord que Ruinart, quels que soient ceux qu'il ait eus entre les mains, ne les a pas jugés dignes de faire partie de son recueil d'*Acta sincera* (1). Tillemont les déclare nette ment apocryphes, * Baillet peu soutenables, ** les Bol landistes fort peu anciens. * S'ils n'offrent pas au même degré les formes poétiques et le ton oratoire de notre ver sion dijonnaise, il leur en reste assez néanmoins pour qu'on puisse leur appliquer la judicieuse observation des Bollandistes, qui regardent comme suspectes les pièces remplies de longs colloques et d'autres orne ments de style opposés à la simplicité des Actes pri mitifs ou authentiques (2). La lutte que l'empereur soutient en personne contre un accusé aussi obscur, les offres incroyables qu'il lui fait pour le séduire, pren-

* Vaiss., Hist. du Langued., t. 1ᵉʳ, p. 394, 694, etc.

* T. X, in-4ᵒ, an 844.
** Trad. franç. 1705, p. 120.

15. *Les Actes de Surius plus anciens que Bè de, mais éga lement poste rieurs à Gré goire de Tours.*

* Mém. eccl., t. III, p. 603.
** Vies des Saints, t. XI, p. 18.
* 1ᵉʳ mai, sur S. Andéol.

(1) Voici le jugement qu'il en porte dans son édition de Grég. de Tours, p. 781, n. : Hujus S. martyris Acta supersunt, sed quæ non ca rent nævis.

(2) Nobis etiam non placent in iis longiora colloquia et alia orna menta quibus primigenia martyrum acta carere solent (22 août, p. 494, n. 16; Actes de S. Symphor.).

nent dans la narration de Surius un caractère plus cho-
quant d'invraisemblance, par l'exagération des termes
et les injures que le martyr adresse à la majesté impériale (1). D'un autre côté, ces Actes, qui ne commencent, ai-je dit, qu'à l'arrivée d'Aurélien à Dijon, font
aussi de Térence un comte de cette ville *(loci illius);* ce
qui suffit, comme on l'a vu, pour les renvoyer au moins
à la fin du 6ᵉ siècle. Si on les confronte enfin avec le passage que j'ai cité de Grégoire de Tours, relatif à la découverte du tombeau de saint Bénigne, on verra qu'ils
ne peuvent, pas plus que nos Actes dijonnais, être ceux
qu'on remit à son bisaïeul, puisque l'inhumation clandestine du corps de ce martyr (2) est tout-à-fait contradictoire avec ce vaste tombeau que saint Grégoire
de Langres prenait pour le monument d'un païen. Son
arrière petit-fils, qui nous a conservé les noms des
saintes dijonnaises, Paschasie et Florida, et celui du
pieux sénateur Hilaire, ne dit pas un seul mot de Léonilla. Eût-il jamais oublié le dévouement de cette no-
ble femme, s'il en eût eu connaissance (3)? Les Actes
de Surius n'offrent donc à la critique historique aucune autorité à joindre à celle de Grégoire de Tours.

16. *C'est dans Mombritius qu' il faut chercher leur rédaction primitive.* Ils lui sont très-probablement postérieurs, et me paraissent même, ai-je dit, n'offrir qu'une amplification
du texte primitif qu'on trouve dans Mombritius. On a
vu, dans une note précédente, que ces Actes ajoutaient
deux divinités au Mercure dont il était seul question dans

(1) Lupe rapax, diabole, auctor criminum, etc.

(2) Postquam autem Aurelianus inde recessit, Leonilla, beatissima
matrona, nutu Dei eo veniens, sanctum corpus aromatibus condivit,
et non longe ab ipso carcere condidit in sepulchro.

(3) Il nous importe peu que cette Leonilla fût, comme le veulent
Mangin et d'autres auteurs, la mère des trois Jumeaux, ou une autre
personne du même nom que cette sainte, qui subit le martyre avec ses
petits-fils, avant la mort de S. Bénigne, d'après l'opinion des Bollandistes sur cette contradiction des deux légendes.

le *Sanctuarium* de ce dernier. D'autres indices du même genre se révèlent par la confrontation des textes, entre autres dans le passage où Aurélien offre au martyr de le faire grand-prêtre de ses dieux et le premier de sa cour.* L'édition de Surius ajoute : « avec un traitement pris dans le trésor public. » Mais les deux rédactions présentent bien le même fond et les mêmes incidents, et, quelle que soit la plus ancienne, elle date, à mon avis, du commencement du 7ᵉ siècle, époque où des écrivains tels que Warnaharius, excités par les recherches des évêques, refaisaient, rajustaient, fabriquaient même, j'ose le dire, des vies de saints, des actes de martyrs qu'ils transportaient à leur fantaisie de la Grèce ou de l'Asie dans les Gaules, comme il est arrivé aux trois Jumeaux de Cappadoce, devenus, par la plume de ce Warnaharius, trois saints langrois (1).

* Sanctuar., t. 1ᵉʳ, p. 294.

Mais s'il en est ainsi, dira le lecteur, en arrivant au terme de cette discussion, que sont devenus les Actes dont parle si positivement Grégoire de Tours? C'est ce qu'il est impossible de savoir aujourd'hui. Nous

17. *Les Actes dont parlait Grégoire de Tours sont perdus.*

(1) Leurs reliques avaient sans doute été portées à Langres d'une manière que nous ignorons (Rader, Tillemont, Chastelain); mais il est curieux de voir avec quelle effronterie ce Warnaharius a pris dans les actes primitifs, tirés des *Menées* ou Martyrologes grecs, l'aïeule, les petits-fils, les juges, les greffiers, le village de *Pasmasus* et le temple de Némésis, pour transporter le tout, sans changer un seul nom, de Cappadoce à Langres, dans l'ouvrage qu'il envoya vers 620 à S. Céraune, évêque de Paris, qui rassemblait avec zèle les traditions et les vies des saints. L'abbé Mangin et d'autres historiens langrois ou bourguignons ont voulu soutenir la fraude de cet écrivain, mais les Bollandistes et la *Gallia Christiana* ont apporté dans cette discussion plus de critique ou de bonne foi. Voy. Acta sanct., 17 janv., et surtout la Dissert. sur S. Andoche, 24 sept.; *Gall. Christ.*, t. IV, gr. éd.; voyez encore Tillemont, Baillet, etc. Pour lutter contre de pareilles autorités, surtout avec si peu de respect, il faut apporter dans la discussion une meilleure critique et plus d'impartialité que M. le chanoine Rieusset, *Introd. à l'Abr. chronol. de l'Hist. des Évêq. de Langres*, par M. Matthieu, 2ᵉ édit., 1844, p. ıv et suiv.

ignorons même leur contenu, puisque l'historien ne nous en a conservé que la date du martyre de saint Bénigne et le nom de Dijon. Mais nous saurons du moins ce qu'ils ne disaient pas, quand nous examinerons la mission même de cet apôtre et de ses compagnons.

18. Des autres Actes de ce cycle; manière dont ils se copiaient successivement.

Il nous reste à parler des Actes de ces derniers, ou de leurs disciples, qui répètent ou appuient ceux de leur chef. Ils ne nous arrêteront pas longtemps. C'est toujours Aurélien et les mêmes caractères, ce sont les mêmes faits généraux, les mêmes invraisemblances, les mêmes impossibilités, enfin les parties d'un même tout. Seulement, comme on l'a vu dans leur généalogie partielle, ces légendes se font des emprunts continuels, et grossissent ainsi qu'un fleuve en s'éloignant de leurs sources. Ainsi, l'histoire de saint Andoche a encore emprunté à la passion de saint Bénigne, telle qu'elle est dans Surius, les offres séductrices de l'empereur, et jusqu'aux propres termes de la réponse du martyr, ce qui confirme l'antériorité des Actes de cet éditeur sur ceux de Dijon. La vie de saint Andéol prête aussi ces mêmes offres à l'empereur Sévère, à qui elle attribue la mort de son héros, par exception à la chronologie générale de ce cycle. Mais il saute aux yeux que cette vie se compose de deux parties distinctes, la tradition du martyre de ce saint, qui se rapporte au règne de Sévère, et les additions qu'on y a cousues pour greffer son apostolat sur celui de saint Bénigne, avec si peu de souci de l'unité de cette œuvre, qu'Andéol n'y remplit même pas la mission que Dieu lui avait donnée au chapitre Ier, celle de convertir Carpentras. Il est martyrisé près de Valence, avant d'y arriver, et l'auteur de nos Actes dijonnais ajoute, comme on l'a vu, à ce récit dont il s'empare, que cette ville n'était plus qu'un monceau de ruines. Aussi Ruinart n'a pas admis une seule de ces pièces dans ses *Acta sincera*, si ce n'est la Vie de saint Symphorien, et Tillemont en a fait pareillement justice de son côté (1). On a vu d'ailleurs que Grégoire de Tours n'avait point connu tous ces saints qu'on associe à la mission de saint Bénigne, pas plus ses compagnons que ceux qu'il aurait baptisés. Les Actes d'Andoche, de Tyrse et de Félix, d'Andéol, des trois Jumeaux, par conséquent postérieurs à notre historien, n'ont pour nous aucune valeur historique, et nous n'avons à examiner que ceux de saint Symphorien.

Il est positif que Grégoire de Tours en parle dans son livre *De Gloria Confessorum;* * mais sont-ce bien les mêmes qui nous sont parvenus? Ruinart n'en doutait pas, en choisissant toutefois, parmi les copies fort différentes qui en existent, la plus simple et la moins chargée d'incidents. Elle ne parle ni de baptême ni de saint Bénigne. Tillemont rejeta celle-ci comme les autres, et les Bollandistes la trouvaient encore trop oratoire, trop ornée pour offrir le texte original. * Mais ils la jugèrent faite directement sur la rédaction primitive, vers l'an 450, suivant le premier. ** Les seconds crurent reconnaître cette rédaction dans le passage du Bréviaire de Vienne, qui concerne saint Symphorien. * Ce résumé ne parle encore, de même que Grégoire de Tours, ni de saint Bénigne ni de Dijon, mais place sous le règne d'Aurélien, comme le texte de Ruinart, le martyre du saint d'Autun. Dans une troisième version, que présente un manuscrit de la reine de Suède, on lit * qu'il fut baptisé par saint Bénigne, ce que donne aussi à entendre le *Missale Gothicum*, inséré par Mabillon dans sa Liturgie gallicane (2). Ce Missel, dont

* Ch. 77.

* 22 août, p. 494.

** Mém. eccles., t. 3, p. 43, 609.

* Bolland., ibid., p. 494.

* Ibid.

---

(1) Voy. Mém. Ecclés., t. 3, p. 603, 604, 609; — Hist. d. Emp., t. 3, p. 610, etc.

(2) Sinfurianus..... qui beatos patres Andochium Benignumque secutus, per martyrii flagrantiam electus, pervenit ad palmam. (Ch. 63.)

— 210 —

*Praef., par. VIII.

le manuscrit remonte au 8ᵉ siècle, suivant l'illustre bé-- nédictin, * est toutefois postérieur à la mort de saint Léger dont il contient l'office, c'est-à-dire à l'an 678. La version suédoise ajoute qu'Aurélien envoya de Saulieu, où il faisait subir le martyre à saint Andoche, un de ses premiers officiers, Héraclius, pour persécu- ter les chrétiens d'Autun. C'est dans ce passage qu'un autre manuscrit, qui était sous les yeux de Valois, nommait Dijon en place de Saulieu, variante dont j'ai parlé dans les *Origines dijonnaises.* * On voit combien, de copiste en copiste, toutes ces légendes subissaient de rédactions différentes et même de transformations.

*P. 14.

DEUXIÈME QUESTION.

Quelle croyance historique mérite la Mission de S. Bénigne?

1. *On ne peut mettre en doute l'existence de S. Bénigne.*

* Mém. de la Comm. d'Antiq. de la Côte- d'Or, 1833, p. 118.

Après avoir déblayé notre terrain, nous nous trou- vons face à face avec les traditions que supposent ces Actes tardifs, c'est-à-dire avec la mission même de saint Bénigne, dégagée de toutes les narrations plus ou moins apocryphes dont on l'avait entourée. C'est la par- tie la plus délicate de cette discussion, et qu'on a pous- sée jusqu'à nier même l'existence de ce martyr, * dont on faisait une sorte de mythe chrétien. Pour moi, je ne vois aucun motif pour repousser la tradition qui donne le nom de Bénigne à l'un des premiers apôtres de la Bourgogne. Il est certain que les populations qui avaient embrassé définitivement le christianisme dans nos contrées ont dû conserver plus ou moins généra- lement un long et religieux souvenir des hommes qui leur avaient apporté cette foi nouvelle, et se transmet- tre de père en fils des noms consacrés par leur recon- naissance et leur vénération. De ces noms conservés par les traditions populaires, les uns gardent toujours leur éclat, d'autres périssent à la longue, ou surnagent tout-à-coup, par quelque circonstance particulière, après avoir été longtemps comme submergés. C'est ce qui est arrivé à saint Bénigne, et si je me suis servi tout-à-l'heure des termes : *embrassèrent définitivement*, c'est qu'il me semble que le christianisme, d'après les documents que je vais citer, perdit au commencement du 3ᵉ siècle la plus grande partie des conquêtes qu'il pouvait avoir faites précédemment dans les Gaules. Il n'y a donc, je le répète, point de motif raisonnable pour douter de l'existence de saint Bénigne, attestée par Grégoire de Tours, quoique son témoignage soulève, comme on le verra, plus d'une grave objection.

Mais il y a loin de l'obscur apostolat qu'un martyr de ce nom, à une époque quelconque, a pu exercer dans la première Lyonnaise, à une mission officielle hautement donnée par le chef de l'Eglise d'Orient pour sauver celle des Gaules. Cette mission a trouvé de savants contradicteurs, à la tête desquels marche dans l'ordre des temps, si je ne me trompe, Ismaël Bouillauld (1), et la discussion s'est prolongée jusqu'à nos jours entre MM. Valot et de Missery.

J'ai dit qu'on s'était, dans cette querelle, beaucoup plus attaché aux circonstances accessoires qu'au fond des choses. Bouillauld d'abord, qui ne paraît, chose étrange, n'avoir connu aucun des Actes ou documents hagiographiques qui concernent saint Bénigne, ne s'est attaqué qu'à la Chronique de l'abbaye de ce nom. Il s'est trop amusé à des chicanes sans portée dans une discussion de ce genre, telle que des fautes de chronologie, ou la fixation du jour de Pâques, différente dès

2. *Double argument qu'on a opposé à la vérité de sa mission.*

* Diatrib., p. 26.

---

(1) *Diatriba de S. Benigno*, écrite en 1640, in-8º, 1657.

le 2ᵉ siècle, entre les chrétiens orientaux et occiden-- taux, objection que l'abbé Fyot a aisément réfutée. Mais il est resté de l'argumentation de Bouillauld deux points importants : 1° le silence gardé par les historiens ecclésiastiques d'Orient sur un fait aussi considérable que la mission de saint Bénigne, et même sur celle de saint Irénée; * 2° l'oubli dans lequel un martyr aussi illustre que l'apôtre de la Bourgogne serait tombé pendant 260 ans (1), jusqu'à l'époque où saint Grégoire de Langres retrouva son tombeau, tandis qu'on avait conservé le souvenir et même les Actes d'autres saints bien moins remarquables. * La chose est d'autant plus singulière, qu'Eusèbe nous a transmis les propres termes de l'édit par lequel Constantin fit rendre aux églises chrétiennes tous les lieux consacrés par la sépulture des martys.

Ce sont là deux objections puissantes que l'abbé Fyot, Mangin, etc., et en dernier lieu M. de Missery, * ont

* Ibid., p. 20 et 21.

* Ibid., p. 26.

* L'existence de S. Bén. rétabl.

(1) *Ducenti sexaginta unus*, dit la Chron. de S.-Bénig., p. 358 (Spicil., t. 2, fol.), partant du règne de son *Aurelianus* ou Elagabale, pour arriver à l'an 485, date qu'elle assigne (p. 359) à la découverte et à la translation du corps de l'apôtre bourguignon, sous le pontificat du pape Symmaque et le règne de Gondebaud. La première de ces deux indications, qui doivent être exactes, comme le pensait Lecointe (voy. Ann. ecclés., Franc., an. 534), démontre la fausseté de cette date, puisque Symmaque ne prit les clefs de S. Pierre qu'en 498. D'un autre côté, S. Grégoire ne parvint à l'épiscopat qu'en 506 ou 507. La mort de Symmaque, arrivée en 514, enferme donc dans les sept années précédentes la fondation de l'église de S.-Bénigne. Le don que lui avait fait S. Grégoire du cimetière de Dijon fut confirmé (Chron. S.-Bénig., ibid.) par le pape Hormisdas, qui mourut en 523; ce qui achève de prouver, avec l'indication du règne de Gondebaud, qu'une autre date donnée par Courtépée, celle de 535 (t. 2, p. 94, n. éd.), est également fautive. Il a sans doute compté les 261 ans à partir d'Aurélien, en 274, ce qui était peu logique pour un partisan de Marc-Aurèle. M. Maillard de Chambure et d'autres auteurs ont copié aveuglément cette date; mais M. J. Bard a le mérite particulier de la placer sous le règne de Gontran, qui ne monta sur le trône qu'en 561. (Dijon, Hist. et Tabl., p. 203 et 204.)

laissées sans réponse. Le second [*] affirme, il est vrai (en copiant toujours Gaultherot [**]), que S. Jérôme donne à saint Bénigne, dans sa 58ᵉ épître, la qualité de Père de l'Eglise. C'est une citation absolument fausse. On peut voir dans l'édition complète de ses œuvres par Martianay, tome IV, que la 58ᵉ épître, soit dans l'ordre ancien (16ᵉ du nouveau), soit dans l'ordre nouveau (68ᵉ de l'ancien), adressées, l'une au pape Damase, l'autre à Théophile d'Alexandrie, n'ont rien de commun avec saint Bénigne. Quant à l'abbé Fyot, il s'appuie sur les Martyrologes de Rome, de Bède, d'Usuard et d'Adon, pour constater le martyre de ce saint à Dijon, tout en convenant que ce sont des autorités bien éloignées du fait qu'il veut prouver. Mais ces témoins *authentiques*, comme il les qualifia néanmoins, [*] ne font que répéter ce qui se trouve dans les Actes de Surius. L'historien de *saint Etienne* aurait dû consulter au moins les Martyrologes les plus anciens, celui de Ravenne et celui qui porte le nom de saint Jérôme. Le premier qui nous a été conservé par Adon, en tête du sien, et que Rosweyde ne craignit pas d'appeler, dans son édition dédiée au pape Paul V, la source de tous ceux qui existent aujourd'hui (1), ne fait aucune mention de saint Bénigne, ni d'Andoche, ni des trois Jumeaux. [*] Cette omission se rencontre encore dans d'autres Martyrologes, parmi ceux que Martène a joints, comme à peu près aussi anciens, à celui de saint Jérôme, dans son *Thesaurus novus Anecdotorum*. Le savant bénédictin veut [*] que ce dernier soit le même dont il est question, dès le 6ᵉ siècle, dans Cassidore, [*] puis dans une lettre du pape saint Grégoire et dans Bède, qui en attribue la rédaction pre-

[*] Hist. eccl. de Langr., t. 1ᵉʳ, p. 110.
[**] Anast. de Langr., p. 193.

[*] Dissert., hist. sur Dijon, p. 11.

3. S. Bénigne omis dans le plus ancien de nos martyrologes, et dans d'autres.

[*] Bibl. max. Patr., t. XVI.

[*] T. 3, p. 1543.

[*] De instit. Div. script., ch. 32.

___

(1) Vetus hoc romanum Martyrologium fontem esse omnium aliorum Martyrologiorum, qui vel leviter inspexerit, non dubitavit asserere. (Biblioth., Max. Patr., t. XVI.)

mière à Eusèbe. Mais Martène n'entend nullement garantir * que nous possédions aujourd'hui l'original latin dans sa simplicité primitive. Le nom de Bénigne s'y trouve porté au 1er novembre, * sans aucune observation. Le silence gardé sur sa mission par les historiens ecclésiastiques d'Orient, et comme j'ai remarqué en outre par Grégoire de Tours, qui a du moins constaté dans notre Occident celle de saint Irénée, reste une objection d'autant plus forte, que notre illustre compatriote, dont j'ai cité les propres termes, connaissait indubitablement les véritables Actes du martyr dijonnais. Ces Actes ne parlaient certainement ni de saint Polycarpe, ni d'une mission quelconque, puisque l'auteur du livre *De Gloria Martyrum,* qui en consacre un assez long chapitre à saint Bénigne, * n'en dit pas le moindre mot. Celle qu'il attribue à saint Irénée ** a du moins pour appui contre les doutes de Tillemont et de la *Gallia Christiana* (1) ce que l'apôtre de Lyon dit lui-même de ses relations avec le disciple de saint Jean; * mais son œuvre et celle de ses devanciers, dont il parle en termes peut-être exagérés dans son livre contre les hérésies, * semble avoir presque entièrement péri avec lui dans la terrible persécution de Septime Sévère. Le christianisme franchit tardivement les Alpes, dit le Salluste chrétien, et les premiers martyrs des Gaules, dans le sang desquels il fut presque entièrement noyé (2), ne remontent qu'au règne de Marc-Aurèle (3). Ce témoignage, sinon d'un évêque (puisqu'on s'était trompé en lui donnant ce titre), mais d'un

* Ibid., p. 1546.

* Ibid., p. 1561.

4. *Silence de ses premiers Actes et de tous les historiens sur sa mission.*

* Le 51e. — Greg. Turon. opera.
** Hist., 1er-27.

* Adv. Hæres., III-3. — Hist. eccl. d'Euséb., V-20.

* L. 1er-10.

---

(1) Quando, a quo et qua occasione missus fuerit, incertum est, dit-elle, t. IV, col. 6, gr. éd.

(2) Pene ad integrum Christi nomen exstinctum. (Act. SS. Epipod. et Alex., par. 2; dans Ruinart, Act. sinc.)

(3) Tum primum intra Gallias martyria visa, serius trans Alpes Dei religione suscepta. (Sulp. Sev., Sacra Hist., liv. II, persée. V.) Voy. aussi Ruinart, *Grég. Tur.*, *Op.*, p. 779.

— 215 —

lustre prêtre gallo-romain tel que Sulpice Sévère, qui écrivait au commencement du 5e siècle, me suffit avec l'appui d'Eusèbe pour établir ce fait, sans m'arrêter aux prétentions de certaines églises de France, qui attribuaient leur fondation aux, disciples des apôtres. Prétentions insoutenables , d'ailleurs, pour la plus grande partie, devant ce que Grégoire de Tours rapporte expressément de saint Trophyme, de saint Martial, de saint Denis,* etc. C'est à cette persécution de Marc–Aurèle qu'appartiennent, suivant leurs Actes, les martyres de saint Valérien de Tournus et de saint Marcel de Châlon, disciples du premier évêque de Lyon, saint Pothin, et que l'histoire peut reconnaître plus facilement que saint Bénigne pour les primitifs apôtres de la Bourgogne.

* Hist., 1er 28. — V. la préf. géu. des Bolland. — Tillem. Mém. ecclés., t. Ier et IV. — Chiniac , Dissert. à la suite de l'Hist. des Celtes de Pellout., t. 2, in-4o. Etc.

Trente et quelques années plus tard, Irénée, qui avait prêché lui-même , disent ses 3e Actes, la foi nouvelle dans toute cette province (1), et les missionnaires qu'il avait envoyés à Valence, à Besançon, * etc., furent victimes de la seconde persécution gauloise , celle de Sévère, qui fut si terrible, comme l'atteste Grégoire de Tours. * Le souvenir de cette extermination du christianisme dans nos contrées est encore palpitant dans les Actes de S. Félix de Valence, * et dans les Vies en vers ou en prose de S. Bénigne et de ses compagnons, où il a certainement inspiré la double et pressante apparition de S. Irénée à son ancien maître Polycarpe, et la peinture qu'il lui fait de son Eglise mourante. Les Actes authentiques de S. Saturnin, cités par Grégoire de Tours, * constatent qu'au temps de l'empereur Décius, en 250, quand ce saint fut reconnu pour premier évêque de Toulouse , quelques villes seulement

* Voyez les Orig. Dijonn., p. 22.

* Hist., 1er 27.

* V. les Orig. Dijonn., ibid.

* Hist., 1er 28.

(1) Per omnem Burgundiam divini seminis fructum, etc. (par. 16. et 17. Bolland., 28 juin.)

5. Les Gaules généralement païennes au 3ᵉ et même au 4ᵉ siècles.

possédaient un bien petit nombre d'églises et bien peu de chrétiens (1). Les oracles se taisent, disait-on au peuple de Toulouse, devant les adeptes d'une secte nouvelle et inconnue qu'on appelle le Christianisme (2). Toute violente que fut la persécution de Décius, Tillemont observe qu'il fit très-peu de martyrs en France; et quelques succès que Grégoire de Tours attribue aux prédications de S. Saturnin et des six évêques qu'il nomme avec lui, nous savons que cent cinquante ans plus tard, à la fin du 4ᵉ siècle, S. Martin mérita encore par l'étendue de ses conversions le titre d'*apôtre des Gaules*. Grégoire nous l'apprend lui-même, dans la lettre qu'il nous a conservée des évêques de Tours, de Rouen, de Paris, de Nantes, d'Angers, de Rennes et du Mans, où ils disent à Ste Radégonde que la foi chrétienne n'était connue que d'un petit nombre de fidèles, quand Dieu remplit S. Martin de la grâce et de la vertu apostolique, pour illuminer leur patrie et la relever au niveau du reste du monde (3). Son historien et son ami Sulp. Sévère nous montre à peine quelques chrétiens, pour ne pas dire aucun, perdus avant son arrivée dans la partie des Gaules où il portait ha-

* Hist. des Emp., t. 3, p. 354.

(1) Cum raræ in aliquibus civitatibus ecclesiæ paucorum christianorum devotione consurgerent...., ante annos L, sicut actis publicis (continetur), id est Decio et Grato consulibus, sicut fidelium recordatione retinetur, primum et summum Christi Tolosa civitas S. Saturninum habere cœperat sacerdotem. (par. 2.) Nam paucis id temporis Christianis. (par. 4.)

(2) Novam nescio quam surrexisse sectam.... quæ Christiana appellatur. (par. 3, *Act. Sinc.*, Ruin.) Voyez aussi ce que le juge dit à S. Symphorien : Quantum video latuisti nos, nam nominis hujus apud nos non magna professio est. (Act. Symph., par. 2, id.)

(3) Cum.... adhuc ad paucorum notitiam tunc ineffabilia pervenissent Trinitatis dominicæ sacramenta; ne quid hic minus adquireret quam in orbis circulo prædicantibus apostolis obtineret, beatum Martinum peregrina de stirpe ad illuminationem patriæ dignatus est dirigere, etc. (Hist. IX-39).

— 217 —

bituellement ses miracles et ses prédications (1). On voit, par les faits que raconte cet auteur contemporain, que les populations de la Loire et de la Bourgogne même étaient encore païennes (2). Je ne parlerai pas de la Gaule septentrionale, où il est notoire que les progrès du Christianisme furent bien plus tardifs encore.

Ces faits généraux étant rétablis, S. Bénigne n'a pu, malgré l'imposante autorité de la *Gallia Christiana*, qui invoque à son sujet la constante tradition des diocèses de Viviers, d'Autun et de Langres, il n'a pu, dis-je, faire partie des premiers missionnaires martyrisés sous Marc–Aurèle, puisque les légendes, qui le concernent avec S. Andoche et S. Andéol, et même les 3e Actes de S. Irénée, disent précisément qu'il fut demandé par ce dernier pour relever son Eglise expirante après sa mort. Que cette prière passât pour avoir été primitivement adressée à S. Polycarpe ou à Polycrates d'Ephèse, le fait dominant de la légende n'est point là ; il est tout entier dans l'intervention miraculeuse de ce Père de l'Eglise des Gaules, dans le secours qu'il est allé chercher en Orient, d'où Polycarpe l'avait envoyé lui-même. On a vu d'ailleurs, et je prouverai encore, pour le diocèse de Langres, que les traditions mêmes invoquées par la *Gallia Christiana* attribuaient uniformément à Aurélien la mort de S. Bénigne. Il saute dès lors aux yeux que les hagiographes de notre cycle bourguignon se sont emparés du nom

6. *S. Bénigne ne fit partie ni de la 1re ni de la 2e mission envoyée d'Orient dans les Gaules.*
* T. IV, gr. éd., p. 318, 326 et 508. — Voy. aussi l'Art de vérif. les Dat., Catal. d. Saints.

* Orig. Dij., p. 23 et 24.

(1) Et vero ante Martinum pauci admodum, imo pene nulli in illis regionibus Christi nomen receperant. (Vit. S. Mart., 13, éd. Panck.)

(1) Carnotum oppidum petebamus, dum vicum quemdam habitantium multitudine frequentissimum præterimus, obviam nobis immanis turba processit, quæ erat tota gentilium, nam nemo in illo vico noverat Christianum, etc. (Dial. II-4). — Quid etiam in pago Æduorum gestum sit referam, ubi dum templum everteret, furens gentilium rusticorum in eum irruit multitudo, etc. (Vit. S. Mart., 15.) Une tradition locale semble placer ce fait à Mavilly, près de Beaune.

— 218 —

de S. Polycarpe, illustré d'ailleurs par Eusèbe, [*Hist. eccl., IV-14, 15, etc.] parce que Grégoire de Tours l'avait désigné comme l'auteur de la mission de S. Irénée. C'est ce qu'ont pensé les Bollandistes eux-mêmes (1). Chaque biographe, chaque église se mettait alors à chercher, pour ainsi dire, des titres de noblesse chrétienne pour son héros ou pour sa propre origine, et c'est ainsi que S. Bénigne reçut à la fois sa prétendue mission du célèbre évêque de Lyon et du disciple de S. Jean. On a fait valoir que Grégoire de Tours passait immédiatement, dans son livre *De Gloria Martyrum,* du martyre de S. Pothin à celui de notre apôtre dijonnais; mais il est facile de voir, en parcourant cet ouvrage, que l'auteur a suivi un ordre bien plutôt géographique que chronologique. Fyot, qui a le plus insisté sur ce rapprochement, reconnaît lui-même [*Dissert. s. l'Orig. de Dij., p. 13.] que la mort de S. Irénée ne s'y trouve pas placée conformément à l'ordre des temps; et j'observe, pour mon compte, que l'histoire des martyrs de Lyon y suit justement celle de Saturnin de Toulouse, qui leur est postérieur de près d'un siècle. Enfin, dit-on, Du Saussay, dans son Martyrologe gallican, a qualifié S. Bénigne de *proto-martyr* de la Bourgogne (2), mais *sans en alléguer de preuves,* observe fort bien [*Mém. eccl., t. 3, p. 609.] Tillemont, *et sans qu'on voie qu'il ait pu en avoir.* Un manuscrit du Martyrologe de S. Jérôme, ajoute ce savant critique, donne au saint dijonnais le titre de *primi-martyris;* mais c'est une faute à peu près certaine, puisque les autres portent, comme ses Actes, tout simplement *presbyteri.*

(1) Usurpatum temere nomen S. Polycarpi, eò in Gallia notius quod ejus discipulus fuerit S. Irenæus. (S. Andéol, 1er mai.) — Huic occasionem dedisse potuere S. Polycarpi apud Gallos celebris memoria, et utriusque nominis affinitas. (S. Andoch., 24 sept.)

(2) Divione... natalis S. Benigni presbyteri, Burgundiæ apostoli et proto-martyris. (1er nov., p. 802.)

On ne pourrait donc accepter sa mission que comme un fait postérieur à la mort de S. Irénée et une conséquence de la persécution de Sévère. Mais nous venons de voir quel était au temps de S. Saturnin, et même à la fin du 4e siècle, l'état du Christianisme dans les Gaules. Quel aurait donc été le fruit de cette mission de S. Bénigne, dont les premiers historiens ecclésiastiques de l'Occident ne parlent pas plus que ceux de l'Orient, et dont le chef était tellement oublié à Dijon même, qu'on ne savait plus à qui appartenait son tombeau? Tombeau fort remarquable cependant, puisque trois paires de bœufs ne purent le mouvoir, nous dit Grégoire de Tours, et que les contemporains de son bisaïeul, et ce saint évêque tout le premier, le prenaient pour le monument de quelque païen (1) ! Il fallut une apparition du martyr lui-même pour détromper Grégoire de Langres, qui refusait de croire aux miracles que le peuple disait s'accomplir sur cette tombe, et qui défendait de lui rendre aucun culte. Quelques années plus tard, des voyageurs qui se rendaient en Italie lui firent présent des Actes de ce saint si longtemps oublié (2).

7. *Son nom même était oublié à Dijon. Découverte de son tombeau.*

(1) M. Maillard de Chambure, mieux informé sans doute que Grégoire de Tours, dont il a changé le récit dans son *Dijon ancien et moderne*, p. 64, affirme que S. Grégoire prenait ce tombeau pour *la sépulture d'un Druide.*

(2) Voici le récit entier de Grég. de Tours (*De glor. martyr.*, 51) : — Benignus autem Dominici nominis testis, apud Divionense castrum martyrio consummatus est. Et quia magno sarcophago post martyrium conditus fuit, putabant nostri temporis homines, et præsertim beatus Gregorius episcopus, ibi aliquem positum fuisse gentilem. Nam rustici vota inibi dissolvebant, et quæ petebant velociter impetrabant..... Talia et his similia beato pontifici nuntiata, nullo modo credebat, sed magis ne ibidem adorarent fortiter testabatur. Tandem aliquando Dei martyr beato se confessori revelat, et dicit : Quid, inquit, agis? Non solum quod tu despicis, verum etiam honorantes me spernis? Ne facias, quæso, sed tegmen super me velocius prepara, etc. — Sed sanctum sepulchrum, nescio qua causa faciente,

8. *Invraisemblance et contradictions du récit de Grégoire de Tours et de la Chronique de S.-Bégne.*

Ce récit, qui nous explique la fondation de l'église et de l'abbaye de S.-Bénigne, compromet en même temps le jugement de l'historien et le caractère du fondateur, dont la découverte devient assez suspecte. Il a fait tomber dans une contradiction manifeste le chroniqueur de cette abbaye, qui, pour le suivre sans abandonner la tradition consacrée par les Actes de son patron, veut à la fois que Léonilla ait enseveli le corps du martyr dans ce *grand sarcophage,* et que les chrétiens n'aient osé construire sur ce monument qu'*une crypte aussi humble que l'exigeaient ce temps de persécution et la terreur dont ils étaient frappés* (1). Comment, d'un autre côté, ce vaste tombeau peut-il se concilier avec la sépulture clandestine que Léonilla dut donner à S. Bénigne ; non-seulement d'après le texte de ses Actes qu'on pourrait ne pas trouver assez explicite pour l'opposer à Grégoire de Tours, mais d'après tout ce que nous savons de la haine populaire qui poursuivait les martyrs après leur mort? Ne voyons-nous pas, dans les plus anciens documents qui les concernent,

---

foris evenit (ex crypta). Quod ille intus transferre cupiens...... Erat quippè validum, ut supra diximus, illud sarcophagum, ut tale in isto tempore nec tria paria boum trahere possint..... Post paucos autem annos *ab euntibus in Italiam* passionis ejus historiam adlatam beatus confessor accepit. — Je ne sais par quelle préoccupation Mabillon, Tillemont et d'autres savants ont vu ici des voyageurs *revenant d'Italie;* le texte dit précisément le contraire. Un autre écrivain a pris pour les ossements de S. Bénigne ceux que des moines rapportèrent effectivement de Rome au 9e siècle, et sur lesquels on voulut opérer, à Dijon, des miracles qui furent défendus par l'Eglise. J'en ai parlé plus haut. Ces ossements n'avaient de commun avec S. Bénigne que d'avoir été déposés près de son tombeau. M. de Missery s'est trompé sur l'origine de cette confusion, en réfutant les conséquences qu'on voulait en tirer.

(1) Voyez le Spicil. de D'Ach, t. 2, fol., p. 358 et 359 : Ædificata super cum humili opere crypta, prout permisit temporis angustia... — persequutionis immanitate..... fideles in Christum credentes deterrente, etc.

— 221 —

que les chrétiens étaient trop souvent obligés de dérober leurs précieux restes, que la fureur des bourreaux avait mis en pièces, jetés dans les rivières ou à la mer (1)? Cet acharnement contre des cadavres était d'ailleurs, comme nous l'apprend Eusèbe (2), un défi jeté à la croyance de la résurrection. Et, quand il fallait cacher ces pieuses funérailles au péril de ses jours, est-il croyable qu'on ait élevé un monument à notre apôtre, sous les yeux de ses juges et des persécuteurs qui proscrivaient impitoyablement toute démonstration chrétienne?

On m'a fait observer que les restes de S. Bénigne pouvaient avoir été, par la suite, transportés dans le tombeau où les suivit la vénération populaire, qui les signala enfin à la pieuse attention de l'évêque S. Grégoire. Mais, à plus forte raison, comment une tombe aussi remarquable, comment cette translation même n'avaient-elles pas conservé dans l'église dijonnaise le nom du saint qu'elle renfermait et de son apôtre? Comment cette église n'avait-elle pas repris possession de ce monument et de ce terrain consacrés, depuis l'édit si formel de Constantin (3)? Cette objection sera d'autant

9. Les traditions locales de la crypte et de la tour de S. Bénigne ne sont point primitives.

(1) Voyez les Actes de SS. Epipode et Alexandre : Hos sepultura conjunxit, dum *furantibus christianis*, educta occulte extra urbem corpora, absconsa conduntur, quia furor gentilium extremam denegans sepulturam, etiam in corpora exanimata sæviebat (par. 12); — ceux de S. Saturnin : Ne tam sepelire quam abscondere viderentur, ne forte sacrilegæ mentis homines, si aliquid conditi corporis viderent honoris adhiberi, effossum statim corpus in frusta discerperent, et eriperent etiam ipsam tenuem sepulturam (par. 4); — ceux de S. Victor de Marseille : Maximianus.... eorum corpora in profundo maris.... a piscibus devoranda submergi facit (par. 17).—Voyez encore, dans Ruinart, les Actes de S. Symphorien; dans les Bollandistes, ceux de S. Andéol, etc. ; dans Grégoire de Tours, la mort de S. Clément (De glor. martyr., 35); etc.

(2) Voyez Hist. ecclés., liv. V, et le beau chapitre de l'Hist. de la Gaule romaine, par M. Am. Thierry, t. 2, p. 164-219.

(3) Vie de Constantin, liv. II, ch. 40 : Καὶ τοὺς τόπους αὐτοὺς

plus puissante, qu'on accordera plus de confiance aux témoignages qui font remonter à l'an 343 la fondation de la basilique de S.-Etienne. On a soutenu, d'un autre côté, en abandonnant et les Actes de S. Bénigne et tous nos tardifs documents, que la ferveur religieuse qui avait consacré de tout temps la crypte où il reposait et la tour qu'on disait lui avoir servi de prison constataient à Dijon, comme à Tournus, comme à Châlon et dans beaucoup d'autres endroits, l'existence d'une tradition primitive et de souvenirs qui remontaient au temps même où l'ardente piété des fidèles conservait précieusement la mémoire des martyrs et des lieux sanctifiés par leur sépulture. De pareilles traditions mettent, disait-on, un fait à l'abri de tous les coups de la critique historique. Oui quand elles sont immémoriales, mais non point quand elles nous apparaissent, comme à Dijon, au 6e siècle, encore ignorées d'un saint évêque, du chef même de cette église, qui résidait sur les lieux. — Mais on infirme le témoignage de Grégoire de Tours; on traite son récit de vieille légende, qui traînait déjà dans les hagiographies antérieures, ce qu'il faudrait peut-être prouver, mais peu m'importe. Ce récit, j'achèverai de dire ce que j'en pense; mais, quelque critique qu'on en fasse, il constate sans réplique, relativement à ce tombeau, l'ignorance et l'incrédulité même de S. Grégoire. Je

οἱ τᾶις σώμασι τῶν μαρτυρῶν τετίμηνται, καὶ τῆς ἀναχωρήσεως τῆς ἐνδόξου ὑπομνήματα καθεστᾶσι, τίς ἂν ἀμφιβάλοι μὴ οὐχὶ τᾶις ἐκκλησίαις προσήκειν;...... ἀποκαταστασθέντα δικαίως τοῖς εὐαγέσιν αὐθις ἐκκλησίαις ἀποσωθῆναι. — Voyez encore dans Lactance l'édit de Milan, qui dès l'an 313 prescrivait : Eadem loca ad quæ antea convenire consueverant.... christianis... restituantur. — Et quoniam iidem christiani non ea loca tantum ad quæ convenire consuevcrant, sed alia etiam habuisse noscuntur.... ea omnia lege qua superius, comprehendimus, citra ullam prorsus ambiguitatem vel controversiam, hisdem christianis.... reddi jubebis (De mortib. persecut., 48).

me sers de ce mot, *sans réplique,* parce que ce fait était pour notre historien un souvenir de famille, une tradition du foyer domestique de son bisaïeul et de son grand-oncle, qui occupèrent le siège épiscopal de Langres et résidèrent habituellement à Dijon pendant 66 années consécutives, qui embrassent toute la jeunesse de Grégoire de Tours.[*] Son témoignage tiré ici de ses relations personnelles une force qu'il faut subir. La tradition qu'on m'oppose n'avait point d'ailleurs cette fixité qui caractérise les souvenirs locaux véritablement primitifs ; elle vacillait sur l'endroit où fut enterré ce glorieux témoin du Christ, et sur la pierre consacrée par ses tortures, pierre que prétendaient posséder à la fois, au 13e siècle, les deux abbayes de Saint-Etienne et de Saint-Bénigne (1). Non, le culte qui entoura la crypte de cette dernière église ne remonte point à ces ferveurs contemporaines, dont la mémoire a sanctifié les tombeaux de tant d'autres martyrs. C'est à S. Grégoire qu'en appartient l'initiative, provoquée tout au plus par les dévotions anonymes de quelques paysans, *rustici ;* et, quant à la tour qui doit avoir servi de prison à l'apôtre dijonnais, ni ses propres Actes, ni l'auteur du livre *De Gloria Martyrum,* ni même, si je ne me trompe, la Chronique de S.-Bénigne, n'en disent le moindre mot. Il y a plus ; elle n'existait pas, puisqu'elle est, comme les prétendus murs d'Aurélien dont elle faisait partie, bien postérieure à cette époque.[*]

Sauf les conséquences que j'ai tirées du témoignage personnel de Grégoire de Tours (lesquelles n'attaquent point, il faut bien l'observer, le fond de la croyance

[*] V. les Orig. Dijonn., p. 3.

[*] V. les Orig. Dij., 6e question.

(1) Voyez leur querelle dans le *Dijon ancien et moderne* de M. Maillard de Chambure, qui cite étourdiment pour un fait de l'an 1280 *les Actes de S. Bénigne, peut-être trop légèrement condamnés par Bollandus* (p. 65).

10. *Confusion des divers saints Bénignes; il y en a douze ou treize.*

due à la prédication de S. Bénigne et à son martyre, mais l'illustration rétrospective dont on a entouré son obscur apostolat), je n'ai point à défendre un récit d'autant plus étrange, que la pesanteur de cette tombe inconnue, les trois paires de bœufs qu'on attèle pour la traîner, l'apparition du saint qui révèle son nom, toutes ces circonstances, Grégoire les répète dans son livre *De Gloria Confessorum,* en les rapportant à un autre Bénigne, évêque, mort en voyage dans le diocèse de Tours (1). On compte, en effet, jusqu'à douze ou treize saints qui portèrent ce nom, et l'on a souvent confondu le nôtre avec un Bénigne de Chartres (2), oublié, à ce qu'il paraît, dans la liste des évêques de cette ville, et dont les reliques, avec celles de sa marraine Ste Agnès, furent transportées à Utrecht. Ce second Bénigne fut aussi, dit-on, martyrisé sous Aurélien;[*] d'autres auteurs, plaçant en 304 la mort de Ste Agnès,[**] le renvoient au règne de Dioclétien. La Tourraine nous en offre encore un troisième, fils de Ste Maure. C'est ainsi qu'on prétendait avoir dans cette ville d'Utrecht, à Tours, à Ellwangen en Souabe, à Siegberg, près de Cologne, etc., les ossements de notre Bénigne, qu'on pensait bien posséder à Dijon dans le siècle dernier. Ajoutez à cet ensemble d'invraisemblance et de contradictions, que les Actes de cet apôtre de la Bourgogne, découverts par S. Grégoire de Lan-

[*] Bolland., Ste Agnès, 21 janvier, note prél. 3.
[**] Ruinart, Act. Sinc., p. 504. — Baron, Martyr. rom.

(1) In alio autem pago turonico, erat inter vepres et rubos sepulchrum positum, in quo ferebatur episcopum quemdam fuisse sepultum; nomen ignorabant.... ablatoque de hoc sepulchro cooperculo, quod tam immane erat, ut tribus duceretur paribus boum..... Dehinc apparuit ei quidam sacerdos per visum dicens.... : Ego enim sum Benignus episcopus qui in hanc urbem peregrinus adveni, etc. (cap. 17).

(2) Inter plurima sanctorum pignora, pretiosum martyrem Benignum, videlicet carnotensem episcopum, etc. (*Hist. Invent. SS. Agnetis et Benigni,* Bolland., 21 janv. par. 1, et note d. Voy. aussi la *Gall. Christ.,* t. VIII, p. 1091.)

gres, ne furent connus que plusieurs années plus tard par des voyageurs qui se rendaient en Italie. D'où venaient-ils ? Dans quelle partie des Gaules s'étaient conservés ces Actes, ignorés dans la province même où S. Bénigne avait accompli sa mission et conquis la gloire du martyre ? C'est ce que Grégoire ne dit pas ; il ne dit même rien de ce qu'ils contenaient, comme je l'ai déjà remarqué.

Plongé dans ces ténèbres, il faut renoncer à en faire jaillir quelque lumière certaine. Nous pouvons bien signaler ce qui est positivement faux, mais comment faire avec assurance la part du vrai ? Comment admettre, au 2e siècle ou au commencement du 3e, une mission qui n'avait laissé aucune trace, ni dans l'histoire chrétienne, ni dans la conversion de nos contrées ; à qui l'on donne pour chef un Grec (1) avec un nom aussi latin que celui de *Benignus,* et quand tous les documents originaux placent la mort de ce chef et de ses compagnons sous le règne d'Aurélien ? Telle est définitivement l'époque que j'ai cru pouvoir *lui assigner avec le plus de certitude, en rattachant sa prédication à la grande mission romaine de S. Saturnin, de S. Denis et des cinq autres évêques que le pape Fabien envoya, vers 250, pour ressusciter le Christianisme presque éteint dans les Gaules.* Cette époque est celle où se montre, en remontant depuis Rhéticius, S. Amateur, premier évêque d'Autun, et à laquelle la *Gallia Christiana* ** et les Bollandistes rapportent à peu près les deux premiers de Langres, Sénateur et Just (2). J'ai cité particulièrement, au sujet

11. *Celui de Dijon fit très-probablement partie de la grande mission romaine envoyée dans les Gaules au milieu du 3e siècle.*

* Orig. Dijonn., p. 25.

* Grég. Tur., Hist., Ier-28.— De Glor. Conf,, 30. — Act. S. Saturn.— Fortunat, II-9.
** T. IV, gr. éd.

(1) Qui natione Græcus, Smyrnæ in Asia minori, sub beati Polycarpi apostolorum auditoris primam ætatem exegit (Du Saussay, *Martyrol. Gall.*, p. 802).

(2) On a vu, n. p. 5, que la chronologie des évêques de Langres était encore l'objet de grandes discussions, principalement pour l'é-

— 226 —

de notre apôtre, la tradition de cette église, qui ne manquait cependant pas de prétentions à une grande antiquité, puisqu'elle voulait quelquefois que S. Paul lui-même, ou tout au moins S. Irénée fussent venus la fonder.* C'est encore vers cette époque, au milieu du 3ᵉ siècle, que la tête des listes épiscopales des plus anciennes églises de France acquiert seulement quelque certitude; celles qui veulent remonter plus haut n'offrent guère, excepté Lyon, que des noms sans suite, sans chronologie et sans autorité. Pierre-le-Vénérable nomme S. Bénigne avec ces sept évêques, dans son livre contre les *Pétrobrusiens,* parmi *les apôtres et les glorieux Pères de la foi des Gaules* auxquels il attribue la construction des premiers temples chrétiens de notre pays (1). Les divers Actes de ce saint ne lui donnent nulle part le titre d'évêque, et ne citent aucune église bâtie par lui; mais la Chronique de son abbaye parle des pouvoirs pontificaux qu'il exerçait, et rapporte une tradition suivant laquelle il aurait fondé la basilique de S.-Jean de Dijon (2). Quoi qu'il en soit, le rappro-

* Voy. Mangin, Hist. ecclés. de Langr., t. Iᵉʳ, p. 77.

poque de S. Didier et celle de S. Urbain; mais la *Gallia Christiana,* les Bollandistes et Fyot lui-même, p. 43, descendent ce dernier évêque au 5ᵉ siècle, ce qui rapproche par contre-coup tous les précédents. Cela résulte aussi de l'opinion de M. Am. Thierry, qui place saint Didier et Chrocus en 351 (*Hist. de la Gaule rom.,* t. 3, p. 268).

(1) Sed ut de primis Galliæ nostræ apostolis... aliquid plenius dicam...., quod Hirenæus Lugduni, Crescens Viennæ, etc... Æduæ Andochius, Lingonis Benignus; et quis omnes gloriosissimos fidei nostræ patres et apostolos enumerari sufficiat? (*Petri Ven. Op.,* fol. XV verso, 1522.)

(2) Benignus.... ecclesias in aliquibus sacravit locis, sacerdotesque ac ministros ad divinum cultum instituit. — Ecclesia fuit constructa ab ipsis primordiis incœptæ christianitatis, quam ecclesiam ferunt a sancto Benigno sacratam in honorem sancti Johannis Baptistæ et evangelistæ Johannis (Fyot réclame cet honneur pour S. Etienne, p. 42). Ut plurimi civitatis lingonicæ præsules hic corpora jusserint tumulari, videlicet ob devotionem sancti martyris Benigni, ut quem sequebantur ordine sacerdotii, eadem qua ille humo cuperent sepeliri (*Spicil. D'Ach.,* t. 2, fol., p. 358). Paradin semble aussi reconnaître S. Bénigne pour évêque, etc. (Annal. de Bourgog., p. 18).

— 227 —

chement fait par Pierre-le-Vénérable indiquerait encore l'époque à laquelle je me suis arrêté, si le rôle
éclatant qu'il prête au martyr dijonnais n'était pas
une illusion produite par la célébrité dont l'abbaye consacrée sous son invocation entoura tout-à-coup sa mémoire, après trois siècles d'une si profonde obscurité.
La Chronique de ce monastère exalte, dès les premiers temps de sa fondation, la gloire et les miracles
de son patron en termes magnifiques (1), qu'efface encore l'enthousiasme avec lequel l'auteur des 3es Actes
de S. Irénée, s'écrie : * *Divion quoque splendidius sole
resplendet per Benignum !*

* Bolland.,
28 juin.

Que S. Bénigne ait donc été l'un des ouvriers du
Seigneur qui, attachés à la grande mission romaine
de l'an 250, ouvrirent le sillon de la foi dans nos contrées ; et qu'après vingt ans d'un obscur apostolat, il
ait subi le martyre à Dijon, sous le règne d'Aurélien,
voilà tout ce qu'une saine critique peut, dans mon opinion, accorder à sa mémoire. Son nom, oublié à Dijon (2), s'était cependant conservé dans quelque tradition
populaire du diocèse de Langres, puisqu'il parvint aux
oreilles de l'évêque S. Grégoire, qui lui donna son re-
tentissement postérieur. Quant à cette lutte impossible
entre un pauvre vieillard et la majesté impériale, lutte
dont les légendaires nous ont fait le dramatique récit,
c'est le cas de répéter ce que les Bollandistes confessent
eux-mêmes, dans leur dissertation sur S. Andoche, *
que les Actes non primitifs mettent souvent en présence
de tel ou tel martyr des empereurs qui se trouvaient

12. *Du rôle
attribué à Au-
rélien dans la
passion de S.
Bénigne.*

* 24 sept., p.
673, col. a.

(1) Denique, cum per illud tempus sanctus martyr Benignus cre-
bris virtutum signis claresceret, et miraculorum insignia sanitatum-
que dona omnibus ad ejus tumulum venientibus ostenderentur, etc.
(*Spicil.*, t. 2, p. 363 a ; sous le roi Gontran, vers 587).

(2) Les persécutions qui suivirent sa mort, dit Baillet, éteignirent
peu à peu sa mémoire. Il s'était conservé seulement quelques restes
de vénération pour son tombeau (*Vies des Saints*, t. XI, p. 19).

— 228 —

alors dans des lieux fort éloignés. Ils conviennent qu'il n'y a peut-être *rien de certain* dans le rôle qu'on fait jouer à notre *Aurelianus*. Tillemont a remarqué d'ailleurs[*] que, pour concilier les assertions de Lactance et d'Eusèbe, l'édit de persécution donné par ce prince doit avoir précédé sa mort de fort peu de temps, et que ses ordres mêmes n'avaient pas encore été portés dans les provinces éloignées, lorsqu'il fut tué près de Byzance. Mais nous savons que la haine populaire prévenait souvent, ou continuait d'exécuter contre les chrétiens les édits des empereurs. Les persécutions furent aussi quelquefois un contre-coup des révolutions politiques; ainsi Maximin Ier et Décius firent expier au Christianisme la faveur d'Alexandre Sévère et de Philippe, et les martyrs des Gaules immolés par Septime Sévère et par Aurélien ont marqué de leur sang les deux conquêtes de ce pays sur Albin et sur Tétricus.

[* Hist. des Emp., t. 3, p. 717.]

[13. Conclusion : la mission donnée par S. Polycarpe est une fable dont l'invention appartient à Warnaharius, auteur des Actes des trois Jumeaux de Langres.]

La faute chronologique qui a soulevé tant de discussions depuis deux siècles n'est donc pas, conclurai-je de nouveau, dans ce nom d'Aurélien, mais dans l'abus qu'on a fait du nom de S. Polycarpe; et le coupable, je suis bien tenté de le croire, n'est autre que ce Warnaharius, auteur de l'audacieuse falsification, que j'ai déjà signalée, des Actes des trois Jumeaux de Cappadoce dont il a transporté le martyre à Langres. Si le lecteur veut se rappeler que cette histoire a été composée par un prêtre de cette ville, pour un évêque de Paris qui faisait rechercher toutes les Vies des Saints (1); — qu'écrite une vingtaine d'années après les ouvrages

(1) Nunc sanctorum martyrum gesta... pro amore religionis congregare in urbe Parisiaca devotus intendis. — Gesta sanctorum Geminorum... vel beatissimi Desiderii.... sicut devotionis studio imperasti..... ita cognoscatis (Act. des trois Jumeaux; préface adressée à S. Céraune, évêque de Paris. — Bolland., 17 janv.).

de Grégoire de Tours qui attribuait à S. Polycarpe la mission de S. Irénée, elle est le plus ancien document qui parle d'une seconde donnée à S. Bénigne; — qu'elle a fourni ce thème, d'un côté aux interpolateurs des Actes de S. Symphorien, et de l'autre au biographe de S. Andoche qui la cite (1), et y a ajouté l'apparition de ce même S. Irénée; — que ce biographe a été, à son tour, cité (2) et amplifié par celui de S. Andéol; — qu'enfin tous les trois, donnant l'exemple aux hagiographes des 7e et 8e siècles, *qui se montrèrent toujours,* dit M. Am. Thierry, *si prodigues d'enjolivements fabuleux,* * ont fourni leur contingent à l'auteur de nos Actes dijonnais, qu'ont ensuite rectifiés à leur manière le poète et le chroniqueur des siècles suivants; — le lecteur, dis-je, frappé de cette progression, arrivera peut-être à penser comme moi, que le roman religieux de Warnaharius est le fondement sur lequel s'est élevé l'édifice fantastique de la mission de S. Bénigne et de ses compagnons. C'est autour de l'histoire des trois Jumeaux que s'est formé ce cycle entier, et le chanoine de Langres est l'Homère auquel se rattache ce réseau de légendes où se débattaient depuis si longtemps les Origines dijonnaises.

* Hist. de la Gaule rom., t. 3, p. 42, n.

(1) Hi gemini tres fratres.... victricem accipiunt coronam.... quod Passio ipsorum plenius declaravit (Act. S. Andoch., par. 5; — Bolland., 24 sept.).

(2) Tunc beatissimi sacerdotes Benignus et Andochius.... ad Augustodunensem urbem properant festinanter. Quo autem miro modo de ipsis acta fuerint, gesta passionis eorum manifeste declarant (Act. S. Andeol., par. 6; — Bolland., 1er mai). Cet écrivain emprunte quelquefois les expressions mêmes du biographe de S. Andoche.

FIN.

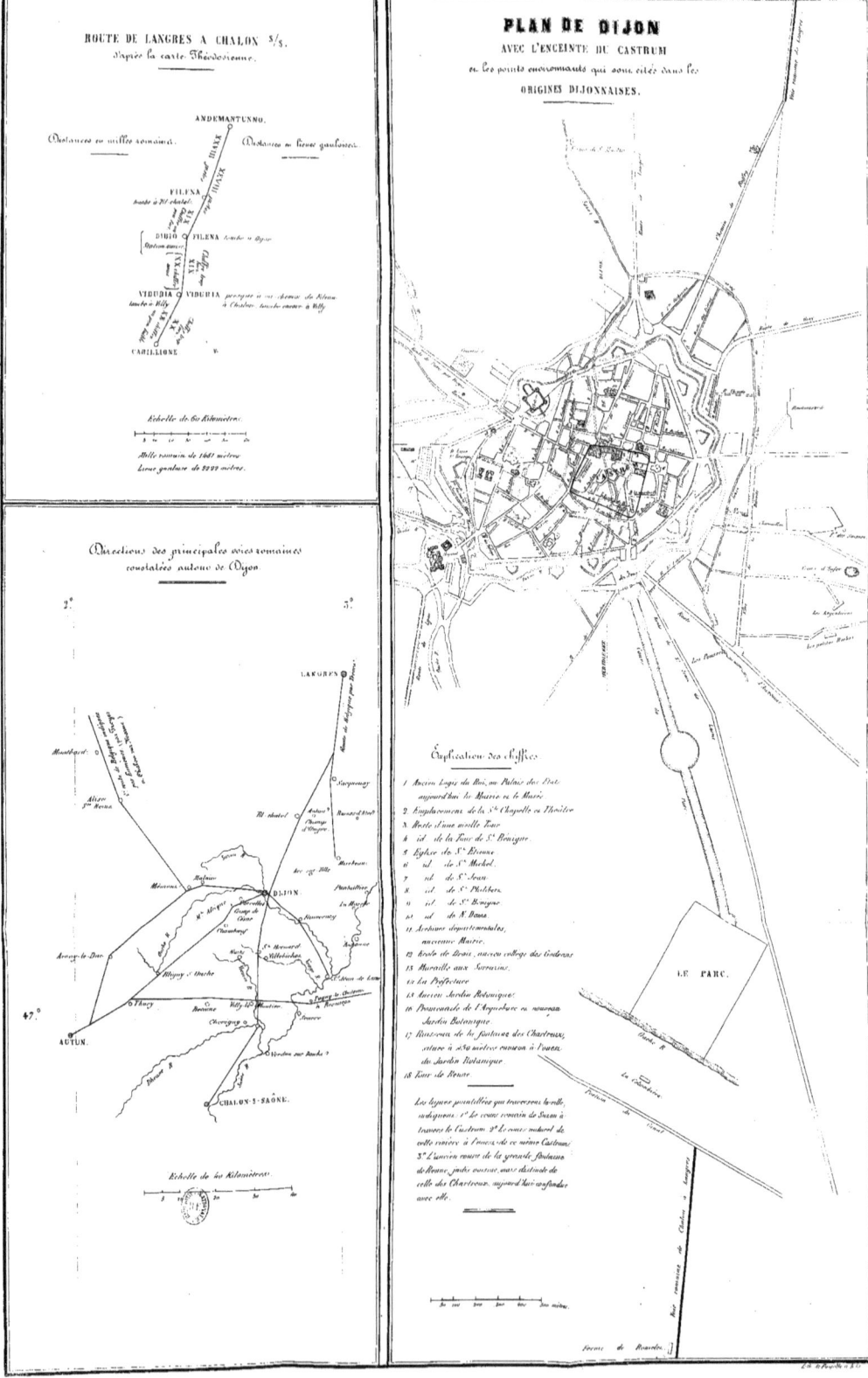

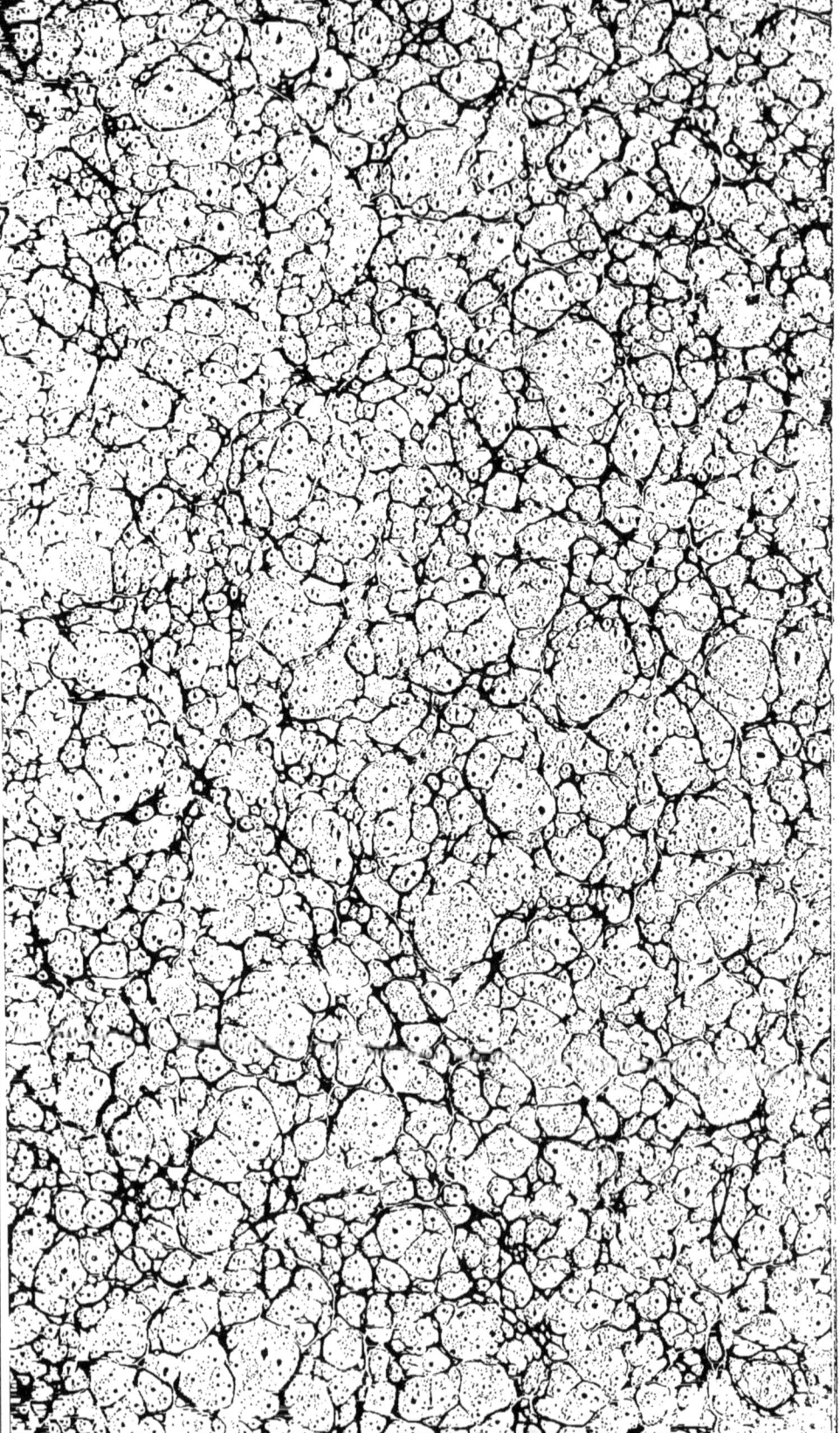

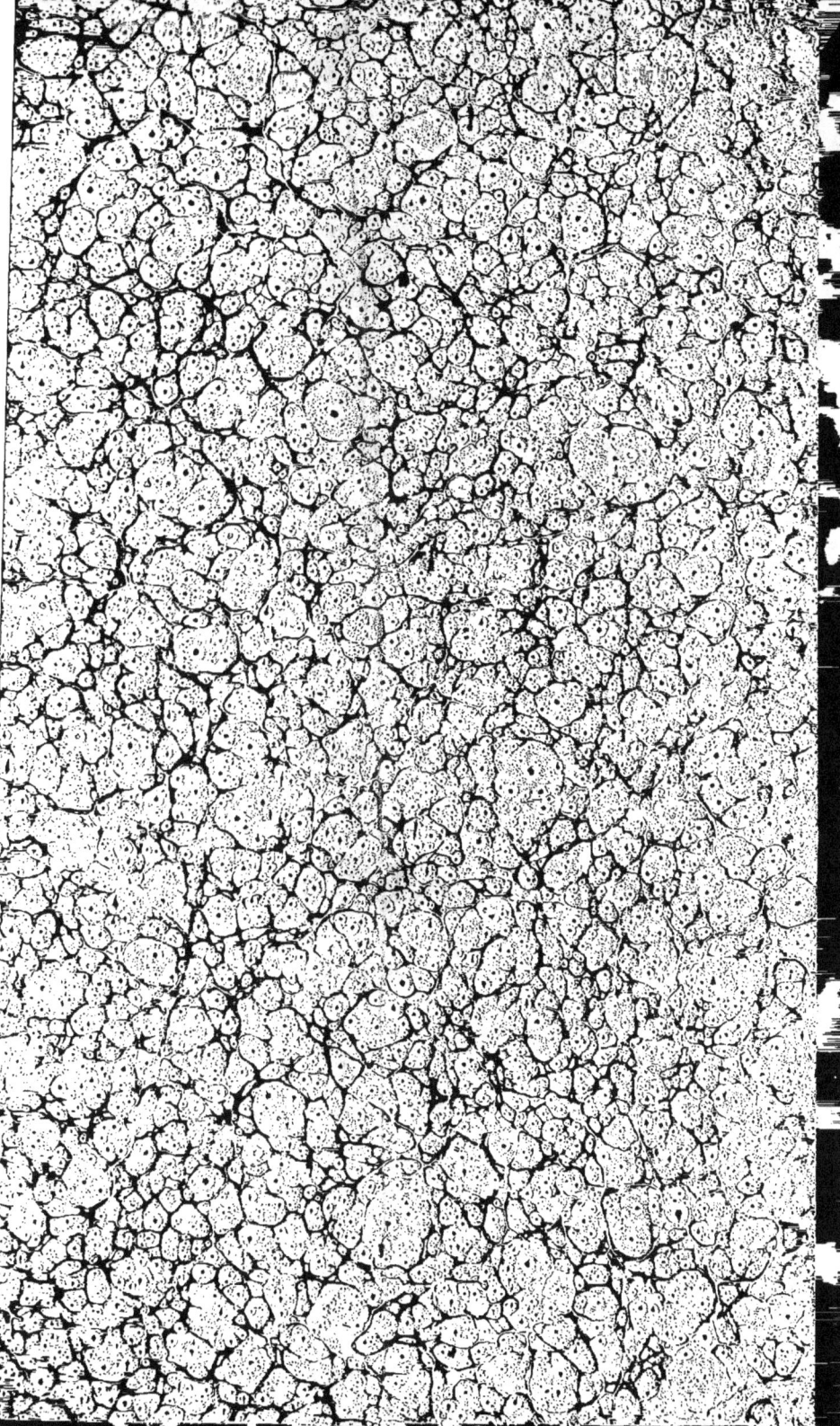

www.ingramcontent.com/pod-product-compliance
Lightning Source LLC
Chambersburg PA
CBHW070631170426
43200CB00010B/1970